石榴树 著

爸爸哪儿也不去

中原出版传媒集团
中原传媒股份公司
海燕出版社

图书在版编目（CIP）数据

爸爸哪儿也不去 / 石榴树著 .—郑州：海燕出版社，2017.6（2019.3 重印）
ISBN 978-7-5350-7162-0

Ⅰ．①爸… Ⅱ．①石… Ⅲ．①家庭教育 Ⅳ．① G78

中国版本图书馆 CIP 数据核字（2017）第 076020 号

出版发行：海燕出版社
郑州市北林路 16 号（450008）
电　　话：0371-65734522
经　　销：河南省新华书店
印　　刷：河南瑞之光印刷股份有限公司
开　　本：710 毫米 ×1000 毫米　1/16
印　　张：19.5 印张
字　　数：345 千字
版　　次：2017 年 6 月第 1 版
印　　次：2019 年 3 月第 5 次印刷
定　　价：49.00 元

给十六岁的石榴

假如一棵树一生只开一朵花
怎会不把所有的爱都给她

序 XU

成长路上，你一直拉着我的手

——给老爸的回信

到2016年的11月14日，也就是我的16岁生日那天，老爸创作的《爸爸哪儿也不去》系列终于完工了，60篇文章全部就位，就差我的序。但原谅我，拖了这么多天，才鼓起勇气开始动笔。

请允许我用“鼓起勇气”这个词，因为这段时间，每天晚自习后回到宿舍，我都会拿起手机翻看老爸的书稿。这一系列文章就像时光机一般，把我拉回一年前、三年前，甚至十年前，让我想到老爸拉着我的手度过的欢乐时光，想到那些开读书会的周末晚上，想到一回回越走越远的出行，想到可爱的小五，想到……不禁一次次潸然泪下。但我知道，那是感动的泪水，幸福的泪水。

16年的时光，16年的记忆。老爸，16年来你为我写了几十万字的文章，是时候该给你写封回信了。回忆有点长，故事有点多，我用心讲，你慢慢听……

你是同学眼中“别人家的爸爸”

16年了，我没有成为其他家长口中“别人家的孩子”；但你，却名副其实地成了“别人家的爸爸”。

那个周末去学校接我时，你随口问我：“这周在学校怎么样？”“其他都挺好的，就是床有点硬，晚上睡得不太舒服。”我随意答道。

回到家，你就叫我：“来，坐坐，你觉得这个床垫的硬度怎么样？如果可以，就给你在学校也订个。”“在学校？”我有些吃惊地看着你。“对啊，你不是说在学校睡不好吗？订个床垫肯定会好些。”当时我就那么一说，你却记在了心里。

床垫很快到了，本想着周末回家再带，你却执意要送到学校，好让我早一天铺上。那天傍晚，和同学吃完饭从食堂出来，远远地就看到你站在女生寝室院门前，我跑了两步迎上去，一见面就是一个大大的熊抱。接着，你一手撑在院墙的栏杆上，另一只手掐着腰跟我聊天，好一副霸道总裁的姿势。当时的样子，恐怕不太像是父女，更像是结识多年的老朋友。身旁的人来来往往，不少同学看到我，都投来羡慕的目光。后来有同学说，那天远远地看到我和你聊天，没看清，还以为我交了男朋友，嘻嘻……都说女儿是父亲上辈子的小情人，所以当时听到同学这话我真的挺开心的。我想，这应该就是父女相处的正确打开方式吧。

回到宿舍，我小心翼翼地将床垫铺好，室友们争先恐后地来试坐我的床：“哇，你的床好软好舒服！”“感觉一坐到你的床上，就上天了！”从那以后，每晚我都睡得很沉很香……

其实，成长的经历中，这样的事情还有很多。2008年奥运会在北京举办，5个福娃成了小朋友们的最爱，其中我最喜欢的是妮妮。于是，每次出差你都给我带回当地有关妮妮的纪念品，大大小小攒了好多。直到现在，在百度百科上搜索“福娃妮妮”，依然有“妮妮墙”的词条：“6岁的刘晓寒，是郑东小学一年级学生，福娃‘妮妮’是她的最爱。在刘晓寒家的客厅一侧，有着‘妮妮’的专属领地。从上至下，中国结‘妮妮’、油画‘妮妮’、剪纸‘妮妮’、玉石‘妮妮’、唐三彩‘妮妮’……30多件‘妮妮’工艺品悬挂其上，俨然一个‘妮妮乐园’。”

上小学前夕，为了提高我对阅读和学习的兴趣，你倡议在家里举办“周末家庭读书会”。起初，读书会的成员只有咱们仨和莹莹姐姐。后来，我开始陆续邀请好朋友丫丫、津津、开开等不同的人来参加读书会。我们一起诵读经典、共赏美文、做五花八门、唱同一首歌，既增长了知识，又玩得很开心。每当读书会结束，小朋友们都是恋恋不舍的样子：“下周我们还能来吗？”我上初中时，你读到《成长，请带上这封信》，为之感动，不仅给我买了一本，还给我们全班几十名同学每人送了一本。我上高中后，遇到雾霾锁城，你立马在网上购买了一台空气净化器，直接快递到我们班的教室里。

你陪我读书，你陪我骑行，你给我做饭，你伴我成长……老爸，你知道吗？每每我在同学面前提到你，他们总是投来羡慕的目光，从小到大，一直如此。这些天，室友们睡前都在争着看《爸爸哪儿也不去》，还有同学问我要文章的微信链接，说要转发给自己的爸爸。老爸，你还记得吗？我的好朋友沐沐有一次跟她妈妈说："我想要石榴爸爸来咱们家，做我的爸爸。"

我会以自己喜欢的方式度过一生

善良、健康、有方向、有魅力——这是你对我的期望。而我在这高中三年里乃至三年后会是什么样子呢？爸爸，我答应过你，会在回信中告诉你。

摄影——我的挚爱。记不清从何时开始，我爱上了摄影，特别特别爱的那种。短短一个月里，我曾因为摄影耽误了时间，被宿管大妈锁在门外；曾因为要拍秋天的落叶，冒着被老师吵的风险，晚自习请了假也要去拍照；曾因为要拍雪景，在郑州最冷的冬天足足在外面站了一个多小时，以致手脚失去知觉……我不知道这算不算痴迷，但每当我拿起相机，就觉得特别幸福。这种幸福，是多少小龙虾、土豆粉、麻辣香锅都比不了的……

文字——也是我爱的东西。老爸，看到这话，你应该在内心苦笑吧。的确，整个初中三年，我除了老师硬性要求的作文，课余创作近乎于零。我仿佛完全没有创作的意识，对身边发生的或喜或悲的事"视而不见"。因为这个，你不止一次严肃地与我谈话。不久前的那个周六，我们又一次谈到了出书的话题。而这次，你好像一下子打开了我的思路，让我茅塞顿开。这段时间，每天抽空写下一点文字，真的成了一种享受。自习课写作业写累了，我总会打开本子或多或少地写两句。当你用心去感受这个世界，就会发现身边有太多太多的事可以记录。现在，我对拥有一本自己的书充满信心，我相信你也一样，对吗老爸？

"做自己想做的事，去自己想去的地方，成为自己想成为的人。"这是我特别喜欢的一句话。初中毕业的心愿纸上，美国教堂前的留言板上，QQ 的签名中，我都用过它。我经常幻想着，长大后的自己，可以背着吉他、拿着相机，走遍世界各个角落。拍点照片，写点文字，四海为家，随风起舞。爸爸，你不止一次对我说，我让你最欣慰的，就是在很小的时候就有自己的理想、自己的目标；但你也经常提醒我，有梦想就要付出行动，要让过去的每一天都能离自己的梦想更近一步。这些话，我一直都记得。

初入高中，总觉得事事不顺心，时常打电话向你倾诉，而你每次都耐心地劝慰我。现在我想明白了，没有谁的一生会一帆风顺，生活中出现的每一个挫折，都是为了磨炼意志，塑造一个更好的自己。就像你常开导我的："多想想自己还拥有的，少想那些已经失去的。"

在这三年中，我还会做很多很多的事情，好好学习功课，上好每一次编导课，多参加社团活动，用心对待每一个朋友……总之，爸爸，相信我，经过持续的努力，我会成为自己喜欢的样子，会以自己喜欢的方式度过一生。

学着你爱我的样子去爱你

晓寒姐姐——这个称呼是初中同学给我起的，连比我年龄大的同学都这么叫我。因为跟闺蜜们在一起时，我总会像个大姐姐一样照顾她们，和我出去玩她们几乎不用操心，我会用心地考虑每个人的感受、顾及每一处的细节。

她们或许不知道，老爸，我所做的一切都是从你这里学的啊！

2013年，《爸爸去哪儿》在湖南卫视热播，这个真人秀节目在带来欢乐的同时，也让我们感受到爸爸和孩子之间那浓浓的亲情。其实早在《爸爸去哪儿》开播前的那年国庆节，我和我的小伙伴们就有过一次类似的旅行。巧合的是，也是5个家庭，不同的是我们5个孩子全是女儿。我知道，这些都是你特别安排的。

当时我刚上初中，学习一下子紧张起来。为了让我在紧张的学习之余能放松心情，你就在国庆小长假邀请了4位要好的同事，各自带上孩子，踏上愉快的旅程。因为我的乳名叫"石榴"，你还特意安排去参观枣庄的万亩石榴园。虽然这次旅行只有4天，但我能看出为了这次旅行能更加顺利、更加丰富和精彩，你提前打了多少电话、做了多少功课。

你常对我说：就是我想多陪你，还能再陪多少年呢？所以分外珍惜我们在一起的日日夜夜——

每天早上起床，我的牙杯里永远有一满杯的温水。

迅速洗漱后，餐桌上我的煎蛋，永远是几个煎蛋中最完美的那个。

晚上写作业时，你总忘不了给我冲一杯热腾腾的奶茶。

周末，你常常给我安排一场电影，让我能在紧张的学习之余放松心情。

每年的圣诞节，你都会扮成圣诞老人，藏着一大包我最爱吃的零食让我找，虽然圣诞老人的故事在我这个年龄已不那么神奇。

每到我的生日，你还会为我精心设计一本台历，从2013年的《一年又一年》，到2015年的《爸爸去哪儿》，再到2017年的《那些年……》，一本本台历见证着我的成长，以及我们相伴走过的幸福旅程……爸爸，虽然我嘴上不说，但实际上，你给我的一切，我都记得。

老爸，你最喜欢的歌曲是《天之大》，里面有一句歌词是这样的："天之大，唯有你的爱，我交给了她，让她的笑像极了妈妈。"或许，人生就是这样的轮回吧！现在的我，会学着你的样子，早上起床为你的牙杯里接上满满的温水，把更完美的那个煎蛋放在你面前，在自己喝奶茶时也为你冲上一杯……

老爸，我一天天在长大，你也一天天在变老。我小的时候，你无微不至地照顾我，到你老了，我也会学着你当年的样子，用心地照顾你；你这些年坚持用博客和微信记录我的成长，我也开始用文字记录咱们之间有趣的经历；我们现在出行全都是你安排好的，以后我会按照你的想法，为你精心准备愉快的旅行；今天你拉着我的手去看祖国的大好河山，将来我也会拉着你的手去看更美的风景、拍更多的照片……

老爸，你把这个世界上最完美无瑕的爱给了我；而我，以前和以后所有的爱里，都有你的影子……

你的乖妞　石榴

2017年1月

目录

CONTENTS

序

成长

陪伴

共读

目录
CONTENTS

世界

生命

生日

目录
CONTENTS

爱

后记

成长

CHENGZHANG

人的一生

其实就是一个不断成长的过程

少年时期则是成长最为关键的阶段

尽管歌中爱唱

“走吧，走吧，人总要学着自己长大”

然而，当孩子面对无数的岔路口无所适从

甚至有可能偏离轨道时

帮她矫正方向，助她少走弯路

无疑是父母不可推卸也无可替代的责任

大到面临升学的竞争与选择

小到围绕一个冰淇淋的博弈

莫不如此

此刻，爸爸就是英雄

假期里，让小红花一直开在家

期末考试一完，就该放暑假了。

对于乖妞来说，不知这初中生涯的最后一个假期，老师是否还会布置什么作业；看到网上又开始陆续晾晒的形形色色的暑假作业，我又想起了乖妞平生的第一份假期作业——

小红花和绿三角

河南省实验幼儿园放寒假那天，小三班班主任姚老师给小朋友们布置的寒假作业，不是让他们学会多少个汉字，也不是练习数多少数，而是一张假期生活记录表，表中列有每天需要考评的 8 个项目——

按时睡觉、按时起床；

自己吃饭；

自己穿、脱衣裤和鞋袜；

自己如厕、擦屁股；

有礼貌、关心别人；

帮成人做事；

接受正确意见；

爱护玩具。

表的下方有个“注”：项目中孩子能做到的用红花表示，不能做到的如何表示由家长自定。为了做到家、园一致教育，请家长提供客观情况。

从那个寒假的第一天开始，这张题为“小红花开在家”的记录表，就成了乖妞生活中的一个重要组成部分，也成了辅助爸爸妈妈教育孩子的主要途径。每晚睡觉前的最后一件事，就是全家人聚在一起，评定乖妞当天的表现，看看哪一项可以得小红花。甚至可以说，乖妞的整个寒假就是在争得小红花的努力中度过的。那用水彩笔在白纸上寥寥几笔画成的小红花，在孩子幼小的心目中，是那么的红、那么的重。

爸爸妈妈和乖妞共同商定：对表现好的项目给一朵实心的小红花，表现基本可以、有待继续努力的项目给空心的小红花，对表现不好的项目给绿色的三角。

玩具是乖妞的最爱，从来都是轻拿轻放，并且玩后自觉收拾起来放回原位。因而，对这最后一项她最自信，评到第七项如果是一路红花，她的小嘴就忍不住咧开了："今天又是全红了！"全红，是乖妞发明的说法，即当天表现全部为小红花，不管是实心还是空心。

毕竟才 4 岁，乖妞对如厕后自己擦屁股有时会完成得不太理想，不是不愿意擦，而是擦不干净。于是，在这一项她就有了几朵空心的小红花。

去给姥姥姥爷拜年时，爸爸妈妈的双手都提满了大包小包，乖妞不仅不帮大人分担一点，反而哼哼唧唧，非要爸妈抱着上楼。爸爸妈妈没有答应乖妞的要求，并在当天的"关心别人"一项给了她绿三角……

怎样才算"关心别人"？

"按时睡觉""自己吃饭"等大部分项目是具体的，表现如何一目了然，因而评定起来比较容易。而有些项目则相对抽象一些，比如，到底做什么、怎样做才算"关心别人"呢？

乖妞的太姥姥已经 90 多岁了，那些年一直卧病在床，耳朵和眼睛也不太好。太姥姥最喜欢的就是小乖妞，能拉一拉她的小胖手，就幸福得不得了。可是，以前乖妞不太喜欢去太姥姥房间。她说："太姥姥不会跟我玩，没意思。"病榻上的老人，张着一双枯瘦的手却怎么也抓挠不到小孙女的情景，让人看了心里不免有几分酸涩。

爸爸妈妈觉得，这次寒假评小红花是个好机会。于是，就在去给太姥姥拜年的路上对乖妞说："关心别人，要先从关心自己的亲人开始。太姥姥每天只能躺在床上，不能出去玩，生活多没有意思啊！你如果每天去和太姥姥说说话、唱唱歌，那么你就可以得'关心别人'的小红花。"

这招儿果然见效，在小红花的牵引下，乖妞每天都要到太姥姥的房间去玩一阵子，陆陆续续把在幼儿园学的儿歌给太姥姥唱了一遍。她还仔细地向太姥姥展示自己的模拟手机，老人家对这特别感兴趣。爷爷奶奶常说：过这个年，石榴真是长大了好多！

临走那天，乖妞又来到老人床前："太姥姥，我要回家了，再给你唱个歌吧！"唱完歌，乖妞抓着太姥姥的手，在她脸颊上响响地亲了一下。老人的脸上露出过年才有的欣喜和满足。

我一直站在门口，看到这一幕，眼睛一阵阵地发热。

怎么又成了“应试教育”？

放假了，乖妞仍像上幼儿园时一样，晚 10 点左右按时上床睡觉。她说：“我要第一个睡着，要不明天该评不上小红花了。”

开饭了，乖妞和爷爷奶奶一样忙来忙去。当晚评到“帮成人做事”一项时，她会主动汇报：“今天我帮奶奶端菜了。筷子也是我摆的！”

有时候，奶奶看着乖妞迟迟提不上裤子，就要帮她。乖妞赶紧推出奶奶的手：“我自己嘛。这是要评的呀！”

奶奶不禁哑然失笑：这好好的素质教育，怎么又演变成了“应试教育”？很明显，乖妞已经非常清楚哪些项目要考评，她会针对性很强地在这些方面积极表现。

记录表上，乖妞的全红越来越多。我也有些纳闷：有时她的表现并不那么令人满意啊，怎么一评就是全红呢？看来问题出在项目的设置上，有限的 8 个项目自然不可能涵盖幼儿生活的方方面面。比如，乖妞吃饭有些挑食，可她在吃饭一项上却常得小红花，因为这一项的要求是“自己吃饭”，对吃什么不吃什么却没有规定……

几个大人对着记录表上的项目琢磨着，终于发现，可以在“接受正确意见”一项上做一些文章。如果孩子有什么做得不对的地方，就及时给她指出来。她如果不改正，“接受正确意见”的小红花就得不到了。

如此一来，在日常生活中，在细碎小事上，素质教育的效果明显了许多。

乖妞偶尔会有些沮丧：“今天我又得不到全红了。”我就对她说：“世界上哪有十全十美的人啊？谁都会有缺点。如果给大人评小红花，爸爸妈妈估计也拿不到全红。只要你发现哪一点做得不好，接受家长的正确意见，及时改正，就是我们喜欢的好孩子，小红花就会越得越多！”

家长也要面对的试卷

小红花，开在家，家里有宝宝和爸妈。看似考评孩子的行为，其实在不经意间也考了家长。

大年初四，去森林公园逛庙会。有一个民俗活动很受小朋友欢迎：抬花轿。乖妞想坐轿，但要妈妈陪着坐。妈妈觉得乖妞已经 4 岁了，可以单独坐了，有的孩子比她还小都是独自坐轿，应该锻炼一下她的胆量。乖妞哭闹着，一定要妈妈一起坐。此时，妈妈更坚持自己的想法：“你是大孩子了，应该接受大人的正确意见。”如果孩子一闹，家长就妥协，接下来的教育就会更难。

在那顶漂亮的花轿前，乖妞和妈妈僵住了。为了缓和局面，妈妈提出："你不是最爱滑滑梯吗？要坐轿就是自己坐，要不就去滑滑梯。你想一想，要玩什么呢？"乖妞想了许久，低着头，眼里噙着泪花，小声地吐出三个字："滑滑梯。"

晚上评小红花，在"接受正确意见"一项上，乖妞得的是绿三角。

半夜，乖妞在睡梦中哭了，哭得很伤心。隔壁的姥姥被哭声惊醒，再也没有睡着。第二天一大早，做了一辈子小学教师的姥姥把妈妈叫到厨房："既然给孩子两种选择，孩子在其中选择了一种，就不能算不接受正确意见。如果大人觉得孩子必须按自己的意志去做，否则就要想办法治她，孩子怎么能不伤心！"

这件事给我们的震动很大，不能因为小红花的评定权掌握在自己手中，家长就可以滥用权力，仿佛有了"紧箍咒"，想什么时候念就什么时候念。那看似普通的一朵小红花，对孩子心灵的影响究竟有多么深远，恐怕大大超过一些成人的理解和想象。

面对同样的一份试卷，身为成人的家长，是否也能给出理想的答案？

开学前一天晚上，经过商量，当着乖妞的面，我们把初四那天"接受正确意见"一项的绿三角改成了小红花，尽管此时乖妞已经忘了坐轿的风波。

教育没有假期

又开学了，送乖妞去幼儿园时，我见到了她的班主任。谈起"小红花开在家"，这位很有想法的年轻教师说她曾有三个担心。

上学期放假时，姚老师最大的担心是：孩子们在幼儿园日积月累养成的良好习惯，在假期里是否能得到很好的坚持呢？

"我们班里一直坚持在为每个小朋友评小红花，孩子们的劲头可大了，效果也很好。"姚老师指着小三班教室墙壁上的大幅表格说，"我就想，在寒假期间，尝试着把这种做法延伸到小朋友的家里。"让姚老师感到欣慰的是，她的想法得到了家长们积极的响应和支持，连记录表也是一位热心家长帮着打印的。

接下来，姚老师担心：毕竟都是4岁左右的独生子女，家长会不会因为孩子撒娇或者哭闹，就降低要求、大量"批发"小红花？

开学后，从小朋友们带回的记录表可以看出，这种担心基本上是多余的。家长们也都意识到自己所肩负的教育责任，考评得认真而细致。我曾对乖妞说："如果在'自己穿、脱衣裤和鞋袜'上给你的全是小红花，可开学后你还是要老师帮着穿衣服，那老师就要批评爸爸妈妈说谎话了。”

姚老师还有一个担心：大过年的，每天这样严格考评，会不会影响孩子的情绪？为此，假期中，我们还专门电话沟通过。我认为，幼儿良好习惯的培养是一项长期而艰巨的工程，需要家长和老师接力似的不间断对孩子进行培育，关键要掌握好方式，要循循善诱，不能简单武断。只有这样，这些可爱的小红花才能在家校之间一直长开不败。

“小红花开在家”有一栏“家长寄语”，在此，我郑重地写下：“感谢老师用心设计的这项寒假作业，它使我们明白了一个道理——对孩子的教育没有假期。”

可以给你舞台，总不能替你上台

走上舞台前，她可没少上火

当新年越来越近的时候，尽管这个城市雾霾深重，可照样前行的生活中已经不经意地透露出辞旧迎新的迹象。

这个周三的下午，在省人民会堂，有一个以“青春之歌”为主题的合唱节，举办单位就是乖妞的学校。作为家长委员会的代表，我应邀来到第一排，坐在评委席的旁边。可我并不是评委，担任评委的全部是学生，正如小主持人说的“我的舞台我做主”。

为了这次合唱节，乖妞可没少上火。

先是回家说，就剩一周时间了，班级组还没有开始排练，可焦心。

后来又说，开始排练了，老师对他们选的歌不满意，要换歌，并且换了一首他们不怎么喜欢的歌。这样时间就更紧张了，乖妞急得快要哭出来。

再后来，一个中午，饭菜都上桌了，她没心思吃，非要让听听他们班级组要唱的歌。他们设计的是一组三首歌的串烧，听完后，乖妞马上就让老爸关于歌曲之间如何衔接给出建议。于是，老爸起身，边哼音乐边比画：先是一动，再来一静，然后再一动，层次感就出来了……

到了这个周一的晚上，急火攻心，乖妞放学回到家就病倒了。不得已，周二上午请了假，下午她要硬撑着去学校，参加最后的排练；倒是老师建议她，天气这么差，就别折腾了，多养养身体，第二天好精神饱满地登台。

乖妞不仅是所在班级组合唱的朗诵和领舞，还担任合唱节的主持人，是四位主持人中唯一来自初三的。我曾打趣她：“都是毕业班的大姐了，还不舍得让出舞台？”乖妞一脸无辜地说：“我没想主持，可教务处的老师非要让我上。老师说，就因为你已经三年级了，再不带带他们，等你毕业了，谁来接你的班呀？”

哎哟喂，这还是那个面对舞台找不到感觉的乖妞吗？多年以前，她初次登台流的那些泪，至今还在我的眼前，十分清晰。

为人父母，谁没有点儿私心？

举办师德主题报告会是全省教育系统每年的重头戏，大都是在省人民会堂举行。我担任报告会的策划已经将近十年，其中印象最深的是2008年，主题是“大爱无声铸师魂”，因为那一年汶川大地震。

那年的师德报告团成员由来自灾区的老师和我们本省的优秀教师代表组成。为了让报告会出点新意，围绕抗震救灾，我们创编了几个节目，穿插在报告之间，力图使表现形式更加丰富。其中有个节目，是我创作的音乐诗剧《千秋之爱》，从学生、妻子、女儿、母亲和歌者等多个视角，纪念在汶川地震中为抢救4个学生而献身的英雄教师谭千秋。

我是在湖南卫视的赈灾晚会上，第一次听到谭千秋老师的故事，感动不已，也心痛不已。已经多年不写诗的我，彻夜难眠，在一张废纸上潦草地画来画去，长诗《千秋之爱》一气呵成。第二天的《大河报》以整版篇幅推出这首诗，后又被收入多部诗文集，直到2009年走进了人教版的高中语文阅读必修教材。事先没人通知我作品入选教材，还是在高中教学的老同学发来短信：“我今天正在教你写的诗。”

把《千秋之爱》放在2008年的师德主题报告会中，无疑是一个难得的选择，既契合主题，又是原创作品。策划组希望它能在报告会上掀起高潮，对演出单位的选择非常慎重，排演的任务最终落在了乖妞所在小学的肩上。

这样安排，首先是因为省实验小学被公认在诵读方面颇有实力，此前也曾因朗诵节目而在全省的教师节演出中颇受好评。此外，也不能排除我的一点私心，就是想给自己的女儿提供一个上台锻炼的机会。

不过，这样的排练任务，学校肯定会安排由总校的师生来完成，而乖妞在新区的分校，两个校区相距甚远，她又刚刚上小学一年级。在开协调会的时候，我有些不好意思地提出：《女儿》一章能不能由我家小妞来朗诵，因为诗写成时她就在家读过。这个理由当然有些牵强，校长却爽快地答应了：这样你正好可以在家直接辅导了，哈哈！

“下一个被换掉的，很有可能就是你！”

《千秋之爱》需要8个演员，其中3位老师分别饰演谭千秋的爱人、母亲，还有歌者；5名学生中，4名饰演谭老师的学生，1名饰演他的小女儿，就是乖妞担任的角色。

第一次排练，老师们情绪饱满，很到位；可学生由于年龄小，又是初次接触诗稿，几乎都没有进入状态。倒是乖妞，因为此前在家读过多次，此刻再朗诵，听来还有那么点意思。然而，她的声音比较小，还有轻度的驼背，眼睛呢又总是眯缝着不那么精神……反正毛病不少。

到第二次排练时，其他几位高年级同学的表现突飞猛进，便显得乖妞有些止步不前，词背得不熟练，音量还是不够大，体态问题也没有明显好转。而乖妞本人，似乎并没有意识到自己的不足，对我在家里要求的反复练习，她很不耐烦，总是敷衍了事。

乖妞的这种态度由来已久：喜欢排演舞蹈，却抵触每周一次的练功；喜欢钢琴表演，却总想逃避每天一次的练琴。不知她想过没有，聚光灯下的神采飞扬和如潮掌声，是用灯火阑珊处的寂寞修炼换来的。每一条通往聚光灯的路，无不渗透着执着的心血和勤奋的汗水……

第 82 期周末家庭读书会上，特意安排乖妞朗读《千秋之爱》中的《女儿》一章。在全家人投票评选当期“最佳表现”时，表现平平的乖妞一票未得，她当即趴在桌子上大哭起来。

“你就是哭，老爸也要告诉你——”我对乖妞说，“排演《千秋之爱》的老师和同学，除了你来自分校，他们 7 个都是总校的。你想过没有，假如我不是作者，假如你不是我的女儿，你是否还有入选的可能？你们学校离总校那么远，光排练就是个麻烦事儿。老爸每次都是请着假打着车去学校把你接到总校来排练，可你珍惜这个来之不易的机会了吗？”

接下来，我几乎是一字一顿地说：“我可以推荐你，却不敢保证你最终能走上舞台；老爸就是再着急，总不能替你上台吧。你可是亲眼看到了，已经有一个演员被换掉了；就你这种状态，下一个被换掉的，很有可能就是你！”

第六个登台的她，第一个赢得掌声

此后，为了排演《千秋之爱》，乖妞又大哭过两次。一次次地擦干泪水，她似乎知道重视了，不再排斥练习，不断加大音量，站墙练身姿也变得自觉起来。一天晚上，她正在写作业，听我在电话里跟节目组讨论演出的事情，便怯怯地走过来问：“是不是学校要换掉我？”

演出前夕的第 83 期周末家庭读书会上，我们还特意邀请来了擅长语言表达的王钢老师和乖妞的好朋友丫丫，一起来帮助她排演《千秋之爱》。轮到乖妞朗诵《女儿》了，只见她睁大了眼睛，站得笔直，声音也完全放出来了，还自己加上了动作。当然，诗歌内容的演绎也达到了理想的效果，让已经对这首诗了然于心的老爸也不禁为之动容。这种状态，乖妞一直保持到了彩排和正式的演出。

《千秋之爱》开始前，乖妞在舞台的右侧幕候场；作为报告会主持人的我，始终站在舞台左侧幕。这是我们父女第一次同台演出。舞台很大，我俩就这样在舞台两侧遥遥相望。我举起左手，遥遥地对乖妞打出一个 V；乖妞则举起小小的右手，以同样的 V 回应老爸的加油。

《千秋之爱》被公认为整场最感人的节目，跟在 4 名“学生”以及“爱人”后面，第六个登台的“女儿”则是第一个赢得掌声的角色。一位领导后来在总结会上感慨：“也不知道从哪儿找来这么个小妮儿，朗诵得真好，我都掉眼泪了！”他不知道，那个小妮的父亲就在眼前，这让我颇有些欣慰。

那年的演出也在 12 月，当日的最高气温 5℃，乖妞只穿了件裙子和薄袜。可她演出后却不肯穿上外套，说要等着谢幕。谢幕时，身旁一位报告团的老师把手里的鲜花转送给了乖妞。小小的她抱着大大的一束鲜花，本就不大的眼睛笑成了月牙儿。在她的笑容里，我看到了晶莹的泪光。

再大的舞台，终究也是你自己的

从那第一次登台获得成功以后，乖妞一次又一次地登上不同的舞台。从参加年级组的素质教育汇演，到主持校园艺术节，又到这次主持全校的合唱节，乖妞从教学楼里的报告厅，到体育场内搭建的舞台，这次则走进了省人民会堂。坐在我身边的李校长说：“你给学生多大的舞台，学生就会给你多大的惊喜。”

眼下的乖妞，已经不需要老爸来提供舞台了，甚至连那天午饭时关于节目衔接给她的建议，也没有采用。成绩出来，他们班级组获得了最佳演唱奖。演出结束时，穿过人流去迎走下舞台的乖妞，她的第一句话竟是：我还没吃午饭呢！

乖妞，老爸对你说过多次的话，现在已经不用再跟你说了吧？那就把它留在这里，化为一段成长的画外音：我们可以为你提供舞台，却不能替你上台表演；再大的舞台，终究也是你自己的；能否胜任角色，能否收获掌声，就看你有怎样的目标，又为此到底付出了多少。

所谓海选，就是要在大海里捞针

总感觉少先队的建队日是6月1日，其实是10月13日。

在乖妞加入中国少年先锋队之前，我对这个建队日没有太深的印象。我小的时候，似乎是只过六一儿童节，不过建队日的。直到乖妞上小学后不久经历的一次海选，才让我们深刻地记住了这个日子。

少代会海选，她直接进入第二轮

全省第五届少代会特邀代表海选的启事，我是偶然从报纸上看到的，当即意识到这是个锻炼的好机会，应该让乖妞参与一下。至于是否能选上，并不重要，即使真的选上了，还不到8岁的乖妞在大会上又能做什么呢？恐怕连坚持听完报告都有点难吧。

报名并不顺利。乖妞所在的郑东小学，实际上隶属河南省实验小学，属于省直学校。然而，从河南团省委，到郑州团市委，再到金水区团委，都说不清这类学校的学生该到哪里报名。电话在三级团委间穿梭了几遍后，得到的答复是暂时把名字报到郑州团市委。

大概乖妞是第一个到团市委报名的孩子吧，青少部的老师非常热情，临走还送了一大把少先队队徽，除了送给要好的小朋友，恐怕乖妞用到入团也用不完。

据团市委的同志说，全郑州市报名的少先队员有1000多名，每个区（县）先进行第一轮海选，最后各有5名同学胜出，进入全市的第二轮海选。由于乖妞的事迹还比较突出，恐怕也由于不知道该把她归到哪个区和县，就直接进入了市级海选。

全市的海选定在8月30日进行，当时，乖妞刚刚开学，头绪不少，因而给准备海选留的时间很有限。

海选分自我介绍、知识问答、才艺表演三个环节。我们把重点放在了知识问答上。知识问答涉及三个方面：少先队、奥运和文明礼仪。

彼时，北京奥运会刚刚闭幕，乖妞始终通过电视关注着，还到鸟巢、奥体中心等场馆观看比赛，所以奥运知识她掌握得还不错。文明礼仪也不是大问题。她的不足在少先队知识方面。

如果不是为了准备这次海选，我们恐怕不会发现，作为少先队的中队长，乖妞关于少先队的知识竟然少得如此可怜。她不知道少先队的创立者和领导者是“中国共产党”，也不知道少先队的建队纪念日是“1949年10月13日”，还不知道少先队的队风是“诚实、勇敢、活泼、团结”，更不知道队礼的含义是“人民的利益高于一切”……

全家人分头搜集到一些有关少先队的知识，其中不少是我们也不了解或者早已淡忘了的，和乖妞一起恶补起来。关于少先队员的“五爱”（爱祖国、爱人民、爱劳动、爱科学、爱护公共财物）和“五自”（自学、自理、自护、自强、自律），是其中最不容易记的，于是，我们就反复背诵、相互提问，直至倒背如流。

这样看来，是否能被选上真的不那么重要；而通过参加海选，让乖妞学到知识得到锻炼，已经是一个很大的收获了。

她是海选全场中年龄最小的一个

进入郑州市海选的有71名同学，出场次序抽签决定，乖妞抽到的是4号。

乖妞上场时，感觉她的身影是那么小，是个名副其实的小不点儿。这个小不点儿的表现倒蛮大方，话筒太高了，她就示意在场的老师帮她降一降，并等话筒调整好后才开始。

自我介绍后，乖妞走到评委席前，递上封面刊有自己照片的《家长会》杂志，还行了个标准的少先队队礼。

接下来的知识问答，乖妞抽的卡片上是两道选择题。一道是“关于红领巾，我们对少先队员的要求是（B. 时时处处要佩戴）”，另一题是“北京奥运会上为中国夺得第一枚金牌的是（C. 女子举重运动员陈燮霞）”，乖妞都答对了。

最后的才艺展示环节，乖妞驾轻就熟地表演了她的快板《我为奥运做贡献》。看似不紧张，一句“奥运将到咱身边”改为“奥运来到咱身边”，事先让她练了不下20回，结果在场上还是忘了改。

为了统一标准，前4名选手是一起打分的。成绩出来，乖妞的得分为8.84分，是前4名选手中的最高分。并不能因此就说乖妞如何出色，不过是因为她的两道知识问答题都答对了，而这恰恰是最能把分数拉开距离的环节，如同央视青年歌手大赛的综合知识问答。

比赛继续进行。上述特点更加明显，凡是两道知识问答题都答对的选手，分数大多比乖妞高。因为乖妞是全场年龄最小的一个，在自我介绍的内容和表达上，与10多岁的孩子相比明显不占优势。而才艺展示环节，可以说，大多数孩子表现都很棒。这也不难理解，一个区（县）得有多少个孩子，千里万里挑一挑出来的孩子，怎么会差呢？我们报社的一位摄影记者就感慨：来这儿的个个都是小“人精”啊！

第一场比赛结束了，20名选手中的最高分为9.21分，最低分为6.70分，乖妞排在第7名。接下来还有三场，如果不出意外，乖妞几乎没有进入前10名的可能。乖妞对这个结果有点沮丧。我却不无欣慰，通过海选，锻炼了能力，增长了见识，也学到了许多一个少先队员本该掌握的知识，已经不虚此行。

需要说明的是，整个比赛过程，乖妞和老爸在现场没有任何的交流，她甚至没有向我坐的方向看一眼。尽管这是我们事先约好的，但在现场，乖妞真的做到了，还是让老爸颇感欣慰。

有了压力，才有动力

经过县、市两级选拔，少先队建队日的前一天，海选终于走到了全省这最后一关。

对于乖妞能进入这一阶段的海选，我是有些意外的。因为年龄所限，她跟那些小学高年级乃至初中的学生同台竞争，明显不占优势，未能过关也在情理之中。然而，恰恰因为年龄的原因，团市委的老师为年幼而可爱的乖妞感到可惜，便决定在10名之外向团省委说明情况，申请增加名额，把她送进了全省海选，再给她一个锻炼的机会。

这次我们把才艺展示当成准备的重点。乖妞爱好的舞蹈、钢琴，都处于刚起步的阶段，竞争力不强；还是准备语言节目吧，它的优势不分年龄大小。

经过商量，乖妞决定讲一段故事，内容选自绘本《忙碌的一天》，讲的是大老鼠一天都在辛苦地干活，小老鼠则忙着为大老鼠做礼物。故事情节有起伏，情调很温馨。乖妞曾经在我们的周末家庭读书会上读过它，后来还写了一篇读后感。篇幅有些嫌长，我便一字一句地对故事进行了缩编，突出大老鼠和小老鼠的对话，强化舞台的表演效果。

已经开学了，功课比较紧张，乖妞关于故事的练习进度比较缓慢，光是把它熟练地背下来，就花费了很长的时间。

背熟后开始加动作、加表情，进步依然缓慢。在第76期周末家庭读书会上，乖妞表演了故事版《忙碌的一天》。在评选当期最佳表现时，我没投乖妞的票，因为她的表现离登台表演的理想效果还有不小的差距。

看到差距的压力，就是逐步完善的动力。

你居然忘了最重要的东西

10月12日下午，乖妞犯了一个错误。

在郑州市管城区五里堡小学，我问乖妞："你今天要来参加的是什么活动？""少代会海选。"乖妞答。

"那么，少代会是什么人开的会啊？""少先队员。"

"少先队员的标志是什么呢？""红领巾。"答到这里，乖妞已经意识到自己的失误了，微红着脸，求助地看着我。

"作为一名少先队员，红领巾时时处处都要佩戴；而你呢，连参加少代会海选这样重要的活动，红领巾居然都能忘了戴……"

批评归批评，乖妞要去参加选拔，老爸自然不能让她不戴红领巾就上场。家很远，回去取不现实，就想着能不能跟别的选手借，等人家下场后我们再用。这时，一位家长说："校门口就有卖的啊。"我听了，连招呼都没来得及跟乖妞打，飞快地向校门跑去。

红领巾买回来了。乖妞自己戴上了。午后两点的阳光下，鲜艳的红色把她的小脸映得生动而可爱。

进入全省少代会海选的有142名选手，乖妞抽到第139号。

倒数第四个出场，意味着乖妞要在准备区里几乎等一个下午，这对乖妞来说，也不失为一种考验。家长既不允许进海选现场，也不允许在准备区里陪孩子。既然是在校园里干等，我便凭着记者证进了海选现场，在那里耐心地等待乖妞出场。

其实，这样也好。这次全省海选每个市才有10个名额，又经过县、市两级的选拔，该是怎样的优中选优啊。不要说最后的结果，能从全省各地来到这里的，哪个都不差。所以，能和最优秀的孩子同场交流切磋，对乖妞来说，本身就是一次不可多得的学习机会。

在参与中体味成长的快乐

海选开始了。这一轮有个特点，是增加了由10名学生组成的"红领巾评审团"，他们现场举牌，表示是否同意选手过关。

另外，这次比赛还增加了观众，上百位小学生密密麻麻地坐满了现场，使得比赛的气氛陡然激烈。

和郑州市的海选一样，拉开差距的仍然是知识问答环节。"你的理想是什么？""你最感到幸福的事情是什么？""你今年的中秋节是怎么过的？""你为迎接奥运会都做了哪些准备？”……

天啊，我似乎已经看到了乖妞面对这些问题时茫然无措的样子。此类现场发挥的题目，无疑是乖妞的弱项，这点从每期周末家庭读书会的点评环节她常常无话可说，就足以说明。尽管在近两期的周末家庭读书会上，她的表现有所进步，然而，在众目睽睽的比赛现场，在舞台上、话筒前立即回答没有经过任何准备的问题，原谅我对女儿的不自信，我觉得这几乎是她不可能完成的任务！

不过，乖妞你放心，不管你答得如何不成样子，只要你发挥出了自己的正常水平，老爸都不会批评你。其实，在开始准备参加海选时，我就对乖妞说：你选不上很正常，假如选上了倒让人感到奇怪，毕竟年龄太小了。我们就是来学习的、来锻炼的。

这并不仅仅是我消除乖妞紧张情绪的策略，也是我的真实想法。对于一个七八岁的小学生来说，我不觉得能否参加全省的会议是件多么重要的事情，重在参与，重在过程，重在锻炼，重在成长。

终于等到乖妞出场了。

乖妞还没走到话筒前，场内便升起一些骚动，似乎是在疑惑：这名选手怎么看上去这么小啊？当她自我介绍到“是二年级（14）班的班长”，现场更是一片哗然。因为参赛的选手除了初中生，多是小学高年级的学生，四年级的都屈指可数，突然冒出来个二年级的小不点儿，怎能不让人惊讶？

乖妞倒是临阵不慌，稳稳地站好，等主持人帮她把话筒调低后再开始，显得从容而大气。后来她说：“爸爸，我都紧张死了，怎么还有那么多观众啊？”

让我担心的知识问答开始了，我屏着呼吸，从照相机的镜头里紧张地看着乖妞。

“请问你的偶像是谁？你为什么喜欢他？”天啊，乖妞，我真的不知道你会怎么回答！此前我们从未讨论过有关偶像的话题，而且还要说出原因！胡锦涛？龙清泉？这都是你喜欢的人，你就随便说一个吧，求求你最好不要说你“不知道”……

“我的偶像是——刘翔。”乖妞开口了。

“哦，为什么啊？”主持人的语气很亲切。

“他的脚受伤了，可他还坚持到奥运会现场，最后拼一拼。”

全场的掌声响起，天啊，我的乖妞，你怎么这么棒！我不知道专家评委给你打了多少分，可我清楚地看到10名少先队评审团的同学齐刷刷、一个不落地举起了绿色的牌子——“同意”。

把自己磨成一根金光闪闪的针吧

回家的车上，乖妞提了个要求：“爸爸，我想今天晚上泡脚看电视。”

“可以！你还可以去思达超市挑两样食品，看电视的时候吃。”乖妞，老爸知道你今天很辛苦。早早地起床，上午连着上了三个小时的舞蹈课。中午只睡了不到半个小时，因为两点前就要赶到海选现场。对你来说，晚上能把脚放在热水里，嘴里嗑着洽洽瓜子，自己操纵遥控器看一会儿喜欢的电视节目，就是最大的享受了。这要求真的不高，老爸怎么能不满足呢？

看电视时，乖妞突然问：“爸爸，到底什么是海选啊？”

我想了想，说：“海选，就是大海捞针。只有经过长期努力的打磨，把自己磨成一根针，金光闪闪，才有可能在广阔无垠又深不可测的大海里被发现、被选中。”

乖妞点了点头，若有所悟。

“好吧，那明天咱们就继续去读书吧，去练琴吧，去写日记吧……去磨针吧。”

高大上的奥运，如何让小孩子成长

奥运是那么的高大上，奥运又是那么的亲民。

奥运似乎离我们很远，奥运其实离我们很近。

奥运不但塑造着国家的形象，奥运也影响着平民的生活。

奥运不仅仅是成人们的游戏，奥运也让小孩子得以成长——

报纸上排列着她成长的小脚印

“今天离奥运会还有159天……”3月2日，星期天，刚起床，小石榴就急忙跑到自己制作的奥运倒计时牌前，擦去前一天的粉笔印，仔细地写上“159”字样。“离奥运会又近了一天，我的妮妮肯定可高兴。”

小石榴是个一年级的小学生，她在家里有一面不同寻常的墙。小石榴自己设计了栏头——“妮妮秀”，其间花花绿绿，交错却又有序地展列着各种工艺品：玉石、剪纸、橡皮泥、唐三彩、小挂饰……大概有30多种，所有的工艺品都指向了一个形象——北京奥运会吉祥物：福娃“妮妮”。

石榴爸爸介绍说，奥运会越来越近了，我们经常给她讲有关奥运的知识。了解到奥运吉祥物后，她一下子就喜爱上了5个福娃中的妮妮。“只要是妮妮，我都喜欢，你看她的眼睛特别像一对豌豆。”小石榴举着布娃娃让记者看。憨态可掬的妮妮，此刻在她的手里，似乎就像最亲的妹妹一样。

那以后爸爸出差，总忘不了给小石榴带回富有当地特色的工艺品妮妮，比如，蜡染妮妮是从贵州带回来的，剪纸妮妮来自三门峡，唐三彩妮妮来自洛阳，汴绣妮妮自然来自开封……通过这些不同的妮妮，小石榴了解到很多我们国家传统的文化。别看她才7岁，奥运知识还真懂得不少，比如福娃代表的奥运项目分别是什么，奥运五环的颜色和意义啊，她都很清楚。

在小石榴的写话本上，记者看到她用拼音和汉字交叉着记录妮妮的故事：“这个春节，就是妮妮陪我度过的。她陪我放鞭炮，陪我看电影，陪我写作业……跟妮妮在一起，我可开心了！”也是过年的时候，有一天下午，小石榴去亲戚家，怕小妹妹看到妮妮跟她抢，就没敢带。晚上要去姥姥家，担心妮妮自己在家寂寞，小石榴一定要回家带上她。因为打车要绕路，爸爸逗她说多掏的十元车费要从压岁钱里扣，小石榴毫不犹豫就答应了。

“这个妮妮还能表演节目呢！”说着，小石榴拿起印有妮妮的快板，字正腔圆地说起姥爷教给她的快板书：蓝蓝的水蓝蓝的天，奥运来到咱身边，山笑水笑人欢笑，祖国处处飘五环。今天不把别的表，表一表，我为奥运做贡献……

在这个郑州小妮与吉祥物妮妮的故事里，记者感受到，奥运是如何真切地来到咱们身边的。

——这是2008年3月来自《东方今报》的报道。

广播里传递着她成长的拔节声

“第29届奥运会的开幕式，让全世界都认识了一位北京的奥运女孩——林妙可；其实啊，在我们郑州也有一个奥运女孩，她就是正在我们身边的——小石榴，让我们掌声欢迎她！”

2008年8月14日下午，乖妞作为当日唯一的小嘉宾，走进郑州城市广播的直播间，参与陶真姐姐主持的《小铃铛》节目。乖妞之所以被陶真称为“奥运女孩”，主要是因为她的“妮妮秀”被报道后产生的影响，半个小时的直播节目就从这个点切入，让乖妞把“妮妮秀”详细地介绍给小听众。

既然被称为“奥运女孩”，陶真姐姐自然要问乖妞一些关于奥运的问题——

“你那么喜欢妮妮，那你知道妮妮都代表什么项目吗？”“羽毛球、蹦床、击剑、排球、沙滩排球、垒球、场地自行车。”

“奥运会进行到现在，中国获得多少块金牌了？”“20块。”

“最新一块是谁得的？”“杨威，男子体操个人全能。”

“你最喜欢的奥运冠军是哪一位？”“龙清泉！”

“为什么呢？”“因为他很帅……”

姐姐步步追问。乖妞对答如流。老爸暗自欣慰。

“打竹板，响连天，我把快板说一段……”关于奥运，乖妞的看家本领是快板《我为奥运做贡献》，曾在学校的奥运故事大赛中获得一等奖，今天自然不能不表演一番。乖妞的表现让陶真姐姐拍着脑袋大叫：“我都被你雷住了！”连隔壁直播间里的主持人张明也闻声过来，隔着导播间的大玻璃窗，冲乖妞和主持人直竖大拇指。陶真姐姐说，把别的主持人吸引过来，可是以前从来没出现过的情形！

陶真姐姐还邀请乖妞以后经常来做节目，并特意把一首《我的 2008》送给她，这可是乖妞最喜欢的歌："2008 年快些来，我要比比比比比你更可爱。2008 快些来，我要带着爸爸妈妈看比赛……"

到了听众参与时间，马上有小朋友打进来电话。听说"奥运女孩"下周就要去北京看奥运会了，那些不能去现场的小朋友纷纷要求乖妞代表他们去看游泳比赛、举重比赛，自然还有刘翔在鸟巢的比赛……

节目结束时，陶真姐姐和乖妞约定，从北京回来后，要在第一时间来到《小铃铛》，把她亲眼看到的奥运会与小朋友们分享。

电话里传来她失落的抽泣声

"爸爸！"叫了这一声，乖妞就说不下去了，抽泣了好一会儿才说："刘翔受伤了，退出比赛了……"

8 月 18 日是个好日子，饭店里正在热热闹闹地举办婚礼。也是在这一天，刘翔在亿万人的翘首期盼中，首次出现在鸟巢，开始准备，继而受伤，几经挣扎，最终退赛。我是从乖妞的电话里得到消息的，这个好日子的色彩突然间变得迷离。

"爸爸，咱们还去北京吗？"

"当然要去啊，我们不是要去看鸟巢吗？"

"可鸟巢里没有刘翔了，没意思……"

乖妞的失落，同样在我心里。因为，第二天，8 月 19 日，我们就要坐火车去北京，带着 8 月 21 日国家体育场的奥运门票。说句实在话，这票就是冲着刘翔订的。

北京奥运会 110 米栏决赛，21 日晚将在鸟巢进行。为了能亲眼见证飞人刘翔飞翔的英姿，乃至因刘翔而升起的五星红旗，我们从不同渠道借了 40 多个身份证来办理中国银行的存折（中国银行是购买奥运门票的主要渠道），然后大海捞针似的在网上订购田径决赛的鸟巢门票。

这针，还真让我们捞着了。

去北京的动车上，话题总离不开刘翔。不过，除了深深的惋惜，我们没有丝毫的埋怨，因为在电视上看到了刘翔痛苦而绝望的表情，也看到了孙教练无法抑制的泪水。不是万不得已，不是无能为力，在渴盼了四年也苦练了四年之后，刘翔绝对不会放弃在自家土地上起飞的机会。失落归失落，对于刘翔的选择，我们理解，并且尊重。

手持奥运门票，乘坐地铁奥运支线，8 月 21 日，我们冒雨来到了奥林匹克公园。水立方，折扇，玲珑塔，祥云小屋，这些在各种媒体上已经耳熟能详的建筑，终于实实在在地出现在眼前，让你不由得为它们的壮观而震撼。

最让人震撼的自然是鸟巢。很难找到妥帖的词语来描绘它，仿佛一个天外来客，不可思议地坐落在那里，怀抱一束熊熊燃烧的火炬，让人不由得久久地驻足凝视，若有所思又似乎不知所思。

唯一的遗憾，就是鸟巢里没了那个我们最想见的人。带着这份遗憾和失落，乖妞竟然在喧闹的鸟巢里睡着了，令我为之叹服。不过，她的睡梦很快便被一阵高过一阵的声浪叫醒……

鸟巢里回荡着成长的加油声

那晚，鸟巢没有刘翔，正如里约奥运会 100 米自由泳决赛没有宁泽涛。

没有刘翔的鸟巢，让我们把关注的目光投向更多的运动员，这才惊讶地发现，在男子跳高、女子标枪、男女 4×100 米预赛等项目中，居然都有中国选手的身影。小组成绩并不出色的男子 4×100 米，居然阴错阳差地闯进了决赛。乖妞脸上贴的国旗、额头印的“加油”、怀里抱的福娃、手里握的彩旗，依然有这么多的用武之地，我们因不住地喊加油而彻底哑了喉咙。

没有刘翔的鸟巢，让我们更多地沉醉在体育竞技本身带来的快乐中。在没有中国选手参加的 110 米栏决赛中，我们毫无保留地把掌声给了刘翔的挑战者罗伯斯。在中国选手被提前淘汰的女子标枪决赛中，我们把最大分贝的欢呼给了逼近奥运会纪录的捷克选手斯波塔科娃。乖妞甚至无师自通地学会了制造人浪，大家一起把鸟巢搅动得更像一个欢乐而富有激情的海洋。

没有刘翔的鸟巢，让我们看到依然有许许多多令人感动的情景在上演。女子 4×100 米预赛，如同鬼使神差，美国男队刚刚掉棒，女队在同样的环节同样掉了棒。不过，与男队就此放弃比赛的选择不同，美国女队的最后一棒选手在空手跑出数米后，又回过身来捡起接力棒，奋力向前冲刺。当然，她是最后一个到达终点的，成绩差了好大一截，可我们还是起立，把掌声和敬意送给这位不轻言放弃的选手。

没有刘翔的鸟巢，让我们更多地体会到一种身为东道主的风度和情感。登上男子 200 米冠军领奖台的牙买加运动员博尔特，正赶上 22 周岁生日，我们和全场观众一遍又一遍地为他唱起生日快乐歌，乖妞就在我身边，声音好大好亮……

这就是乖妞冲着刘翔而去，却最终没有如愿见到刘翔的鸟巢；更是让我们生动地体会到真正的体育精神，充分享受奥运带来无限快乐的鸟巢。

回郑州的火车上，乖妞要求坐在我怀里："爸爸，我累了，我想靠着鸟巢睡一会儿。"她指的是我身上印有鸟巢的T恤，是到北京后第一天在王府井奥运特许商品店里，特意为去鸟巢看比赛而买的。

我挪了挪身体，让乖妞靠得更舒服一些："睡吧，睡吧，小鸟累了，就该回巢了……"

清明放假，不只是为了让你玩吧

每周都有的双休日，不过是多休一天，就成了小长假，让人老早就眼巴巴地盼着。去哪儿踏青、去哪儿赏花、去哪儿回归大自然，早早地开始刷屏朋友圈。不就是多了一个休息日吗，怎的就如此让人心旌摇荡？恐怕主要是因为这多休的一天是一个节日，一个有着悠久历史和丰富内涵的节日。

为了这个清明节，乖妞的伯伯从外地赶来团聚。清明节的早晨，洗干净手和脸后，在白色菊花和绿色竹叶簇拥的太姥姥遗像前，一家人分批上香、鞠躬、追思，跟在天堂上一直关注着关心着关照着我们的老人家说说话。多年来，每个清明节的清晨，这个家里都进行着同样的仪式，然后会一同外出踏青，然后会拍不少照片，然后往往会有一顿丰盛的午餐……

然而，今年就没有太多的“然后”了，因为清明节那天中午的一点半，乖妞要去参加中考前的最后一次体育模拟测试。这是目前的头等大事，需严阵以待。

不过，即便没有特别的安排，我知道，清明节的意义已经深深印在乖妞的心底。最初的印记，应该追溯到 8 年前的这个时节——

清明节从那年开始放假

2008 年 4 月 3 日是个星期四，这点我不会记错，因为那天我要值班到很晚。当晚，我睡在了紧邻单位的父母家。没回自己家的原因之一，第二天，4 月 4 日是清明节，全国头一回放假，乖妞应好朋友丫丫的邀请，要去丰乐葵园玩儿。一辆车很挤，没有我的位置，于是便决定留在这边陪陪父母。

我值完班已经是后半夜，父母早已歇息。清明节早晨醒来，母亲见了我，有点意外：“今天不是放假吗？怎么没回家？”听我说了乖妞这天的安排，母亲停顿片刻，又说：“你们没想过要带她到烈士陵园扫扫墓吗？学校放假可不只是为了让学生春游吧？”

毕竟是搞了大半辈子的教育工作，母亲的话虽不多，却让我的心重重地一颤，同时感到深深的内疚。清明，二十四节气中，国家第一个安排放假的日子，正是为了让大家有充足的时间祭奠先人、缅怀先烈，把我们民族慎终追远、饮水思源的文化传统一代代地传承下去；而我们做家长的，却忽略了这样一个难得的教育机会，把这一天简单地等同于一个普通的春日……

这才是清明节的早晨，已经意识到教育的缺位，应该还来得及补救。因为担心她们还没起床，我没打电话，而是给乖妞妈妈发了条短信，看有没有可能跟丫丫的家长沟通，改变行程，今天带几个孩子去一下烈士陵园。

乖妞妈妈有些为难，葵园之行本来是上周末要去的，因为那天风大，推到了这周，孩子们已经期待了不少时日。后来才知道，因为上周末未去成葵园，丫丫便由爸妈领着去了烈士陵园扫墓。如此一说，愈发显出我们对于这第一个放假的清明节的怠慢。

早饭吃得比较晚，正碰上央视一套的大型直播节目《清明时节》，一开始就是关于陕西黄帝陵和南京雨花台祭扫活动的报道。我马上打家里的电话，看她们出门没有，如果还没走，就看看电视。

在电话里能够听到乖妞在开电视，继而电话里外出现了同样的声音。主持人郎永淳正在说，他在南京上大学时，每年清明，学校都要组织去雨花台扫墓；毕业后到北京工作，清明节就去天安门广场瞻仰人民英雄纪念碑；做了父亲后，每年清明总要带上儿子一起去……

第一个放假的清明节没有白过

晚饭时候，疲惫不堪的母女终于回来了，都说困得不得了。眼看着这第一个放假的清明节就要过去，我有点不甘心。饭桌上，我问乖妞："你知道今天为什么放假吗？"她答："因为今天是清明节。"我接着问："那清明节为什么要放假啊？"她摇摇头，有点茫然，有点无辜。

晚饭中有一个菜，凉拌青笋。我说："这个是最符合清明节的菜。"乖妞好奇地问："为什么啊？"我便就此讲起了"寒食节"，讲起了春秋时期介子推如何割肉救重耳，重耳做了国君后如何寻找介子推以至放火烧山，而孝子介子推又如何背着母亲被烧死在柳树下，从此晋文公要求百姓这天禁止用火，只吃寒食，以此纪念大义大孝的介子推。还有介子推临死前留下的诗：割肉奉君尽丹心，但愿主公常清明。柳下做鬼终不见，强似伴君作谏臣。倘若主公心有我，忆我之时常自省。臣在九泉心无愧，勤政清明复清明。

接着，我又说，清明节放假，就是为离家的游子在这一天能够有时间回家祭奠祖先、缅怀前辈，不忘先人的恩情，不忘我们的传统文化。比如说，我们家清明节早晨，总要在太姥姥的遗像前点三炷香、鞠三个躬。如果仅仅是春游、仅仅是踏青、仅仅是赏花、仅仅是玩儿，每个双休日都有充足的时间，国家何必在双休日之外另放一天假？

讲这些时，我留意着乖妞的神情，她应该是听懂了大半。

第 52 期周末家庭读书会，“经典诵读”环节安排的是杜牧的《清明》。在跟乖妞一起探讨为何“路上行人欲断魂”后，我说：“明年的清明节还会放假，到时咱们提前计划，或者去烈士陵园，给英雄扫墓、献花；或者去黄河边种一棵树，给后人留一片阴凉；或者……总之，要让这个节日过得有意义，好吗？”乖妞点点头，满是憧憬的样子。

4 月 5 日，清明节的第二天，带乖妞和堂姐笑笑去中原图书大厦买书。在书店前的广场上，竖了一面巨大的绿色宣传牌，上面写着“清明节的五大功能”。我便考考这姐妹俩，看她们知道多少。在笑笑还有些茫然的时候，乖妞陆续说出了祭奠去世的人、吃寒食纪念介子推、春游踏青、折柳绿化等四种功能。她不了解的第五项是清洁保健——“好，我们回家就洗澡！”

如此看来，这第一个放假的清明节，还算没有白白地度过，我的心里多少有些欣慰。

愿每一个清明都富有情怀

第二个放假的清明节，我们带着乖妞去了烈士陵园，她把一个小小的花环放在了纪念碑前。我们看到，大学生志愿者们在纪念碑前宣誓，老师在给小学生讲英雄事迹，乖妞还在墓园的树上看到一张写给烈士的卡片……回到家，乖妞精心制作了一个图文并茂的展板，主题为“清明祭先烈”。

转眼又是清明节，我们要做一件什么有意义的事呢？周末举行家庭读书会是我们家的一个传统习俗。清明踏青，就让我们把第 139 期周末家庭读书会搬到大自然里去开，带上喜爱的书，到草地上、绿树下去读吧。

由于妈妈要赶写 MPA 的毕业论文，没有跟我们一起去郑东新区的湿地公园。不过，同行的依然是我们仨，这第三者就是我们家的小狗庆庆，它最喜欢跟着“姐姐”一起去草坪上撒欢儿了。

我们带的书是“小小少年 · 科普文学馆”丛书中的一本，其宗旨是：阅读动植物故事，发现大自然生物之美！丛书一共有七册，每一册里又有七个小故事，我们带的这一册是《鼹鼠小姐的花园》。

乖妞读了《为什么要在山上种树》——

森林对所有生物来说都是非常重要的。森林不仅是动物们生活的家园，而且能为我们人类提供木材、草药和煤炭等资源。森林能够制造云和风，甚至能对地球的气候产生影响，所以破坏了森林，干旱、洪灾就会频繁发生，气候也会逐渐变得异常，会给地球上所有的生物带来灾难。

我则读了《花结婚也需要媒人吗》——

植物的花结婚就是传播花粉。同一朵花的雌蕊和雄蕊是亲缘关系，不能自己授粉，所以雌蕊要接受其他同类花的雄蕊制造的花粉，同样这朵花的雄蕊制造的花粉也要传播给其他同类花的雌蕊。这就是花儿们的婚礼。

在大自然的怀抱里，读着有关大自然的书，是一件多么自然、多么惬意的事情。庆庆也特别懂事，没有四处狂奔，而是静静地趴在"姐姐"身边，似乎听我们读书特别享受。

读书告一段落，乖妞和老爸别出心裁地要搞一个摄影比赛。乖妞拿着相机，老爸用自己的手机，分别拍摄。然后在各自所拍的照片中推荐四幅，比一比谁拍得更好。

照片的角度不同，似乎很难分出高下。不过，有一个现象值得玩味：乖妞的镜头几乎一刻不停地跟着庆庆，而充满老爸镜头的几乎都是乖妞的身影。并非巧合的背后，只写了一个字——爱。

那个清明节，老爸骑着自行车来来回回，前边车筐里带着庆庆，后面车座上带着乖妞，我们不带电脑，只用日光，融入自然，优哉游哉……

但愿每一个清明都是低碳绿色的。

但愿每一个清明都是富有情怀的。

但愿每一个清明里都留下我们成长的印迹。

好吧，我承认，胜利属于哈根达斯

这个中午，360广场的上空，阳光分外炫目，郑州的气温达到入夏以来的新高。

乖妞和老爸坐在哈根达斯的小店里，分享着丝丝的凉意。店里人不多，因而我们还能坐在上次坐过的临窗的位置。第一次吃哈根达斯，是为了庆祝李娜首次夺冠，而哈根达斯是那场网球赛的赞助商。当时冰淇淋是28元一球，而今又涨了几元，与我们平时吃的冰淇淋相比，简直是天价。

请乖妞吃哈根达斯是为了兑现老爸的一个承诺：如果能连续10次记得抹香香（护肤露），就满足乖妞的一个小心愿。

她的心愿是吃哈根达斯

关于满足乖妞一个心愿的承诺，缘起良好习惯的养成。

习惯都是后天养成的，没有天生的完美宝宝，乖妞自然也不例外，比如吃饭前忘记洗手，比如出门前没有抹香香，比如忘记关这里那里的灯，比如……并且这些地方都要加上“总是”，因为不止一次，也不止十次。

经常洗手是为了卫生和健康，抹香香是为了保护娇嫩的皮肤，关灯是为了节约能源……这些道理，一个十多岁的孩子都明白。我们每次提醒乖妞，她也都能乖乖地迅速照办，可就是迟迟地抵达不到自觉的境界。

关于这点不足，乖妞自己心里也很明白。上小学时，她曾写过一篇作文，题目是《多少地方有我的皮筋》——

虽然我已经养成了很多好习惯，比如：不挑食，刷碗，自己洗袜子，等等。但是妈妈对我有一个习惯很不满，就是在家里的每一个角落都能看到我散落的皮筋。

妈妈让我做一个调查，找一找家里多少个地方有我的皮筋。我发现在地上、床上、沙发上、桌子上、卫生间的台面上等很多地方，都能看到皮筋的身影。

于是，我对皮筋进行了整理，把晚上睡觉前去掉的皮筋放到床头柜上，把不经常用的皮筋放到衣帽间，把常用的头饰放到卫生间。这样，我的皮筋就有了明确的分工。

妈妈说这次整理后，要是再在别的地方看到我的皮筋，累计10次，就给我剪成短头发。我可舍不得我的一头长发！我以后一定会好好保管皮筋，留住我美丽的长发……

让妈妈烦躁的是乖妞那无处不在的皮筋，让老爸上火的是乖妞如果不提醒似乎永远想不到抹的香香。即便是身为大老爷们的老爸，也知道护肤要领最基本的有两项：一个是补水，一个是防晒。试想，外头动辄35℃以上的高温暴晒，乖妞那娇嫩的皮肤如何经得起这考验？不行，务必要让乖妞养成自觉抹防晒霜的习惯，我们总不能一辈子追在她屁股后面喊：乖妞，你还没抹香香呢！

然而，良好的生活习惯该如何培养呢？

当然可以惩戒：在不该出现的地方看到乱放的皮筋，发现10次，就给你剪成短头发。甚至可以威胁：如果再发现一次你吃饭前不洗手，就罚你走路去上学一次……

短发自有短发的干练和清爽，与长发有着不一样的可爱味道。可如果这头发是因为受惩罚而被剪短的，岂不相当于把一个耻辱的标志天天顶在头上？同样的道理，步行上学值得鼓励，可一旦成为惩罚的手段，路边宜人的风景岂不因沮丧的心情而变了味道？

那么，我们可不可以换一种思路呢？比如奖励，以奖品的魅力来时时唤起孩子自觉的努力。于是，我跟乖妞约定：如果你连续10次记得抹香香，老爸就可以满足你一个小小的心愿。

关于心愿，乖妞的第一反应是：我要吃冰淇淋，哈根达斯冰淇淋！

向着哈根达斯大步前进

从拉钩的那一天起，乖妞便开始了向着哈根达斯挺进的征程，以十分的兴趣和十二分的用心。

我们的约定中有一个关键词——连续。然而，孩子毕竟是孩子，当乖妞连续4天在出门前自觉地抹香香后，第5天早晨老爸问起“抹香香了吗”，她一脸尴尬和懊恼：“哎呀，我忘了！”于是，重新开始计数。

第二轮，坚持了5天，有进步；可到了第6天，她又忘了，于是再重新开始。

接下来的第三轮挑战更悲催，乖妞在第2次抽查时就忘了，让老爸简直怀疑坚持抹香香对她来说，是不是一个永远不可能养成的习惯，一个永远不可能完成的挑战……

老爸与乖妞约定的规则中还有一条：只有老爸检查时抹过香香才计数，自己抹过后主动来报账的不算。因而，老爸也不是天天都检查，偶尔也会间隔那么一天两天，看看乖妞坚持的用心和力度。

这中间，老爸不时会出差，每晚都会通过电话或者短信跟乖妞联系。好习惯的养成最关键的一条，无疑是持之以恒，越是家长不在身边越是不能放松。于是，老爸每次到挂电话前总不忘问一声：今天抹香香没？乖妞的回答每次都是肯定的。

在一句决不能省略的鼓励之后，老爸不禁暗暗叹服哈根达斯的魅力。好吧，我承认，在与不良习惯的对抗中，哈根达斯胜券在握，不过是这胜利来得早一天晚一天而已。

有一天早晨，送乖妞上学，刚到电梯口，她突然大叫一声："我没抹香香！"那叫声可以用"凄厉"来形容。没等老爸反应过来，乖妞就箭一般地冲回了家。等老爸反应过来，她已经又回到眼前，边走边抹着香香。

那已经是第四轮的第 7 次了，眼看胜利在望……老爸笑眯眯地盯着乖妞："你知道我想说什么吗？""是不是又要重新开始了？"那一刻，乖妞复杂的眼神简直要把老爸的心都揉碎了。

我一字一句地说："不。这次不仅算数，而且算两次！奖励你的自觉。""耶——"乖妞一下子蹦了起来。因为背着书包，她没能蹦得太高。

清晰地记得，第 10 次检查是在奶奶家。出门前，因为没注意乖妞在卫生间洗脸的过程，不敢确定她是否抹了香香。迟疑了片刻，拿不准该不该问她，真的很怕她这回换了地方忘了抹香香，那样岂不是功亏一篑？也不知道如果这次真的忘了抹香香，又该怎样面对乖妞失望的眼神。

想了想，还是问吧，好习惯的养成本就没那么容易。如果这一次又要重新开始，就算是一种成长的代价吧。

"乖妞，抹香香了吗？"

"抹了呀。"

"真的吗？"

"当然了。不信你闻闻！"

乖妞仰起脸，老爸凑近，果然一股淡淡的馨香扑鼻而来。此时，老爸的喜悦和成就感一点都不比乖妞少，情不自禁地在她的小香脸上狠狠地亲了一口。

跟哈根达斯一起并肩战斗

小孩子的记性你不佩服不行，乖妞居然还记得上一回在哈根达斯专卖店里，她吃的是香草口味的，我吃的是桑果雪葩。那么多复杂的口味，每个口味还都有着复杂的名称，她都是怎么记住的？我着实不解。这次乖妞选了芒果口味，给我选了提拉米苏。当然，每次她都要尝尝老爸杯中的冰淇淋口感如何。

乖妞数了数这家店里哈根达斯的口味，一共16种，她的理想是要把所有的口味都尝一遍，并且现在就决定了，下一次要吃的口味是曲奇。她很快便运算出来，还有12种口味没有尝，如果每次都是和老爸一人一种口味，那么还需要吃6次，同时也意味着，要60次检查抹香香都顺利过关，才能实现这个理想。到这个周末，新的一轮计数，她已经得了3分。

在抹香香方面，乖妞的好习惯算是基本养成了；可她似乎并不能做到举一反三。昨天晚上，乖妞拿着一袋酸奶来找我，让我给她读黄磊推荐的《瓦尔登湖》。喝着酸奶，听着名著，她很享受；然而，回屋睡觉前，她把酸奶袋留在了我的床头柜上。今天早晨，乖妞又来找我，边梳头边讨论去美国带哪个旅行箱。扎好头发后，她走了，我在后面大声地问："大小姐，您的梳子是不是忘在什么地方了？"

我用充满忧虑的眼神望着乖妞："再过十来天，咱们就要去美国游学了。住在寄宿家庭里，你再这样每天丢三落四，顾头不顾腚的，丢的可不仅仅是你和老爸的脸，而是会影响咱们中国人的形象啊！"

乖妞有点不以为意："放心吧，出了国，我就不会这么不小心了。"

"真的不会？"我说，"我当然相信你不会故意乱丢东西。可你知道什么是习惯？习惯就是长期养成的生活方式。假如你平时在国内没有日积月累养成好的习惯，难保你在国外不会无意中犯这样那样的毛病……"

听我这样说，乖妞无语了。

所以，当乖妞筹划着她吃遍哈根达斯的远大理想时，老爸则在心里盘算着：我可不会把所有的冰淇淋都用在对付抹香香这么一个习惯上，而是要在巩固成果后，和哈根达斯一起，向着一个又一个顽固的不良习惯发起挑战。

我当然知道，这一定是个艰难而漫长的过程。

可我也相信，最终的胜利一定属于哈根达斯。

本该快乐的节日，她为何流了不少泪

你总说你还是个小孩，

我也觉得你是个小孩。

尽管你已经不过小孩的节日，

我还是希望你永远像个小孩。

——这是上一个六一儿童节我在微博里@乖妞的话，同时还送给她一个迷你iPad作为节日礼物，尽管她已经不过儿童节了。

小学毕业前的那个六一，被乖妞界定为自己的最后一个儿童节。

无论在我们的印象中，还是在文学作品或者新闻报道里，“六一”都是跟“快乐”连在一起的。然而，这最后一个儿童节，乖妞却流了不少泪。

为排练“六一”的节目，她流泪了

几乎所有的小学里，六一节都要有一场文艺演出吧。省实验小学在这方面考虑得很周全，从周一到周三，学校分别利用六个半天，为六个年级各组织了一场文艺会演，要求所有的班级里所有的同学都参加，这才能让每一个孩子都感受到过节的气氛。

每每遇到这样的活动，乖妞都兴致颇高，积极参与。最初的思路，她要跟两个要好的同学朗诵绘本《爱心树》。放学后，孩子们约好到我们家来排练。这一练，问题就出现了。在乖妞的作文中有这样的记录——

读了一遍后，发现《爱心树》好像不太适合我们表演。说它是朗诵，可是它有对话。说它是课本剧，可是大树与小孩之间的那种感情，我们这些小女生也无法表达得恰到好处！

我就想，有没有这样一个作品——它既有情节，又没有对话。突然，灵机一动，想到了我爸爸写的《千秋之爱》。他是在“5·12”汶川大地震的时候写的，纪念一位在地震中为护住四个学生而自己却牺牲了的老师。这首诗分为五节：学生、妻子、女儿、母亲、歌者。我们决定朗诵“学生”“女儿”两节。“学生”那一节是回顾地震发生时的情景，“女儿”的部分则是表达对老师的怀念！我们练习得很认真，到了高潮部分总会掉下眼泪。

周一，我们信心满满地找老师接受检查，可老师说，这个节目太悲伤了，不太适合六一节的气氛。听到这个消息，我们几个有些难过，这么长时间的排练，全都白费了！不过后来想想，虽然没有选上，但是在排练中也锻炼了我们的语言表达能力，还是有收获的！

语言节目被毙了，乖妞她们没有灰心，六一节不是想要欢快的节目吗？那就准备一个歌舞，载歌载舞，欢天喜地，肯定有节日的气氛吧！

方向定了，先要选歌曲。乖妞向我征求意见：老爸，你觉得我们班唱什么歌比较好——《春暖花开》《年轻的战场》，还是《给所有知道我名字的人》？在电梯里，在单车后座，当然更多的是在她的小屋里，乖妞不断地哼唱着，我也不断地给她建议。在多次变换了歌曲后，最终选定《唱得响亮》。

继而排舞蹈。班里最有舞蹈功底的张亚琦去北京了，有点舞蹈基础的乖妞成了节目的编排者。节目开始时她们九个女生有一段歌舞，然后是全班同学上场的大合唱。乖妞编好舞蹈后，先是召集大家课间练，后来又联系大家周末练。可是面临小升初的孩子们，要上各种各样的培训班，人总是凑不齐，乖妞为此没少着急。

接着是录音。为了保证在舞台上的演出效果，她们决定进棚录音。乖妞问到一家录音工作室的电话，然后直接打过去电话咨询价格，又比较了另外几家，选定比较实惠的一家。她在周末聚齐九位同学，完成了歌曲的录音。

都忙乎得差不多了，才发现了还没有订服装。其实服装起初不是由乖妞负责的，可负责此事的同学迟迟没有着手。眼看六一节逼近，乖妞急哭了。擦干眼泪，她决定不再等，开始自己在淘宝上选衣服。为这次演出，乖妞专门建了一个 QQ 群，陆续把她感觉不错的服装图片发到群里，征求同学们的意见……

活儿干得越多，泪流得越多

第二天就要演出了，晚饭时，我发现乖妞情绪不高。问她怎么了，起初她不想说，可脸上的郁结却丝毫没有化开的意思。

我定定地看着乖妞的眼睛，片刻，“爸爸！”乖妞终于开口，她说有同学嫌定制的衣服大了，有同学嫌录音的间奏截短了，还有的同学……说着说着，乖妞的眼泪出来了。

“我推荐的歌她们不满意，让她们推荐，她们又说不知道推荐什么歌……”

“分工订服装的同学一直没动静，我就来挑衣服。开始也都说喜欢，衣服到了，又说订大了。我有什么办法，大了就去修嘛……”

“这会儿嫌间奏录短了，那天录的时候可是我们九个人都在啊，为什么谁都不提意见？现在全录好了，都冲我一个人发牢骚……”

越说越委屈，乖妞竟哭出声来。

活儿干得越多，出错的概率就越大；倒是袖手旁观的人，不会出错，还往往指手画脚，这个世道便是如此。这事儿即便摊到成人身上，也难免会觉得委屈吧。

我对乖妞说：“六一会演本来就是集体活动，要有分工有合作，而不是把所有问题都自己扛。你没有必要对节目的各个环节都负责，而只需把分给你的任务不折不扣地完成就够了。也许正因为你凡事都操心，于是大家会觉得，不用急，反正有刘晓寒呢！反倒模糊了各自责任的界限。”

“不过，从另一个角度说，正是这些不顺利，让你受到了不一样的锻炼，也比其他同学多积累了一些经验。不是这样的机会，又怎能想象一个小学生会为了班级的演出，独自去网上定制服装，又独自去联系社会上的录音棚呢？伤心了，流泪了；也收获了，成长了。这些成长中的磨砺，都将变成你的能力和财富，装在你人生的行囊里，谁也拿不走……”

正巧那天下午，我收到班主任姜老师发来的一条短信：“通过这次活动，孩子的组织能力大大提升，综合素质也得到很大提高。看着孩子点滴的成长，我感到由衷的高兴和欣慰！”

我把姜老师的短信读给乖妞听。我接着又说：“你总觉得老师不够操心，其实老师正是给你们提供锻炼的机会呢。谁锻炼得多，谁就进步得快。这次活动中能收到姜老师表扬短信的，估计只有你老爸吧？”

少想已经失去的，多想你还拥有的

六场会演都结束了，学校从每个年级分别选出两个优秀的节目，组成全校的六一联欢会。乖妞班级的节目未能入选。

“我怎么也看不出来选上的那个班比我们班的节目好到哪里！”回到家，乖妞再次落下泪来。

递给乖妞一张纸巾，我说：“这是因为你为你们班的节目付出了太多的心血，太有感情了，才有这样的感觉。其实别的班同学也是下了很大功夫的。那天爸爸也在现场，你们班的节目效果是不错，但也不能说就是最精彩的那一个。我甚至觉得有的班比你们班还出彩，后来不也落选了？毕竟名额有限，不可能所有的好节目都上。你看看春晚，有的节目过五十关斩六十将，终于挺到了除夕，结果因为前面的节目超时，临时被拿下，你说他们得有多亏？！这就是规则。这就是命运。它不为个人的意志所左右，我们要有勇气面对并接受……”

继而又得到消息，学校原定举行的毕业晚会因故取消了。乖妞又一次大哭："早知道不办毕业晚会，我们六一会演时就不唱《唱得响亮》，而唱一首关于毕业的歌了。我们都没有一个像样的毕业典礼，也没有机会当众感谢老师。”我知道，乖妞的心态正如电影《少年派》中所说：我不是惧怕分离，我只是遗憾没能好好地道别。

“乖妞，你为什么不可以把那场六一会演就当作是毕业晚会呢？所有的毕业班都同台演出，同学们全部参加，演出全体毕业生照了大合影，这不就是浓浓的毕业氛围吗？至于感恩老师，方式有很多啊，不一定非要在舞台上鞠躬拥抱吧？”我还是要开导她。

转日又得到个消息：学校安排乖妞担任六一联欢会的节目主持人，与一位老师和一位低年级的男生搭档。

乖妞，尽管你们班的节目没能上，不过作为毕业生里唯一担任节目主持人的，你如果准备充分、表现完美，不同样是为班级争光吗？你也完全可以把毕业时想说的话写进主持词，与大家一起回味成长、感恩老师、祝愿友谊地久天长啊！与其一味地纠结班级节目落选、毕业晚会取消，不如好好考虑如何抓住这毕业前的最后一个登台机会，用精彩的亮相、华丽的转身，在全校师生注视的目光里，为自己的儿童时代画上一个完美的句号……

少想你已经失去的，多想想你还拥有的。

悦纳得失，悦纳生活，也悦纳自己。

——不管你以后还过不过六一节，乖妞，这都是老爸最想送给你的节日祝愿。

求学，就寻个她希望“度日如年”的地方

能穿这身校服的日子不多了

又是一年毕业季，又是一年升学季，面对小升初选择的茫然仿佛犹在眼前，可事实却是，还有不到一个月，乖妞就要参加中招考试了。

一边是老师和校长的叮咛：放心去飞，勇敢地去追，说好了这一次不流眼泪；一边是学生和学生的共勉：我相信我们还会再见，我相信我相信的一切……备考的紧迫与离别的怅然，就这样在初夏的校园里相互纠缠，此起彼伏。

前不久，学校要拍毕业纪念短片，主要由学生创意并参与制作。乖妞作为拍摄小组的主要成员，多次在放学后因为要开会讨论脚本而延迟回家。毕业班的每一位同学都要写一段话，用在片子里。乖妞是这样写的——

依稀记得昨天还在和老爸抱怨：“我们的冬季校服真的太丑了，像是环卫服！”“你再嫌丑，也只剩下最后一个学期，穿不了几次了。”老爸安慰我。

听老爸这样一说，我似乎才意识到，天气一天比一天暖和，接下来的日子，我好像很难再穿上冬季校服了。是啊，以前不是总听学哥学姐们说，要好好珍惜能穿校服的这些日子吗？

时间过得飞快，七年级的军训仿佛就在昨日，我却已经要走上中招考场。当2016届的学生迎来了2016年的夏天，当我们再一次地穿上夏季校服，也许就真的到了要跟母校说再见的时候。突然想起同学们经常讨论的话题：假如生命还有三天，你会拿来做什么？

不管以后会发生怎样的变化，至少现在我会毫不犹豫地回答：假如还有三天，我愿意在二实验度过。

真的，多希望在这里的日子“度日如年”。

突然明白我们想上什么样的学校

到底什么样的学校能让一个即将毕业的学生希望在这里度过的每一天都像一年那样

漫长？——这就是河南省第二实验中学，我们习惯简单地叫她“二实验”。

说到这所省教育厅唯一的直属初中，我有太多的感慨。尽管我们报社与学校相距不过千米，可在2012年之前，只是久闻二实验课改实践的名声，并无太多具体的了解，甚至不曾踏进过校园一步。

2012年5月，因为一份省厅的批示，我带着撰写“命题作文”的心态，头一回走进了二实验。这一深入采访，我不能不承认自己被震住了：取消早晚自习，严格杜绝补课；创建班级组，人人都做班主任；实行课程整合，开办课程超市……二实验的许多创新，都走在了全国教改的前沿，对课程改革具有标本价值。李涵校长在这所占地仅有7.8亩的学校里，生动地诠释了什么叫“小小的校园，大大的梦想”。

采访归来，我和同事马不停蹄，连续多期在报纸上以整版的篇幅，发出关于二实验课改实践的一系列重头报道，并于2013年将其推选为河南教育名片。

采访二实验的时候，正是我为一事纠结的时候——这就是乖妞即将面临的小升初。

郑州初中的群雄逐鹿，不知何时演变成了民办学校的独霸天下。当年5月全市统一组织的民办初中招生考试，乖妞也参加了。我骑车送她去赴考时，沿路人潮涌动，熙熙攘攘，场面壮观得甚至有些恐怖，让我们提前感受了一回高考的阵势。那会儿我刚陪乖妞看过影片《全城高考》，于是便戏称正在经历“全城中考”。我们常说的“中考”是指初中考高中，不经意间已经被提前到了小升初之际。

经历过“全城中考”，我们依然拿不定主意要去哪里上初中。就在这时，原本不在考虑范围内的二实验，因为计划之外的这次采访出现在我们的视野里。我的眼前和心里同时一亮，突然明白了想让乖妞上一所什么样的学校——

这里不上早晚自习，保证孩子每天都有充足的睡眠；

这里非常重视体育课和课外活动，让孩子拥有健康的体魄；

这里从不让家长为作业签字，促使孩子形成独立学习的习惯；

这里开设了一系列校本课程，让孩子的兴趣有自由发挥的空间；

这里有众多的户外活动和浓郁的艺术气息，让孩子在成为一名好学生的同时，也成为一个可爱的、有情趣的、对世界充满好奇、敢于并善于创新的人，同时学校还将为中国家庭培养好儿媳、好女婿当作目标……

这里，就是二实验。这里，不就是我们一直在寻找的不以牺牲孩子生命和身心健康为代价来换取考试成绩的理想学校吗？

后来，在邀请我担任家委会主任时，李校长曾对我说：你能把自己唯一的孩子送到我们学校就读，这种肯定和认同，比在报纸上给我们发几个版的报道都要重得多。

总算兑现了曾经给你的承诺

有一天，女儿问我：爸爸，周末你怎么总是不在家呀？

我说：我们要办活动啊，老师们只有周末才有空闲时间。

她又问：你们都去哪儿办活动啊？

我说：全省各地的名校。

她接着问：那我们学校算不算名校？

我说：当然算啊！

她紧追不舍地问：那你们也会到我们学校办活动吗？

我干脆利落地答：必须的！

今天，就在今天，我总算兑现了一个父亲曾经给女儿的承诺，我很欣慰，也很骄傲。

5月22日，在第八届河南教育名片发布暨“校本课程1+1”观摩研讨会的启动仪式上，我的致辞是这样结尾的。说这话的时候，我站在台上的报告席，乖妞就坐在台下的第一排，直线距离不过5米。当我的目光投向乖妞时，她的小脸有些发红，明显有些不好意思。没错，这个春天的这次活动的举办地，就放在了乖妞正在就读的二实验。

活动开始前大概10天的样子，乖妞有天放学回家后，说的第一句话就是：“老爸，有个什么名片活动是不是你们报社组织的？”我反问：“你怎么知道？”乖妞说：“学校让我在会上发言呢。”原来，二实验的展示环节中，有个由四名师生联手的组合报告，乖妞被选为两名学生代表之一。

关于乖妞的发言，准备时我几乎没怎么插手，她自己写稿子，自己做PPT，自己练习，只是在她偶尔问到我时，才就事说事地给她一点建议。那天，乖妞最后一个出场，我也是头一回看到她发言的完整版。乖妞的从容发挥，赢得了现场数百位代表热烈的掌声，尤其是结尾处的那句“现在这样，就很好”，被一些代表赞为“神来之笔”，让人有“惊艳”之感。那一刻，坐在第一排的我，真心为乖妞骄傲。

活动的内容很丰富，有校长的主题演讲，有师生的组合报告，有课程超市的观摩，有参会代表的沙龙，其中给大家印象最深的当数爱心义卖，义卖所得款项全部用于帮扶丹江库区的贫困学子。

在乖妞班级的摊位前，我买了两杯鲜榨果汁。我喝一杯，给她一杯。乖妞的班主任看到我，一把递给我7枚书签。书签是同学们自制的，作为买东西附赠的小纪念品，也单卖，5角钱一枚。我一再推辞，石老师非要塞到我手里，让我送给代表们做纪念。——送？岂不是便宜了他们？哈哈——于是，我把书签以每枚5元的价格卖给了同事和相熟的代表，总共卖了 6 枚，所得 30 元交给了班上管账的同学。我给自己留了一枚，至今还夹在书里。

记得她说：现在这样，就很好

乖妞的发言稿在被收入名片特刊时，由于篇幅所限，做了较大的删减。尽管如此，每回读到这些带着温度和情感的文字，我的眼前都会生动地显现出乖妞发言时的情景，也欣慰于三年前的夏天跟她共同做出的选择——

当我还在上小学时，就对初中生活有过无数的幻想。我特别希望学校能开设丰富多彩的课程，而不只是学习要考试的科目。我希望学校能多为同学们提供锻炼的平台，让每位同学的特长都有机会发挥。我甚至希望可以在中学时代，和同学们排练一个青春小短剧，并把它拍摄下来，留作珍贵的回忆。那时的我，也只是随便想想，但让我万万没有想到的是，二实验把我的梦想变成了现实。

那就从让我最难忘的集体生日说起吧！八年级开学前夕，我与 200 多名同学一起，在嵩山度过了难忘的 14 岁集体生日。我们那次爬山走的不是景区的水泥路，也就是所谓的野山路，难度系数可想而知。所以，在出发的前一天，学校专门请来了户外救援队的专业人员，把搭帐篷、速降等户外必备的技能通通教给我们，并让每位同学体验尝试。

第二天，我们带着背包开始爬山，经过 6 个小时的艰难跋涉，终于登上了中岳之巅。同学们一起唱生日歌，一起吃蛋糕，一起学烤羊肉串，一起读爸爸妈妈写的信。山上的夜晚，凉风不时袭来，就算有一层帐篷的遮挡，但依旧抵不过浓浓的寒意。那一夜，我们没有睡好，而老师们也许是彻夜未眠。每一个让同学们难忘的集体生日，背后都有着多少老师日夜的坚守和付出啊！

在山顶读了爸爸的信，我也给爸爸妈妈写了回信，这就是一种爱的呼应、爱的传递吧！经过这次 14 岁集体生日，我仿佛一夜之间长大了许多，也开始思考今后要如何孝敬父母、感恩老师、回报社会……

在作文《我生活在曾经的梦想里》里，我曾这样写道——

“真的很幸运，在从儿童到少年这段关键的旅途中，我能遇到这样的学校、这样的老师、这样丰富多彩的校园生活。若要问我希望在怎样的环境里度过宝贵的中学时光，我会说——

现在这样，就很好！”

成长，请带上这本书，书里有给你的信

1本书和37本书

每到世界读书日来临之际，或多或少都会有人让我来推荐图书，或向老师，或向学生，或向家长。

这个世界读书日我要推介的书，此前在不同的场合多次推荐过，我觉得它特别适合亲子共读。这本书与信有关，那么首先让我来读一封信——

在这个丹桂飘香的时节中，在这个特殊的日子里，我们向您表达诚挚的谢意——感谢您赠予我们美味的精神食粮《成长，请带上这封信》。我们从中读到的不仅有父母们对孩子的良苦用心和殷切期望，更体味到努力学习成就自我、回报父母养育之恩的重要。谢谢您，传递给我们这份浓浓的爱。

相信有了您的支持，同学们在以后的学习中、生活中，一定会更加刻苦用心。请期待我们再创佳绩吧。

落款是35个名字，这是乖妞全班同学的签名。

这封信的起因，是在前一年的暑假，我参加一个图书评选推荐活动，看到一本《成长，请带上这封信》，它是由30位名人写给子女的信组成的。这些名人里有不少都是我欣赏的，比如媒体人白岩松、张泉灵，比如作家池莉、韩寒，比如学者朱永新、钱文忠，还有我最喜爱的诗人舒婷，也有乖妞最喜欢的演员黄磊……书的护封上印着这样几行文字：面对大众，他们是镁光灯的焦点；面对孩子，他们是最平凡的父母。他们甘愿最大程度还原本真之心，用世间最珍贵、最绵软的爱写就一封封家书，为孩子细数成长的迷茫与酣畅、生活的刁难与馈赠。

我当时就提出想要这本书，被主办方客气地拒绝了，说是参评样书，要留资料。于是，就在评选会场，我打开手机下单，邮购了一本《成长，请带上这封信》，因为实在太喜欢了，里面很多很多都是我想给乖妞说的话。

书很快到了。我一封一封地读给乖妞听，她很喜欢，也非常适合她这个年龄的孩子读。由于每封信是各自独立的，所以不需要整段的时间来读；饭后、睡前、等待电影开演的片刻，都可以读上一封，然后交流一下各自的看法，说着说着就说到了我们自己的生活，收获也成倍地增加。

后来，我就想，既然乖妞如此受益，何不让更多的孩子受益呢？于是，我再一次网购了 37 本，直接寄给乖妞的班主任，请她发给全班同学，每人一本，另外两本给两位班主任。也巧，书正好是学校举行 14 岁集体生日的前一天到的，也算是给全班同学的生日礼物。

集体生日后，我就收到了这封信。在世界读书日来临时，又跟乖妞一同重温书中黄磊的信，她突然想起来什么似的说：那封信你可别弄丢了，上面有我们全班同学的签名！

30 位父母和 30 封信

《成长，请带上这封信》全书分为三个部分，每一部分都恰好由 10 封信组成，可见是精挑细选。其核心就是护封上的那句话：三十封信，万千种爱，一个心愿——孩子，遵从内心，成为最好的自己。

第一部分《当世界还小的时候》主要是告诉孩子，这个世界是多么的宽阔、多么的神奇，等着你去探索、去发现，比如《60 分公民》，比如《我见过那个没有你的世界》。让我印象深刻的是，张泉灵在《大大的世界》中如何告诉女儿什么是战争——

在一个废墟上的乡村课堂里，我看到几个三十几岁的男子，坐在六七岁的孩子后面。我问他们是孩子的父亲吗，他们羞涩地回答我，他们也是学生，在扫盲。战争持续了 26 年，他们从没有机会走进学校。

没有描绘血腥的场面，没有渲染死亡的气息，仅仅从两代人同堂学习的一角，便映射出战争给平民生活带来的影响是多么巨大。她说："世界的大小，很多时候没有捷径，你得用自己的脚步去丈量。"

第二部分《你终究会遇见未来的你》写的是亲子关系，有浓得化不开的情感，比如《你是上帝送给我的礼物》，比如《我愿意哄着你长大》；也有理性的思考和劝诫，比如《我可以为你负担哈根达斯，但你必须付出劳动》。尽管我不怎么喜欢乐嘉的做派，却比较欣赏他的这段话——

我不希望你在外面提老爹，首先是爹知道你这种性格希望得到别人关注，所以喜欢炫耀。如果你炫耀的是你自己所具备的气质和才华，人家最多觉得你恃才自傲；但如果你只是希望通过炫耀老爹现时所有的名气，以达到提升自己的被关注度和被认可度，炫耀会让你的大脑短期失去理智……会让你成为一个轻浮的女孩，会让你更容易被男人的花言巧语所击倒。

关于乐嘉的观点，我和乖妞有过探讨：不仅仅让你为有我这样的老爸而骄傲，如何能让我因为是你的老爸而自豪？

第三部分《成为你自己》主要就是谈成长了，浏览几个标题，内容一目了然：《你的财富是你自己》《用理想规划人生的选择》《从来就是如此信你》……我最欣赏的女诗人舒婷，就是那个写出《致橡树》《会唱歌的鸢尾花》的舒婷，居然在给儿子的信里谈到了未婚先孕——

如果女朋友怀孕了怎么办？你们俩人要好好商量，共同决定要不要这个孩子。根据中国国情，这类事通常是认为女孩子吃亏，因此她的父母比较难以接受，往往需要时间沟通。儿子，如果是这样，无论你们打算结婚与否，你都可以指望我们的理解和尊重，在经济和道义上得到完全的支持。

如何做孩子永远的大本营，给他或她以最大的安全感，是值得每一个为人父母者认真思考的。舒婷的这封信，题目就是《任何时候，背后都有我》。

1封长信和1封回信

集体生日活动前，学校要求家长给孩子写封信，我们家的这份重担自然落到了中文系毕业的老爸肩上。

彼时，我恰恰在跟乖妞共读《成长，请带上这封信》，正有满腹的话想对她说。于是难得地铺开信纸，拿出钢笔，规规矩矩地给乖妞写了一封信。信很长，在家长里短地瞎扯了一阵后，书归正传，我从“善良”“健康”“有方向”“有魅力”等角度，写出了对孩子的希望。其中，关于“有魅力”，我是这样写的——

美丽，或许只是容貌的惹人注目，而魅力则是由内而外生发出来的迷人气质。

我从小鼓励你多读书，读一些文学，读一些历史，读一些传记，再读一点哲学。古人云“腹有诗书气自华”，读书的确是可以增加魅力的，书籍给你带来的丰满、温润、自信和豁达，会使得你的气质超越五官而令人惊艳。正如我们都喜欢的台湾女作家三毛说的：“读书多了，容颜自然改变。许多时候，自己可能以为许多看过的书籍都成过眼烟云，不复记忆，其实它们仍是潜在的，在气质里，在谈吐上，在胸襟的无涯，当然也可能显露在生活和文字中。”

就像，如果你只是看到龙应台或者张爱玲的照片，很难说她们是传统意义上的美女；然而走进她们的作品，却必定会为之叹服、为之迷恋。同样的道理，当你说以后想学传媒时，老爸首先想到的不是那些形象标致的综艺节目主持人，而是张泉灵、柴静这样的知性女子，她们不能说有多么多么漂亮，然而，当你听到她们睿智的表达、看到她们生动的眼神，就会不由得折服于她们源自思想、源自灵魂、源自真性情的无比魅力……

乖妞他们的集体生日，是在嵩山顶上过的。老师选了几封家长的信，让孩子当众宣读，我写给乖妞的信有幸被选中。乖妞回家后说起此事，对我颇有些嗔怪：你的信我没读完，因为你写得实在实在是太长了！

读过父母的信，老师又要求每位同学给家长回一封信，从中能感受到学校希望加强亲子交流、促进共同成长的一片苦心。

乖妞的回信是这样结尾的——

爸爸，在你给我的信中，有许许多多动人的小细节，可能我早已把它们忘记了，但是你却还记忆犹新。我以后也会努力地记下生活中的每一个小细节，到将来再来看，该是多么有趣呀！现在，你们带着我游山玩水，去很多美丽的地方，所以叫作《爸爸去哪儿》；等到你们老了，我也会带着你们去更多美丽的地方，到时候就成了《乖妞去哪儿》！其实，人生就是这样的轮回吧，父母与儿女相互依靠相互支撑。我小的时候，你们怎么照顾我；到你们老了，我也会学着当年你们的样子，怎样无微不至地照顾你们……

好啦！到最后，我还要说一个很重要的问题：老爸，我这封信里出现错别字了吗？这可是我最担心的问题了！前面写了那么多，要是出现几个不争气的错别字，是不是暴露出我太没学问了？哈哈……

但是，无论我把什么字写错，有几个字我一定不会错的，那就是——“我爱你们！”

陪伴

PEIBAN

母亲要做三件事：

闭着嘴说话，

只用一只手干活，

每天没有怨言地做一顿晚饭。

而父亲只需做一件事：

存在。

专家说得有点玄，其实也没那么玄。

哄她入睡，送她上学，

带她周末加班，陪她周游世界……

如果你能挤出所有空闲的时间来陪伴孩子，

那么，不用表白，不用证明，

你如影随形的陪伴自会刻进她成长的轨迹，

你润物无声的陪伴早已融入她生命的记忆。

此刻，爸爸是个暖男。

20分钟，看老爸如何倒腾出一顿午餐

速战速决的一仗，从中午12点开始

这个周四，研讨会开了整整一上午，走出会场，已经是12点。

没回办公室，我径直去了单位东边100米处的双汇便利店，要了5元钱的肉丝和一袋馒头，以急行军的速度赶回家。此时是12点零5分。

小馒头一袋6个，拿出3个，放在电蒸锅里，定时10分钟。午饭乖妞主食只吃一个小馒头就够了，我得吃两个，一袋馒头正好够我们爷儿俩吃两顿。从冰箱拿出一个菜椒、一个青椒、半把蒜薹、两个鸡蛋，还有葱姜蒜。此时是12点零8分。

洗菜。切菜。菜椒和青椒切成丝，放在盘子里。蒜薹切成丁后，加上前一天就泡好的木耳。然后剥蒜，切葱姜蒜，在案板上分成两小撮。此时是12点14分。

最先炒的是鸡蛋，炒好盛在小碗里。锅不用刷，再添一点点油，葱姜蒜炝锅，倒进去蒜薹和木耳，爆炒。再把炒好的鸡蛋掺进去，就可以出锅了。蒜薹的绿、鸡蛋的黄，点缀着木耳的黑，色泽还不错。此时是12点17分。

从厨房的北窗，可以看到楼前的车房。盯了大约一分钟，乖妞骑着自行车闯入视野。看着她打开车房门，我这边收回视线，开始肉丝炒菜椒。乖妞喜欢吃辣的，所以冰箱里常备着细长的青椒，炒菜时偶尔配上一个，比较出味儿。门开了，乖妞还是照旧的一声："我回来了！"此时是12点20分。

我刷锅的时候，乖妞在放书包，习惯性地开始冲汤。中午几乎没有时间现做汤，我就网购了紫菜蛋花汤等各种口味的汤，跟肯德基里的味道一样。为此，还特意买了即热式饮水机。汤冲好了，菜和馒头也上了桌，开饭。此时是12点22分。

问乖妞："怎么不开电视？"答："下午要考历史，你得给我提问！"于是，饭菜进了口，"戊戌变法""五四运动""秋收起义""井冈山会师"进了脑。

午后1点，乖妞起身，把吃干净的盘碗端到厨房，说："孩儿这就睡了，父王您也好好歇息！"

这就是我们平常的一顿午餐。

大半年来，老爸和乖妞的中午就是这样的节奏。

再好的学校，也不如每天见到爸妈

3年前的春天，乖妞面临小升初，我们选择学校的一个重要条件就是离家近。

我一向反对把小孩子早早地送到寄宿制学校，对那些从小学就开始住校的学生，在心里怀着深深的同情。老师可以像妈妈，但毕竟不是妈妈，对于把老师对学生的关心升华为“母爱”来讴歌，我始终持保留态度。

如果说农村的孩子即使在家，也长年见不到外出打工的父母，那么城市里的孩子大都没有这种无奈。焦作有一位张老师，儿子即将上中学时，家人及亲戚都想把孩子送到郑州，甚至连学校都已经联系好，唯有她还有些犹豫不决。在一次活动上相遇，她问我的意见，我说坚决反对。再好的学校，再科学的管理，对于一个刚刚步入青春期的孩子来说，都不如每天在家里生活，早晚都能见到爸爸妈妈，有什么问题可以随时解决，对其身心的健康成长更重要。张老师说：你是目前我遇到的唯一支持我的人。若干年后，又一次遇到她，说起孩子的成长，她说其间也经历了一些事情，更加庆幸当年听了我的建议，没有把孩子送到外地上学，哪怕那个地方是省城。

因而，我也从来没有考虑过让乖妞初中就住校。最终选择的这所初中离我们家并不算太近，但是离乖妞的奶奶家很近，骑自行车也就七八分钟，比回自己家要节约一大半时间。上世纪末赶上房改的末班车，我分到一套福利房。房子是20世纪80年代建造的，很旧，质量也一般，唯一的好处是离单位近，就是前后楼。我把退休的父母从老家接来定了居，这里便成了乖妞嘴里常挂着的“奶奶家”。

乖妞上初中后，每天中午都回奶奶家吃饭。一家老小看着央视一套的《今日说法》，说说上午学校里发生的趣事，偶尔也吐一下槽。不到一点，乖妞开始午休，可以睡上一个小时。而这个时候，她有不少同学恐怕还没吃上午饭呢。到初三后，学习更紧张了，乖妞中午便只睡半个小时，其他时间用来读书。别小看这午休半小时，作为一天中小小的加油站，它足以支撑乖妞从下午到晚上的精神头儿。

用“四季分明”来形容我们家的生活再恰当不过。每到暑假，爷爷奶奶就回威海老家避暑；寒假呢，则去南方避寒。而春秋两季，二老在郑州度过。除了周末，他们生活的主要内容之一就是为乖妞做饭。奶奶年过七旬，眼睛也不太好，老人家几乎每天都是用整个上午的时间来准备午饭，只为小孙女放学回到家就能吃上可口的饭菜。

就这样过了两年，在乖妞即将升入初三时，爷爷和奶奶的身体都出了状况，而郑州的雾霾也越来越重。我劝他们夏天过后就别回郑州了，在老家的海边好好休养。二老对自己的情况心知肚明，之所以还在强撑着，唯一担心的就是乖妞的午饭怎么办？

我说：不是还有她老爸吗？

就是想陪，你又能再陪多久？

我学做饭是被逼出来的。大学毕业后，只身来到郑州，单位没有食堂，在街上胡乱吃了一阵后，总觉得不是长久之计，不得已开始学着自己做饭。没有师傅，也不看食谱，只会做一些简单的饭菜，仅能填饱肚子而已，好在卫生，且节省。

后来成家了，也便不用做饭了。再次走进厨房，是在乖妞上小学后。由于每天接送她上下学是我的任务，早晨我俩比全家人都起得早，我也就开始负责全家的早餐。早餐的主食以馒头或面包为主，不时蒸一些玉米、红薯、山药、大枣；要有粥，比较好煮的是玉米糁或小米粥；要有小菜，我一般准备三样：一咸、一甜、一微辣；要有鸡蛋，煎蛋、蒸蛋、煮蛋、荷包蛋间或着来……往往是当家人开始起床洗漱时，我和乖妞已经吃过早餐，迎着朝阳去上学了。

乖妞初二暑假后，爷爷奶奶担心回来再病了，非但帮不上忙，还要我陪着看病耽误时间，终于听了我的话，第一次在老家秋天没有再回来。可乖妞还是就近要回奶奶家吃午饭，那么给她准备午餐这一光荣而艰巨的使命，就责无旁贷地落在老爸的肩上。

做饭不是一两天的事儿，所以要从长计议。既不能耽误工作，又要让乖妞能及时吃上饭，我给自己规定的时间，就是要在20分钟内倒腾出一顿两个人的午餐，且有荤有素、有稀有稠。

为了保证速度，我选的都是易洗易切的青菜，比如蒜薹、黄瓜、青椒、洋葱、笋瓜、西红柿之类。主食基本上是米饭与馒头交替，如果吃米，早上就把大米洗好，放进电蒸锅里预约上时间。荤菜除了买肉丝，也会不时地去街上买紫燕百味鸡或者北京烤鸭，这些都是乖妞的最爱。她还爱吃牛排，可如今很少有时间去西餐厅，我便网购了牛排，在家里给她煎，十分鲜嫩，味道不比豪享来的差。常听乖妞一进门便说：在楼道里我就闻到香味儿了！

每个周一是我最忙的一天，不仅晚上要加班到半夜，中午也很难按时下班。于是，周一我俩固定吃饺子。好在河南的速冻饺子在全国是出了名的，乖妞百吃不厌。

为了保护视力，乖妞每周一次去专业机构按摩眼睛。上中学后，我和乖妞商量着把按摩眼睛的时间固定在每个周三，也就是上学日的中间，给疲劳的眼睛一个缓冲。这样，乖妞每到周三中午不再回奶奶家，午饭自己在外面解决。而我，则尽可能地把应酬安排在周三。

当然，哪天会有应酬，不是完全能由我一个人决定的。当有些饭局实在无法错开的时候，我就让同事先去饭店点菜，我则赶回家给乖妞做饭。当我做好饭马不停蹄赶到饭店时，往往是菜刚刚上桌，基本不耽误。

席间常有朋友说我，每天如此，是不是把自己搞得太紧张了？我总说，还好，还好。特别是学校统一为学生定制午餐让自愿报名时，我这个家委会的主任参与了供餐公司的招标，却最终没有为乖妞报名。一则担心习惯午睡的乖妞，中午趴在课桌上休息不好；二则，我也想每天中午都能见到她，听她吐槽，看她大笑……

其实，我也知道，就是想给乖妞做饭，又能再做多久呢？春暖花开，爷爷奶奶就要从老家回来了，心疼儿子的奶奶是断不会再让我进厨房的。而过了这个暑假，上了高中的乖妞多半是要住校的，至多一周见一面。然后，她就要离家去上大学；然后，她会到哪里去工作呢？然后……

不想那么多了吧，只想着当她还需要你为她做饭的时候，就多为她做一顿；当你还能够在身边陪着她的时候，就多陪一陪她。所谓爱，就是陪伴；而陪伴若有久长时，恰在这朝朝暮暮，还有中午。

单车无敌，在越来越堵的城市里穿行

这一周，窗外由远及近不时传来电机的喧闹声，我知道，这是门前的路两边在挖树、移栽，早就在传的道路改造真个到了眼前。

单位门前的路本就不宽，这一改造，路边肯定是没法停车了。不少同事预感到不便，纷纷早做打算。幸好这时工会发了会员卡，其中含有绿城通功能，有同事便做好了改乘公交、地铁的准备。

可这对于我来说，影响不大，因为我每天都是骑车上下班。

对于乖妞来说，也基本没有影响，因为她每天都是骑车上下学。

一辆破车，前有老爸，后有乖妞

我与自行车结缘很晚，晚得让人难以置信。我是上高中后才学的骑车，那时身高已经一米八几，腿很长，以至于学车从未摔过跤。

上大学后，一直想有辆自行车。可每月的生活费仅 30 元，刚够温饱，没有余钱可以攒下来买车。直到大三，做了一份家教，学生家长免费提供自行车，代价是每个周末骑车去她家教孩子，路上要骑一个多小时，风雨无阻。

工作后领到第一个月工资，就想买辆自行车。看中的车价格 170 元，可工资才 140 元，不够买车，于是又回老家，把高中时的自行车放在长途汽车的顶架上运来，一骑就是好几年。

后来，慢慢地有了一些积蓄，就想换新车、好车，结果换一辆丢一辆，连丢三辆，其中两辆捷安特是在一个月中丢的。于是，死了烧包的心，花 200 元钱买了一辆二手车，修过不知多少次，一直骑了十来年。

有了乖妞后，这辆破车便成了她的御用交通工具。幼儿园时，车座是座椅式的，把她安全地固定在自行车上；上小学后，座椅显得小了，便卸掉了车座两边的把手；再后来，车座彻底盛不下她了，又换成一块平板的海绵垫。

乖妞的学校正在家与我的单位之间。每天早餐后，骑车先把她送到学校，然后我去上班。她下午放学早，便给她报了兴趣班，我下班后正好接住下课的她。清爽的早晨，温暖的黄昏，单车之上，我们一路比赛着背诵古诗、成语接龙，或者唱歌，享受属于我们自己的惬意时光。春夏秋冬，风霜雨雪，一辆破旧的自行车，一个人高马大的男人，带着一个乖巧的小妞，在大同小异的街道上，画出属于我们自己的生活轨迹。

有天下午，突然刮起五六级的大风。接了刚上完声乐课的乖妞回家，路上正好顶风。她紧紧地抱住我的腰，头紧抵着我的后背。而我好几次被大风阻挡得寸步难行，不得不停下车子，双手紧压着车把，在路边等待风头过去。那一刻，父女俩真有一种相依为命的悲壮。

还有一年的夏天，放学回家的路上，雷声轰鸣，风雨大作，雨点劈头盖脸地砸下来，让人无处可逃。乖妞在车后座上叫冷，说害怕，我忙把衬衣脱下来给她披上，连头也盖住。自己呢，就光着膀子在大雨的冲刷下，骑车朝着家的方向狂奔，边骑边喊："让暴风雨来得更猛烈些吧！"乖妞披上我的衬衣，踏实了许多，从衣缝间探出头来，看着我后背上顺流而下的雨水，她竟咯咯咯地笑出声来。

曾见新闻报道，说有小学生在校门口对家长说："别再骑自行车来接我，丢不起那人！"担心乖妞也有这样的攀比心理，毕竟她的同学家长中开车来接送的不在少数，便故意逗她："爸爸骑个破车来接你，会不会丢你的人？"乖妞倒是坦然："才没有呢，我觉得老爸骑车最帅了！"说着，双臂把我的腰搂得更紧了。

乖妞头一回与老爸并肩骑行

小学五年级的暑假，乖妞爱上了骑车。她那时还没有自己的车子，就借了邻居的单车，每天晚上在小区里骑行。她还和小区里同龄的孩子组成了一支车队，每晚变换着各种各样的骑法和赛法，乐此不疲，开心不已。

不过，乖妞的自行车一直没有出过小区，原因很简单，街上车流不息，险象环生。开始还是要由老爸陪着去大街上遛遛，多锻炼几回，也好在上初中之前培养起自己骑车上学的能力。

转眼又到寒假，清楚地记得那天是大年初三。吃早餐时，央视综艺频道正在进行《我要上春晚》的总决选。在主持人董卿的邀请下，评审齐秦唱起《张三的歌》："我要带你到处去飞翔，走遍世界各地去观赏。没有烦恼没有那悲伤，自由自在身心多开朗……"

齐秦的歌声刚落，乖妞和老爸四目对望，不约而同地说："出发！"

出了小区的门，一路向东，越过中州大道，便是郑东新区。这里我们曾骑车来过多次，不过都是老爸骑车、乖妞坐车，而这一回，我们爷儿俩要一起骑车去！一路上，反复地叮嘱乖妞，骑车一定要在老爸的右边，因为再右边就是人行道，比较安全。遵守红绿灯自是不必说的，走到每一个院子的门口，或是没有红绿灯的巷口，一定要先看看右边有没有车子出来……

过了中州大道，车和人都明显地少了，天地顿时辽阔起来，与路西俨然是两个不同的世界。我想，对于第一次骑车出行的乖妞来说，这可以说是“遥远的地方”了。

经过一座不知道名字的大桥，看到桥下的水面上结着的薄冰，乖妞惊喜地叫了起来。她忙着玩冰，我忙着给她拍照。她的大红色的羽绒服，她的始终灿烂无比的笑脸，在镜头里是如此的炫目，在老爸的心里是如此的——突然找不到一个合适的形容词了，先空着吧。

累了，也渴了，我们坐在冰凉的石阶上吃芦柑。吃过后，望着橙黄色的芦柑皮，谁也不愿送到 15 米外的垃圾桶里，于是剪刀锤子布。第二下老爸就输了，一溜小跑向垃圾桶而去，身后是乖妞得意的笑声，很清脆。

尽管比较累，可我们还是兴致勃勃地分享着骑行的感受。东区这么大，我们这才刚刚骑出第一步。接下来，我们还要骑车去湿地公园，去如意湖，去乖妞的母校看一看……待到春暖花开，这骑行将是我们周日的主要活动。说不定有一天，我们还会骑车沿郑开大道去古城开封吃小吃呢。到那时，每天骑车上学，对乖妞来说就是家常便饭了。

纵然再堵，总有自行车驰骋的空间

说不清从哪一天开始，我们生活的这座城市变成了一座堵城。街道的两边，随时都停着一长溜绵延不绝的汽车，仿佛两道加宽的铁轨。中间留下窄窄的空间，稍微出现一点点小情况，就把整条马路变成了停车场。

早晨送乖妞上学，这样的情况不时出现，有开车送孩子上学的家长，不得不提前几个路口就停车把孩子放下。特别堵的时候，连电动车也没有办法，因为它们很难上到人行道上。这个时候，只有自行车有着“光脚的不怕穿鞋的”的潇洒，在公交车、小轿车、电动车之间辗转腾挪见缝插针，但凡有哪怕不到一米的缝隙，我们都能自由地穿行而过。每当此时，乖妞总会在车后座得意地大笑，有种胜利大逃亡的快乐。

德国的一项调查显示，若路程 5 公里以内的上班族每天有一个单程骑车上班，就可减少排放二氧化碳近 600 万吨。在丹麦和荷兰冠以自行车王国之后，德国已逐渐成为欧洲最大的自行车消费国，自行车数量达到 7000 万辆，是轿车的 1.6 倍。早在 2002 年，德国政府就出资 2 亿欧元修建专用自行车道，而他们最新的计划是修建属于自行车的高速公路。

而在我们这个世界上最大的自行车王国呢，情形似乎恰恰相反。每每看到停车场式的马路，和那些焦躁地坐在公务车或私家车里的人们，我也常跟乖妞交流：其实，这些人中有相当一部分是不必开车的，如果他们改为骑车，或者步行，或者乘公交，或者坐地铁，可以想见，这个城市的街道完全会是另外一种场景。

小学毕业前的最后一个生日，干爹送给乖妞的礼物，是一辆捷安特的变速山地车，她终于有了属于自己的单车。而我，至今，仅有一辆车，就是自行车。当年轻同事大都有了私家车，依然骑着自行车上下班的总编，似乎成了一个异类。对此，我没有丝毫的尴尬。不必以低碳环保来标榜自我，说实话，我只是对私家车真的没那么需要。家离单位、学校都不算远，坚持骑车既可以健身，又不必为停车、扣分、保养的事烦心，何乐而不为？

正如房子不是家，里面有爱的房子才是家；轿车也不重要，骑着单车我们依然可以走天涯。说是单车无敌，其实爱才无敌。当自行车的车轮一圈圈地碾过岁月的年轮，乖妞，相信你会越来越相信这爱的力量。

咱们给《功夫熊猫》编个续集吧

盼啊盼啊，终于盼来了《功夫熊猫 3》的上映。

乖妞迫不及待地想走进电影院，不仅要听听她超喜欢的黄磊和多多父女如何为阿宝和蕾蕾配音，更想看看熊猫阿宝身上到底又会发生怎样的故事，跟我们八年前预测的是否相似……

熊猫阿宝的爸爸怎么会是鸭子？

时光回溯到 2008 年的夏至那天，乖妞放暑假了。散学典礼结束后，我们自然要放松一下，决定去看刚刚上映的动画片——《功夫熊猫》。

此前就知道这是一部以中国功夫为主题的美国动作喜剧电影，它以中国古代为背景，景观啊，布景啊，服装啊，包括食物都充满了中国元素。当年 5 月一上映便风靡全球，一个月后来到中国。

《功夫熊猫》的故事很有趣——

又胖又笨的熊猫阿宝，对功夫很有兴趣，尽管只是花拳绣腿，却歪打正着地被选定为“神龙大侠”。被囚禁了 20 年的金钱豹大龙逃出牢笼，回和平谷找师傅复仇，众人都不是他的对手，只有靠神龙大侠了。阿宝临时抱佛脚，正儿八经学起功夫来，并得到无字秘笈的真传——相信自己。顿悟的阿宝如虎添翼，最终战胜大龙，成为真正的神龙大侠。

影片的情节如行云流水，却从一开始就有个细节让人琢磨不透：熊猫阿宝的父亲，居然是一位擅长做面条的鸭子。当大龙杀回和平谷，群众纷纷撤退时，鸭子老爸突然意味深长地说：“该是告诉你秘密的时候了。”我以为他是要揭开阿宝的身世之谜，不料他说的是：美味鲜汤之所以鲜美的原因是——不加料，从而扣合着无字秘笈的真谛。

在电影院里，乖妞就感到迷惑，小声地问我：熊猫阿宝的爸爸不应该也是熊猫吗？怎么会是一只鸭子呢？

同样的问题，也一直困扰着我，不知如何破解。电影散场，当这困惑再次从乖妞的口中问出，我的脑子里突然灵光一闪——“这是影片埋下的一处伏笔！”

“什么是伏笔呀？”乖妞问。

伏笔，词典里的解释是："文章里前段为后段埋伏的线索。"

"可电影都演完了，也没有答案啊。"乖妞还是不解。

"那就是前一部影片为后一部片子埋的伏笔，为的是可以拍续集。"我的脑海豁然一片开朗，"答案将在《功夫熊猫 2》中揭晓——"

熊猫阿宝的爸爸果然是只熊猫

鸭子老爸太老了，临终时他把阿宝叫到床前："我的好孩子！我不是你的亲生父亲。你是我 15 年前从清水河里捞上来的，当时你躺在一个竹筐里。你是那么小、那么可爱，我一眼就喜欢上了你，我决心把你养大，像对待自己的亲生儿子一样。"

鸭子老爸最后说："我不行了，你去找你的亲生父母吧！你只要沿着清水河往上游走，就一定能找到……"阿宝含泪安葬了鸭子老爸，用变卖面条铺的钱做盘缠，踏上了寻找亲生父母的路。

当又一个春天来到时，他的眼前出现了一座大山，山上长满了青翠的竹子。阿宝觉得这个地方似曾相识，其实这里就是他的家乡青竹山。

16 年前，出生不久的阿宝与爸爸妈妈，还有一帮兄弟姐妹，在青竹山上快乐地生活着。有一天，狮子王路过这里，看上了这座满是翠竹的大山，他凶狠地把温柔敦厚的熊猫一家赶进了山洞，把青竹山占为己有。

趁着慌乱，机智的熊猫妈妈把襁褓里的小儿子放在一个竹筐里，顺着山坡滑了下去，一直滑到清水河里。尚不懂事的小熊猫坐着竹筐顺河而下，在一个早晨被正在河边刷洗面条锅的鸭子救起，当成宝贝似的养大，并取名"阿宝"。

而熊猫一家，从此开始了悲惨的生活。他们每天都要在狮子王的看守下干很重的活儿，却只能吃到一些腐烂的竹子。他们不知道可爱的小儿子到底是生是死，更不知道这样的日子何时才是尽头。

如今阿宝回来了！当年的小熊猫，已经成为身怀绝技的神龙大侠。狮子王根本不是他的对手，被打得落荒而逃。青竹山回到了熊猫们的手里，他们一家又幸福地生活在了一起……

这还比较像一个故事的结局吧？可乖妞却仍要问："还有呢？""没有了。"我说。

"真的没有了？"乖妞明显有点失望。"再有，那就是《功夫熊猫 3》！"我顺水推舟。

"第三集是什么故事啊？"当时还不到 8 岁的乖妞紧追不舍。哈哈，真把她老爸当成好莱坞的编剧了。"好吧，在《功夫熊猫 3》里，阿宝又回到了师傅身边。"我说。

乖妞又追问："为什么呢——"

熊猫阿宝最终也成了师傅

有一天，阿宝正带领熊猫一家在青竹山上练功夫，满山都是"嗨！嗨！嗨！"的声音。狮子王的欺负，让他们尝尽了不能保护自己的苦头，又亲眼看到阿宝是如何打败狮子王的，便争先恐后地要跟阿宝学功夫，日积月累，也都练成了身怀绝技的武林高手。

这时，仙鹤急急地飞来："快！快！阿宝，快去救师傅……"

原来，在第一部《功夫熊猫》中，那些因为看管不力、放走了大龙的铁甲兵们，受到了师傅的严惩。他们先是感到委屈，继而恼羞成怒，与师傅反目成仇、大打出手。毕竟铁甲兵们兵强马壮，连五大高徒也只有招架之功，没有还手之力，和平谷的百姓再次面临灭顶之灾。无奈之下，师傅想到了阿宝，看来只有找神龙大侠搬救兵了。

听说师傅有难，阿宝心急如焚，起身就要走。熊猫爸爸这时表示：熊多力量大，要去，咱们一家都去！

熊猫一家在阿宝的率领下，飞速杀回和平谷，正碰上打红了眼的铁甲兵们出手残忍，年迈的师傅则勉强应战，遍体鳞伤。

"师傅，我来了！"阿宝一声大喊，杀将过去，熊猫全家一拥而上，同铁甲兵们大战三百回合，直打得铁甲兵片甲不留、磕头求饶。

收服了铁甲兵的阿宝跪在师傅身边："师傅，我来晚了！"奄奄一息的师傅嘴角露出了一丝笑意："你神龙大侠回来了，我就可以放心地走了……"

安葬了师傅，熊猫一家在和平谷驻扎下来，保护这里的百姓一直过着平安的日子。现在，所有的人见到阿宝，都会毕恭毕敬地抱拳施礼："师傅！"

——在时光网上，我看到了《功夫熊猫 3》的剧情简介，跟我七八年前瞎编的续集还真是大同小异，不过在我的续集中大反派是狮子王，人家公映的电影中是绿眼牛。

"《功夫熊猫 3》编完了，那么它在《功夫熊猫 2》里是不是也应该埋着一条伏笔啊？"我看着乖妞。

乖妞点点头，若有所思："应该，埋在师傅那儿……"

好，对于写作文中的埋伏笔，乖妞已经有点开窍了。于是，我们商量着倒回去，在《功夫熊猫 2》里安排这样一个情节——

阿宝要去寻找亲生父母了，临行前，他去向师傅道别。

师傅问："贤徒，你还回来吗？"阿宝有些为难：是啊，如果找到了爸爸妈妈，我还回来吗?

望着师傅期待的眼神，阿宝说：“师傅，如果发生什么事情，只要你让人报个信儿，我就马上赶回来!”

师傅欣慰而不舍地点了点头。

编续集的关键在于找伏笔

看了一部《功夫熊猫》，我们一口气接着编了两部续集，乖妞觉得太神奇了，兴奋不已，拽着我的胳膊一个劲儿地问：“是真的吗？”

“是不是真的，等续集上映不就知道了？”我卖了个关子。当然，我那时不会知道要到三年之后的2011年，梦工厂才推出《功夫熊猫2》；更不知道《功夫熊猫3》的问世，则又让我们等了整整五年。

“爸爸，那你怎么知道的？”当时还在上小学二年级的乖妞压抑不住好奇。

“想象力！你要开动脑筋，发挥自己的想象力……”我进而说，既然是续集，在风格上就要跟第一部一脉相承，比如都是动作片，要有精彩的武打画面；都是喜剧片，要安排一些令人捧腹的滑稽情节。而在内容上呢，又要有所延续和发展，比如从第一部中名不符实的鸭子爸爸，引出第二部中阿宝的亲生父亲；从前两部中歪打正着的一个功夫熊猫，发展到第三部中苦练功夫的一群熊猫……

接着，我提议：周末家庭读书会可以搞一期同题作文，就是在看完某部电影后，全家每个人都为它写一部续集，看看谁编的续集更精彩好看，也更合情合理。

我问乖妞：“要想写好续集，关键是什么呢？”

乖妞像是在抢答——找伏笔!

午夜狂奔，只为看看《爸爸去哪儿》

真人秀节目眼下在电视上依然火得不得了，而由此衍生出的大电影却貌似一年不如一年。2015 年的《极限挑战》几乎可以说是无声无息；2015 贺岁档的《奔跑吧兄弟》票房只能算差强人意；好汉若提当年勇的话，遥想 2014 年春节上映的《爸爸去哪儿》，那简直就是一票难求……石榴至今保存着那张《爸爸去哪儿》的电影票，她的座位恰好是 16 号。

那个春节，我们是在温暖的海南过的。动身之前，问乖妞过年想去哪里玩——火山口，万绿园？还是三亚，昌黎？答曰：都可以。兴致明显不高。

不甘心，又问："那你过年有什么心愿？""看电影《爸爸去哪儿》！"这次倒是回答得极其爽快，可见《爸爸去哪儿》魔力之强。

当时心想，过年只要求看场电影，这小妞也太好满足了吧？后来的经历证明，看一场电影远非想象的那么容易。

比《爸爸去哪儿》还要早的"爸爸去哪儿"

我们抵达海口的时候，已经是除夕夜，入住海南大学逸夫学术中心。大年初一醒来，乖妞就问："爸爸，咱们什么时候去看《爸爸去哪儿》？"我反问她："你想什么时候看？"答："越早越好！"

有位多年的同事，今年恰巧也是全家人一起来海南过年，他家的小妞米馍此前不久还跟俺家的乖妞一起出游过。

就在最近的国庆节，一位相熟的朋友知道俺家乖妞乳名叫石榴，热心地约我们一同去山东枣庄，说那里有个万亩石榴园，很是壮观。这显然是个不错的提议，有迷人的风景，有独特的寓意。然而，如何让此行更有创意和趣味呢？

我知道，小孩子最喜欢跟小孩子玩，跟大人玩往往是退而求其次的选择，那就约上几位小朋友一同出行吧。于是，我在报社里依照孩子来选父母，约了 5 位同事和他们的孩子。由于乖妞是女孩，于是我邀请的都是家有千金的同事。后来，有一位同事因故未能成行，剩下我们 5 家。也巧了，5 位家长中，有 4 位是爸爸；唯一的妈妈呢，也是个公认的女汉子。这样，由 5 对宝贝和老爸组成的团队，成了真实版的"爸爸去哪儿"。而那个时候，湖南卫视日后大火的真人秀节目《爸爸去哪儿》还没有开播呢。

那次真实版的“爸爸去哪儿”穿行河南、安徽、山东三省，辗转徐州、枣庄、滕州、台儿庄多地。孩子们在老爸们的陪伴下，在龟山汉墓里感受“东方金字塔”的神秘，在台儿庄大战纪念馆里了解抗战的历史，在重建的台儿庄古镇中体验文化的传承，在微山湖上重温铁道游击队的传奇……

同吃，同住，同游，同歌，将近一周的朝夕相处，让这几个此前并不熟络的小妞结下了深厚的姐妹情谊，乖妞因在5个女孩子中年龄最大而成为众人嘴里的“石榴姐姐”，她也真的像个大姐姐似的，一路关照着几个妹妹的起居和情绪。

国庆回来，见面的机会就少了，每每从老爸这里得到一些妹妹们的消息，乖妞都很感兴趣，包括得知米馍一家此时也跟我们一样，在天涯海角过年。

明天约米馍一起看《爸爸去哪儿》吧？——问乖妞。

好啊！——乖妞颇有些兴奋。

从等公交到打的士，直至马路狂奔

初二下午，我们一家去了海口著名的万绿园，晚上约在附近跟米馍一家聚餐，然后就轮到活动的重头戏——看电影了。

米馍妈妈用手机搜索附近的影院，一个一个打过去，居然都已经没票了。乖妞感叹：知道《爸爸去哪儿》火，不知道《爸爸去哪儿》这么火！我心里暗想：这电影都成你们孩子过年的唯一心愿了，不火才怪呢！

终于打探到明珠广场的电影院晚上9点的场次还有8张票，我们立马往那儿赶。此时是晚上8点，时间应该比较从容，可是我们在公交站牌前等了一阵，没有半点车的影子，而出租车太难打了。不敢一直傻等着，我们边走边搜寻的士，同时心里担心着不知那8张票能否撑到我们赶去。

终于打上车了，终于到明珠广场了，终于找到电影院了，终于知道——那8张票早卖完了。

还看吗？——问乖妞。

我想看。——乖妞的眼神里充满不甘和渴望。

我也想看！——米馍大声地附和着姐姐。

知道，知道你们想看，可是哪儿都没票，怎么看？

明珠影院的售票女孩估计是不忍看我们一帮人的沮丧神情，热心地提议：“要不你们去万达看看吧，那个电影院大，座位多，说不定还有票。”

赶忙打万达电影城的电话——9点半还有票！可这时已经9点了。

看不看？——问乖妞和米馍。

看！——两姐妹异口同声，很坚定。

那就别愣着了，赶紧走吧！

路程不近，又处于闹市，根本没有的士可打。沿着明珠售票女孩指的路，我们先是疾走，后来忍耐不住焦灼的心情，便开始跑了起来。中间经过一座立交桥，我们还跑岔了路。折回到正道上，时间更紧迫了，从小跑转成快跑，最后只有狂奔了。

我紧紧拉着乖妞的手，她毕竟年龄大一些，尚能跟上我的步伐。同时，大声地交代同事，一定一定要拽紧米馍！大半夜的，要是为看个电影而丢了孩子，可就亏大了！

争先恐后的另一个原因，就是谁先跑到影院肯定是谁买票，两家人自然都不想让对方抢了这个先，于是最后就演变成了长跑比赛。

你能想象吗？春节的海口的夜晚的大街上，灯光闪烁，游人如织，大大小小、男男女女几个人你追我赶，一路狂奔，跑热了就把外衣脱下扎在腰上。看那阵势，不是家里失火了，就是要去赶飞机，有谁会想到他们只是去看一场午夜的电影呢……

万达影城终于到了，9点半的票居然也卖光了，下一场是10点20分。

气喘吁吁地问乖妞：“还看吗？”

乖妞面红耳赤地回答：“看。”

晚上10点20才开演的电影，看完就正儿八经到后半夜了！我担心已经疯玩了一天的乖妞能否坚持住。她却态度坚定：已经这么晚了，看吧！这时一直落在后面的米馍终于也赶到了，问她的意见，态度也是一样的坚定。

那好——看就看！

你漫不经心地问，我认认真真地答

电影《爸爸去哪儿》让我们觉得既熟悉又好奇。熟悉的是，还是张亮、小志五个爸爸，带着Angela、天天五个孩子去某个地方玩儿，这次去的是长隆野生动物园；好奇的是，形式和内容跟我们在电视上看过的大同小异，不过是搬上了大银幕，居然就能大卖。我想，主要是因为它扣紧了过年这个档期，特别符合全家团聚的气氛。尤其是像我们这样没有在老家过年的人，聚在一起看这样一场关于亲情、关于同行、关于共同成长的电影，无疑是一件温馨而美好的事情！

与米馍一家道别时，已是午夜。打车回海大的路上，乖妞累了，也困了，浑身瘫软地靠着我的肩膀，什么话也不说。

她也该累了。除夕那天，为了能舒服地出行，即使提前预订，我们也订了全价票，选择下午 4 点多的航班，正点是晚上 7 点到达海口，正可以赶上看央视春晚。

然而，你的计划赶不上天气的变化，由于雾霾，航班一晚再晚。除夕之夜，在新郑机场，我们一人捧着一本书，任一年中最后的时光悄然流逝。直到晚上 9 点，终于登上了飞机。年年在电视机前辞旧迎新，相拥祝福，可这一年的新年钟声响起的时候，我们还在从美兰机场驶到海南大学的出租车上。出乎预料的是，海南人放鞭炮的阵势竟然远远地大过中原，我们仿佛是在战争片里常见的枪林弹雨中午夜狂奔……

那时我们绝不会想到，没有最晚，只有更晚。春节过后，当我们离开海口踏上归程，又是起个大早赶个晚集。由于郑州大雪，上午 11 点的航班就那么一推再推，竟然推到天黑了才起飞。我们在候机厅耗了几乎一整天，通过玻璃墙看着天色渐渐暗淡，然后再乘着红眼睛的飞机，在午夜的苍穹一路狂奔。回到家时，迎接我们的是清冷的积雪。在海口，乖妞穿一件薄衬衣还要挽起袖子，此刻套着厚厚的羽绒服依然瑟瑟发抖。一阵风过，锐利如刀，乖妞扭过头来，把脸藏在了我的胸前。

……

“老爸老爸，我们去哪里呀？”那年春节，乖妞始终不离嘴边的就是这首歌。她唱得似乎漫不经心，我却在心底认认真真地作答——

爸爸去哪儿？你想去哪儿，爸爸就陪你去哪儿。你想做什么，爸爸就陪你做什么。无论雾天雪天，无论白日午夜。

爸爸去哪儿？爸爸哪儿也不去。爸爸就在你的身边，爸爸就在你的身后，爸爸就在你抬眼能看到、伸手能拽到、用心就能感受到的地方，一直都在。

镜头里，有一个穿越而来的你

平日里很少有时间和心情追剧，因为小芈月的刷屏，便从网上搜看了《芈月传》片段，发现她果真可爱，十足的小人精一个。

看着屏幕上的小芈月，眼前总会幻化出乖妞的模样。不仅仅是因为看到所有漂亮的小女孩，都会自然联想到自家的小棉袄；还有一个原因，曾经，也是在这样的冬天，乖妞也是这样，身穿一袭让人先是惊诧、继而哑然失笑的古装，仿佛从久远的年代穿越而来——

那天，乖妞被剧组的导演一眼相中

与古装剧最初的结缘源自王钢老师的一条私信："孩子想拍电视剧吗？我可以推荐。"当时乖妞正在我身边，转脸问她："想吗？"她的反应很敏捷："想！"脸上顿时绽开了花。

在著名儿童文学作家王钢远没有成名之前，我是第一个采访他的记者。情趣相投，就成了朋友，每次见面，均阴阳怪气恶语相向，极尽挖苦之能事，每每乐此不疲。他应邀为《中华成语故事》做编剧，也便有了就近推荐演员的福利。

《中华成语故事》系列电视剧计划拍摄千集，工程浩大，导演是香港的伍国成。电视剧里的所有历史人物均由中小学生饰演，不失为一个传播传统文化的绝佳创意。据说，该剧将在全球公开发行。

那个周末，剧组来到郑州选演员。我们通过王钢联系上剧组的时候，海选刚刚结束。为了不驳朋友的面子，制片人李总和副导演赵静在赶回焦作前，匆匆地约我们在报业大厦门口一见。

天色已晚，抱着碰运气的心态，我带着乖妞见到了剧组一行人。不料，赵导一眼相中了乖妞，问了几个简单的问题后，当即表示："你下周就来剧组报到吧。"

这也未免太顺利了吧？倒让我心里起了一点小警觉：这是个正儿八经的剧组吗？里面会不会有什么猫腻？

乖妞倒是一副傻开心的样子，她肯定也没想到，当演员上电视居然会这么容易。

你敢一上来就挑战主角吗

剧组的节奏很快，仅仅隔了一天，赵导便发来成语故事剧《一字千金》的剧本。

公元前258年，异人在大商人吕不韦的辅佐下做了秦王后，为了表示感谢，封吕不韦做了秦国的相国。可秦国的其他大臣，对此都很不满意。为了让众臣信服，吕不韦的门客李斯建议他效仿孔子、孙子写书，于是有了《吕氏春秋》。书完成后，吕不韦把内容贴在城门上，让大家提意见，并悬赏：凡是能修改一个字的，赏千金！这便是成语“一字千金”的来历。

赵导在邮件中附言，要重点看看角色李斯和门客乙。一看便知，这两个角色戏份差异极大。门客乙只有三句台词，而李斯是剧中仅次于吕不韦的二号人物，光重头戏就有六场。

赵导又打来电话，说尽管对乖妞的面试印象不错，但她毕竟没有经过专业培训，也没有任何影视表演经历，对她能否一上来就演主角持保留态度。因为此前拍摄现场曾多次出现，小演员在排练时台词滚瓜烂熟，可一面对镜头，一句话也说不出来。她的意思是，先从台词不多的门客乙开始，如果排演顺利，接下来再安排重要角色。然而她又委婉地说：您自己的孩子您最熟悉，如果您认为她可以胜任李斯，我们也可以考虑安排她演……

行不行？行不行？？行不行？？？说实话，我的心里也在一个劲儿地打鼓。

不过，所有的高楼都是平地而起，没有尝试怎么知道行不行？就像前不久在省人民会堂主持全省教师节表彰大会文艺演出，对乖妞来说也是头一回，经过认真的准备，她不也顺利地拿下来了？但这次，不知道乖妞有没有挑战李斯的勇气。我没敢当即回复赵导，只是说：我征求一下孩子的意见吧。

此时已近中午，下午放学后便得出发，明天就要拍戏，那六七页剧本上的那么多的台词什么时候背呀？我连忙把剧本打印了两个版本，一个是把李斯的台词字号加大一号的，另一个是加大了门客乙台词的字号。

拿着剧本，在学校门口拦住准备去午托部的乖妞。把情况一说，然后尽量不动声色地问她：“是尝试着从门客乙开始？还是一上来就挑战李斯？”

乖妞迟疑了一下，底气不是很足地说：“我想——挑战。”

我立马跟上：“那咱就挑战！中午就开始背台词吧……”

为你配演除你以外的所有角色

那天下午放学后，接上乖妞，一路向北，直奔焦作影视城。路上，父女俩不曾休息片刻，气也不喘地对着台词。

到宾馆时，正赶上晚饭。另一位副导演负导跟乖妞挨着坐，他说："咱俩先对一下台词吧？"

李斯第一次出场："丞相回来啦！"

吕不韦说："哦，你们怎么知道我当丞相了？"

李斯：……

这时该有一大段台词，可乖妞卡在了这里，好像什么都想不起来了，神情焦急而尴尬。难道乖妞也陷入了赵导担心的状况？我在一旁没说什么，心里暗暗着急。

倒是负导见怪不怪，说："别紧张，要不咱再重新开始？"这一次，乖妞平稳了许多，中午背的，以及下午在车上与老爸对的台词，全都记起来了，只是还不算太熟。饭后，负导说："晚上好好背词，明天上山拍戏。"看来，李斯的角色就算是定下来了。

晚上，在房间里，乖妞和老爸只有一件事，就是一遍接一遍地对词。李斯的戏是乖妞的，吕不韦、门客、大臣等其他的角色以及旁白全都是老爸的。乖妞是背，老爸是读。乖妞背熟了一场戏，我就跟她对这场戏的词。

中午没有休息，在乖妞准备某一场戏的时候，老爸竟然歪倒在床上睡着了。应该没睡多久吧，被乖妞很不客气地叫醒。我极不情愿地拿起剧本，睡眼蒙眬地在春秋战国中摸索，一时不知身处何年何月。

那天，做了一夜的梦，梦里尽是一些身着古装的人游来荡去，一会儿是《卧虎藏龙》，一会儿是《十面埋伏》……

时尚的乖妞变成了古装的帅儿子

次日一早，我们就进了影视城，这里依山而建，整个一派古代的景况和氛围。乘车来到山上，原本的禹王庙换了块门匾，便成了吕府。

乖妞扎起了发髻，穿上了长袍，翩翩然一个古装美少年。一会儿唇上又粘起了胡子，那模样就让人忍俊不禁了。

乖妞一开始也是极不适应自己唇上有毛，不停地摸呀摁呀，还说："爸爸，可难受……"老爸则开心地打趣她："儿子，哈哈，我的帅儿子！"

按计划，乖妞上午的第一场戏是李斯在吕府门前招募门客。由于一位石家庄的小演员当天要赶回去，她的戏往前提了。于是，乖妞整个上午都没戏，在片场这看看那瞅瞅，熟悉着拍摄的各个环节。当然，更多的时间，她还是用来一遍又一遍地背词。其间，在赵导的推荐下，乖妞接受了一家电视台的采访。

我们也终于吃上了大名鼎鼎的剧组盒饭，一份米、一份菜、一份汤，随便找一个道具车靠着，就开吃了。乖妞特别喜欢吃里面的土豆，我想，她应该是更喜欢这种混剧组的气氛，就像是在横店，或者好莱坞。

其实，剧组的生活真的是有些难挨，饭后昏昏欲睡，结果我还真的歪在一个几案上睡着了。忽然，超强的灯光闪过，有人吆喝："那位大哥起来了！您让让！穿帮了！"原来戏又开拍，睡梦中的我不慎进了画面，赶忙躲起来，好不狼狈。

穿越回来的你依然是老爸的乖妞

下午 4 点，终于拍到乖妞的戏了。许是准备得比较充分吧，灯光下的小妞一点也不露怯，台词特别流利，有的戏居然一遍就过，让剧组的人啧啧称叹。

年过花甲的伍导特意找到我："你是'李斯'的家长？你这个孩子不简单。没有经过培训，第一次演戏就能一遍过，不多见！我拍过的孩子不下千个，你的孩子在里面是数得着的。我刚才跟副导演交代了，下一个戏要让她演主角……"

听着伍导的话，看着监视器里的那个让我恍惚的"李斯"，那个从古代穿越而来的似曾相识的人，我不由得感慨：虽说演戏是头一回，可锻炼却是早早就开始的。尽管我们以前没有、现在也没有让孩子走表演道路的想法，但多一些体验、多一些历练毕竟对孩子的全面成长有好处，所谓艺多不压身。那些阅读，那些朗诵，那些主持，那些观摩，那些个周末家庭读书会上的诵读和评价，不都是潜移默化的素质培训吗？不是这十多年来细水长流的耳濡目染，怎会有今天灯光下镜头前的水到渠成……

晚上 10 点，踏上归程。从前一天中午开始就几乎没怎么休息的乖妞，此刻在车后座枕着我的腿睡着了。轻轻地拍着她的后背，卸了妆的"李斯"又从秦代穿越了回来，依然是老爸最爱的乖妞。回到郑州已是后半夜，一早背起书包，她又要做回小学生了。

此后，我们又数次往返于郑州与焦作之间，乖妞饰演的角色在不断增加着：在《一字千金》中饰演李斯后，又接连在《焚书坑儒》《人人自危》中继续饰演李斯，此后又陆续在《怨天尤人》中饰演子路、在《班门弄斧》中饰演国王，还在我忘了剧目的一集中饰演母后，一副慈祥老太的模样……

周末加班的时候，你不妨带上她

又到了没有周末的季节

春暖了，花开了，动物们结束了冬眠，人们都开始你不让我、我不让你地忙了起来。每到春季，我的QQ签名就要换成“又到了没有周末的季节”。为何没有周末？——忙呗！各种活动、各种出差你不让我、我不让你地排上了日程，周末加班成了家常便饭。

又到周末。那个周末的两天，我是在紫荆山宾馆度过的。“两创两争”又开评了，我再次应邀去做评委。

对于周末加班不能在家，不得已少了许多陪伴乖妞的时间，心里总有些缺憾。好在这次活动是在郑州，并且地点离家不远。乖妞周六下午有声乐课，宾馆正好在她上课的地方与家中间，便叫她中午来宾馆吃自助餐。为了避免相互打扰，组委会为每位评委安排了一个标间。这样，一直有午睡习惯的乖妞也有地方休息了，下午直接从这里去上课，还挺顺。

午后将近3点，乖妞醒来。4点才去上课，还有一个小时的时间，她在房间里唯一的写字台上做作业，我则坐在沙发上看材料，评审表占满了不大的茶几。

阳光很好，从窗户洒进来，形成强烈的光束。这光束射在乖妞的背影上，把根根发丝都照得清晰无比，近乎透明。偶尔从材料中抬起头来，总能看到那明显已是少女的背影，还有那透明的发丝，我有些恍惚：什么时候乖妞已经不是小孩子了？什么时候她也到了跟这些参评材料里的主人公一样的年龄？……

你可知道自己在评委眼里是什么样子

“两创两争”是教育系统精神文明建设的一项传统活动，即创建文明学校、创建文明班级、争当文明教师、争当文明学生。我被分到学生组做评委，主要审看中小学生的参评材料，按60%的入选率评出本年度的河南文明学生。

候选人是按中小学生人数的十万分之三推荐的，可想而知，能进入全省终评的无不是非常优秀的孩子，哪个孩子当选都顺理成章。那么谁上谁下，就要看各自材料的准备情况了。可参评材料大同小异，用百篇一律来形容绝不为过。

反复地比较着，也不断地纠结着，我就想到了乖妞参评十佳儿童、校园之星、美德少年的材料，从小到大，她要准备多少次这样的材料！突发奇想，何不让她了解一下，自己的参评材料到了评委眼里会是什么样子。于是，我说："乖妞，你帮老爸看一些材料吧？"乖妞说："你自己看吧，我还写作业呢。"我继续央求："你就帮我少看几篇呗！材料这么多，我自己要看到啥时候啊？"其实材料不算多，我自己搞定不成问题。

乖妞心软了，转过身来。我把济源、巩义和兰考三个地方推荐的共计 12 份材料给了乖妞，让她按 60% 的比例选出 7 名同学。

乖妞很快看完了，并有了自己明确的选择。淘汰的 5 名学生，一个内容过于简单，就几行字；两个全部是总结性的语言，没有具体成绩。同样的情况，我在评审时也多次遇到。比如某市排在最前面的同学，材料仅有 5 行字，与评选通知上要求的"1000 字左右"相差甚远。再比如，一位初中女生的事迹中遍布这样的词语：尊敬师长、团结友善、遵纪守法、诚实守信、举止文明、爱护公物、勤俭节约、艰苦朴素……我刻意地数了数，不足千字的材料中仅此类面孔不清、缺乏温度的"四字好词"就用了 49 个。可我们看完后，除了知道这是一个好孩子外，似乎还是不清楚她究竟好在哪里。

这时，乖妞举着两份材料叫我："爸爸，你看这两个同学的材料一模一样！"

我不以为意："肯定是学校老师想省事，整理时用一个同学复制另一个同学的。"

乖妞说："他们不是一个地方的呀！"

我拿过来一看，果然，一个是巩义的，一个是兰考的。可文字完全相同，连"爱打乒乓球"这样的细节都一样。

乖妞又说："两个人估计都是在网上搜的吧？"

我们连忙去问"度娘"，果然在首页就见到了同样的内容："以德为首，是一名有道德的中学生……努力学习，是一名爱学习的中学生……兴趣广泛，是一名全面发展的中学生……认真工作，是一名有责任的中学生……"这个作者居然也说"乒乓球是我最喜欢的体育项目"。

就凭全部照抄网上的样本这一条，这两个同学都被淘汰了。因为在别人的影子里，我们完全看不到他们是怎样的学生。

毕竟是我在当评委，所以把乖妞看过的 12 份材料又认真看了一遍，结果是完全同意她的选择。

之后，我把一位上蔡学生的参评表递给乖妞，这是迄今为止我印象最深的一份材料。他说"学习上我用百分之二百的努力，去追寻一名学生所渴望的进步与光荣，曾获得河南省生物竞赛一等奖”；他说“我热爱写作，曾获《中学生阅读》杂志‘旅行’征文一等奖，是《意林》杂志的乙类签约作家”；他说“我十分喜欢音乐，获得过全国青少年钢琴大赛金奖”；他最后说“我坚信，这个世界未来的光芒中有我的一份”。

我问乖妞：“你觉得他的材料好在哪里？”乖妞说：“成绩写得很具体，不空洞；用的是自己的语言，有个性……”

“现在你该知道了吧？自己准备的参评材料到了评委手里会是什么样子，怎么样才能在众多优秀的竞争者中脱颖而出。”能看出来，仅仅做了十几分钟的评委，乖妞已经深有感触，于是我接着说，“你也该明白，前一段在准备第七届河南省美德少年的参评材料时，为何老爸对你的内容只字未动，唯独把题目改成了《连比她年龄大的同学都叫她‘晓寒姐姐’》，而不用常见的《一个德智体全面发展的好少年》了吧？”

带她去看看聚光灯的背后

当乖妞还在上幼儿园时，我在周末回访“感动中原”年度人物赵俊方，带她一起去了西郊的医院看望老赵的小孙子。这位濮阳的农民凭着在窑厂打工的微薄收入，陆续资助20多位贫困生考上大学，自己唯一的孙子右手高度烫伤却无钱医治。当我们把一份心意塞进老赵的手里时，乖妞仰着脸问：“弟弟的手能好吗？”我说：“能好。只要我们大家都来帮助小弟弟，他就能好！”

当乖妞还在上小学时，国庆节我去探望河南年度教育新闻人物马玥，带她一起去了马玥暂住的舅舅家。这位身患骨癌的花季少女，面对高位截肢，依然笑靥如花。读过我的长篇报道《“我一直有双隐形的翅膀”》后，乖妞对马玥姐姐佩服极了。在病床前，她和马玥一同唱起了她们都喜欢的歌：“每一次都在徘徊孤单中坚强，每一次就算很受伤也不闪泪光……”

当乖妞刚上初中的时候，我们在暑假里组织专家打磨《河南教师誓词》，我带她一起去黄淮宾馆围观。每研讨出一稿，先由师大附中的周老师读一遍，继而由乖妞再读一遍。大家静静地听着，然后各自提出修改意见，再商讨出新的一稿。中午吃工作餐时，专家们依然滔滔不绝地在讨论，乖妞则在一旁兴致勃勃地倾听。当年的教师节，《河南教师誓词》在省人民会堂的舞台上首次公开发布。有一天乖妞放学回家，进门的第一句话就是：“我们学校今天举行新教师入职宣誓仪式了，读的就是咱们那天讨论的誓词。”为此，她还写了篇作文——《无意中见证了历史》。

最近的一个教师节，省人民会堂舞台的主角是首届河南最美教师，颁奖典礼的主持人请来了“国嘴”海霞，她刚刚完成纪念抗战胜利70周年大阅兵的解说，风尘仆仆赶回家乡。

9月6日上午彩排、下午演出，那天本是周日，可由于9月3日的大阅兵调休，6日就调成了工作日，自然学生也要上课。尽管机会难得，我却不敢轻易地让已上初三、面临中考的孩子耽误功课。然而，那天乖妞却让老爸小吃一惊，她竟自作主张地请了假，到人民会堂全程观摩颁奖典礼的制作过程，近距离地看素颜的海霞如何与初次见面的获奖老师逐一磨合。因为她有志于报考传媒专业，这无疑是一次十分难得的学习机会。

看过了走走停停的彩排，看过了有条不紊的演出，后来，乖妞又在电视上看到了教师节晚会天衣无缝的播出版，这中间诸多的差异和提升，包括海霞现场采访的深入与生动，如果不是亲身经历，仅仅坐在电视机前，无论如何也是无法感知的。

“成功的花，人们只惊慕她现时的明艳；然而当初她的芽儿，浸透了奋斗的泪泉，洒遍了牺牲的血雨。”这些年来，在工作或者加班的时候，我不放弃任何一个可以带上乖妞的机会，带她一次又一次走到聚光灯的背后，去关注那幕后不为人知的角落，去发现那光环之下真实的世界和人生。长此以往，对于冰心的那段诗句，乖妞必定会不断收获新的感悟。

就爱陪你做一些无意义的事

早就盘算着，待乖妞期中考试结束后，要陪她好好放松一下。考完那天，当晚有要下雨的意思，第二天早晨醒来马上看窗外，果然下了。尽管如此，也没能阻拦我们出行的脚步。带上伞，背上包，装上饼干、水果和咖啡，出门，目的地——石佛艺术公社。

作为大龄文青，岂能不知道石佛村——画家的集聚地，人称郑州的798。以前只知道那里很偏很远，因而从未去过。这次才搞清楚它在西三环与科学大道附近，哦，是新郑大那片儿，的确不近。

前两天，听说焕然一新的石佛艺术公社对外开放了，立马与乖妞约定，考完试要去的地儿就它了！只有偏一些远一些，才有外出放风的感觉嘛。

从中国美术馆一路走到人艺小剧场

从小到大，学过乐器，写过诗歌，上台表演过，也常常客串节目主持人，却始终没有一门精通的艺术。但这丝毫不影响我对文艺范儿的推崇，即便是在“文青”与“愤青”一样被沦为贬义词的年代。

刚刚工作时，在一家杂志社做编辑。为了一套丛书的出版，我曾经在一年内跑过七趟北京，每回都住在人民教育出版社设在地下室的招待所里。到了周末，我就从人教社所在的沙滩出发向东，步行到中国美术馆，在各个展厅久久地徜徉。看过太多的作品真迹，好多以前只是在课本或者报刊上见过，比如《开国大典》《父亲》《毛主席去安源》，印象最深的是一幅油画《春风已经苏醒》，让我想起铁凝的小说《哦，香雪》。

往往在中午时分走出美术馆，到路对面的隆福寺随便吃点小吃，然后往南走，不多远就是北京人民艺术剧院。那里的小剧场几乎每天都有演出，票大多很抢手。

买好晚上的票，继续向南，就到王府井书店了。书店很大，有好几层。在里面消磨一个下午，出来时外面已是夜色。买点面包酸奶什么的，掉头向北，边走边吃。吃完了，人艺也到了。

在人艺小剧场买过的最好的票，是一排一号，看话剧《鱼人》，主演是濮存昕和徐帆。舞台中间布置了一个大大的鱼塘，濮存昕坐在鱼塘边，跟我近在咫尺，大段的独白就像是对我一个人说的，唾沫星子不时溅到我脸上。

剧终人散，早已没有公交车。从人艺出发，经过美术馆，一路走回沙滩的地下室。一天下来，似乎也没什么大的收获，更像是在消磨时光，一段轻松而惬意的时光。

乖妞小学毕业那年的暑假，带她去北京逛。沿着老爸当年走过的路又走了一遍，乖妞兴致勃勃。中国美术馆在搞现代艺术展，一些作品我也看不懂，无非看个热闹。到人艺时，当晚小剧场的票已经售空，于是参观了中国戏剧博物馆，掉头去水立方看李少红执导的舞剧《红楼梦》。

去奥林匹克公园的路上，对乖妞说："等你考到北京上大学，老爸来看你时，你提前买好票，请我到人艺看话剧，好不好？"

喜欢唱歌，不一定要成为歌唱家

石佛艺术公社没有我们想象的大。由于我们是那天去的第一拨客人，园内宽宽敞敞的草坪，水池上突然腾起的水雾，有着世外桃源般的安宁和静谧。

一进到园里，我们便进入了创作状态，按照前一天晚上计划的三个项目各找对象，各取所需。

第一项是在园内拍摄风景，然后比一比谁的视角更独特、谁的构图更有新意，选出最佳作品。只见乖妞或者蹲在草地上，尽可能低地去拍草叶上的露珠；或者踮着脚在树枝间反复腾挪，以掉光了叶子的大树为前景去拍远处的建筑。针对同一个景物，我们比较着各自拍摄角度的不同，总会有一点小小的感悟。平心而论，无论从角度还是构图，乖妞都更胜一筹。

第二项是在展馆里参观拍摄，然后各自选出5件自己最欣赏的作品，交流对这些作品的理解。乖妞很快被一个雕塑迷住了，围着那个无脸人先是四连拍，后是九连拍，仿佛失散多年的老友。到了公开选项的时候，天哪，再说父女连心，可也毕竟是两颗心吧，结果居然会如此接近：乖妞喜爱的5件作品中，有4件与老爸重合！好吧，所见略同，咱们都是英雄。

第三项是为对方拍照，然后由被拍者选出自己满意的照片，谁拍的照片被选上得多，谁就获胜。这项比赛基本没有什么悬念，乖妞本身始终是老爸拍摄的焦点之一，再加上豆蔻年华，怎么拍怎么好看，最后胜出的无疑是镜头背后的老爸咯。

乖妞这两年迷上了摄影，每次出游，都要带上大大的、沉沉的单反相机，别人看着都累，她却乐此不疲。此前，她陆续迷上过舞蹈、钢琴、魔术，学得最久的是声乐。如今的最爱除了摄影，今年又新添了吉他。买了琴，报了班，有空就弹，连暑假去泰国旅游都带着吉他，痴迷得有些带样儿。

对于乖妞的这些忽热忽冷的爱好，我们的态度一向比较平和。她热的时候，不泼冷水；她凉了下来，也不勉为其难。反正从来没想过让她这辈子吃艺术饭，因而也不苛求她从一而终、修成正果。正如我上中学时抄在本子上的一段诗人谢冕的话："爱诗，不一定要成为诗人，一辈子有这样一个爱好，不是一件很美好的事情吗？"同样的道理，喜欢唱歌，也不一定非要成为歌唱家。工作以后，单位里国庆节举行歌咏比赛，组队时能第一拨被选中，就够自己兴奋一阵子的。

平凡的日子里哪有那么多的意义

从石佛艺术公社回来，已是午后三点，倒头便睡，醒来时接近六点。赶紧洗把脸，就往电影院赶，《饥饿游戏》第三部《嘲笑鸟》的下集刚刚上映。

这无疑是大结局，此系列的前三部，我们都看过。第一部最精彩，才有了后来一部不落地追着看。尽管其中有感觉平平的第二部，包括第三部是否有必要分上下集都值得商榷；但既然开了个头，就有了感情，不甘心半路把它丢在一边。影片结尾，凯尼斯和皮塔生儿育女，幸福地生活在一起。在为两位历经磨难的主角感到欣慰的同时，漫上心头的却是一丝怅然和不舍：这回是真的要道别了，不必期待，不会再见。

好莱坞有出品系列电影的传统，《变形金刚》《星球大战》等不胜枚举，但我们都没有追过。《饥饿游戏》是我们追的第一个系列。看第一部时，乖妞还在上小学；到了大结局，她已快要初中毕业。或许让我们不舍的并不是剧情多么精彩，而是一次次自愿被关在同一个黑屋子里为同一个"游戏"揪心或者震颤、尖叫甚至泪奔的那些个春夜和秋夜。

英国作家王尔德说过：一切艺术都是无用的。是啊，对于老百姓来说，艺术不能顶饥，不能驱寒，可谓可有可无的奢侈品，没有什么实际的意义。假如不是艺考生，或者是为综合素质评价而积累资本，单纯地喜爱文学和影视，目标不明地对艺术感兴趣，往往被家长斥为不务正业甚至虚度年华。

其实，有些年华就是用来虚度的，在虚度中方能体味其神奇与美好。你不妨回味一下以往的记忆和当下的经历，或许会发现，正是这看似无意义的艺术，让你的心灵敏感，让你的生活丰盈，让你的性格变得有趣和可爱，也让你在感激生存的雪中送炭后，还期待着艺术的锦上添花。

在我上小学时，写得最多的作文题是《记一件有意义的事》，写过了扶老大娘过马路、写过了捡到钱包交给老师、写过了因春游而激发出的对祖国大好河山的热爱以后，常常发愁：到哪里再能找到一些有意义的事，作为下一篇作文的素材？

正因为经历过儿童时期对意义的焦虑，做了父亲后，决心不拿意义去绑架孩子。除了保质保量完成老师布置的作业，一般不再给孩子额外加码。看过艺术展，不要求乖妞写观后感；看过电影后，也不逼她写影评。只当我们做的都是一些无意义的事吧——在平凡的日子里，偶尔有一些小确幸不是很好吗？哪怕它看似没什么意义。

不去加班，不去应酬，不去做意义重大的事，这个周末爸爸哪儿也不去，就这么没心没肺没意义地陪乖妞度过傻开心的一天，这是不是也算有一点意义？

存在，便是父亲存在的最大价值

这个晚上本该跟他一起度过

按此前的打算，2016年5月21日的晚上，我们应该是在省体育中心度过的，伴着陈奕迅“好久不见”的歌声……

前一年的父亲节，乖妞在微博里转发了陈奕迅演唱《单车》的视频。那是我头一回听到这首歌，很是触动，于是转发乖妞的微博，并@她“期待与你一同去听他的演唱会”，去听现场版的《单车》：“不说一句的爱有多好，只有一次记得实在接触到，骑着单车的我俩，怀紧贴背的拥抱。”

《单车》的背后有个真实的故事：直到小学四年级的暑假，爸爸骑着单车带Eason（陈奕迅）去海滩，他在车后座上搂着爸爸的腰，这父子俩才有了人生的第一次拥抱。Eason说，这是唯一一个他和父亲都不感到难为情的拥抱机会。可惜那辆单车入秋前就卖掉了，Eason觉得那年的夏天特别短……

不成想，像是听到了我们的心声，转年就传来了陈奕迅要来郑州开演唱会的消息，于是早早联系那位我常买票的淘宝店主，请他留票，然后便开始期待5月21日的到来。

对于带孩子看明星演唱会，我从来不持反对态度，也不像某些人一样，认为那里面只有浅薄浮华和纸醉金迷，会对孩子造成多么不良的影响。且不说那些歌声伴着我们走过青春，深深烙下成长的印迹；即便是明星的成名之路，多少心血汗水，多少跌打滚爬，分明就是一个个可歌可泣、催人奋进的励志故事。

来郑州开演唱会的明星不算多，经过慎重的选择，我带乖妞去看了罗大佑，看了杨坤，看了汪峰，看了张惠妹……同时，我也知道乖妞最期待的，是看羽泉的演唱会，还有就是黄磊主演的话剧《暗恋桃花源》。这些心愿，只有等待时机慢慢地逐一实现。

然而，随着陈奕迅演唱会的日期越来越近，中招考试也越来越近，还有下周要进行的特长生专业测试，乖妞开始纠结了。特别是五一节去美领馆面签，在北京逗留了两天，特别是第二天还请了假，乖妞的纠结更加重了。对此，我心知肚明：一方面她很想去看现场版的陈奕迅，也知道一个晚上的放纵耽误不了多少功课；另一方面，在紧张的备考阶段，居然还有心思去看明星演唱会？她迈不过去自己心里带有负疚感的这道坎儿。

从北京回来的高铁上，乖妞一脸纠结地望着我："爸爸，咱们到底去看还是不去呀？"这次，我的态度斩钉截铁："不去就不去吧。Eason 还那么年轻，你更年轻，以后相见的机会肯定多得很！"

"嗯！"乖妞一下子释然了。

通往演唱会的路不乏坎坷

并不只是这次的陈奕迅让我们愁肠百结，此前的几场演唱会也都让我们没少折腾。都说萧敬腾是歌星中的雨神，那么我家乖妞则无疑是观众中的雨神，凡是她去看的演唱会，场场暴雨，从无例外。

印象中，雨下得最大的一次是三年前看汪峰演唱会。那年 5 月，乖妞有天在微博里 @ 我："老爸，6 月 9 日，带我去看吧。"同时转发了汪峰将在郑州国际会展中心举办演唱会的消息。此前，尽管知道乖妞酷爱音乐，但她似乎对摇滚歌手的兴趣不大，所以没准备带她去看。这是她第一次通过微博向我发出请求，岂能漠视？当即回复："既然乖妞如此高调要求，老爸怎好公然拒绝呢？呵呵。"

然而，没想到的是，去会展中心的路却是如此的坎坷而漫长。

那天下班后本想骑车带乖妞去的，傍晚时分突然下起雨来。那就打车——那时，郑州还没有开通地铁。车倒是很快打上，可路却堵得一塌糊涂。应该走金水路，堵；等不及，调头走沈庄北路，还是堵；再改路，南辕北辙地走商城路，仍是一个堵……

当整条路长时间地纹丝不动时，司机师傅说："不知要堵到啥时候呢，你们要不要下车走？别误了看演出……"是的，不要说骑车，就是步行到会展中心，一个小时的时间也绰绰有余。问题是我们已经浪费了大半的时间，并且是南辕北辙。这时再想步行，开演前肯定是到不了了。

就在乖妞焦躁不安、我说少安毋躁的时候，路况松动了。离会展中心还有一段距离时，我们主动要求下了车，打着伞一路狂奔，中途还没忘了买两个荧光棒。冲进场内，气喘吁吁地坐下，5 分钟后，演唱会的主题——两个硕大的字充满了大屏幕——存在。

"在这儿我能感觉到我的存在，在这儿有太多我眷恋的东西。"汪峰用音乐宣示着他的存在。那么在一个孩子的心里，当有愿望而自己暂时没有能力实现时，她会首先想到向你求助，不也证明着父母存在的意义吗？

"如果有一天，我老无所依，请把我留在，在那时光里……"高潮来了，全场起立，一派千人大合唱的恢宏气势。我把乖妞揽在身前，边唱边随着节奏摇晃着身体，满脸的泪也不去擦。乖妞挣脱了我的怀抱，说："你唾沫星子喷了我一脑门儿！"

两个半小时的演唱会结束了，没有太多的意犹未尽。想听的都听到了，想哭的也哭过了，想释放的也释放得差不多了。我跟乖妞交流：应该有不少人并不是冲着欣赏歌手花高价来看演唱会的，更多的是想在耳熟能详的歌曲里放开喉咙撒撒野，让自己的身心来个彻底的释放。她点点头，表示认同。

雨还在下，出租车是别指望了，那时还没有滴滴快车，我们只好死心塌地地步行回家。乖妞穿着短裤，一个劲儿地喊冷。没有更好的取暖办法，只得走一段停一停，我用双手在她的小腿上快速地摩擦生热。

乖妞问："爸爸，你的手怎么会这么热？"

父亲只需做一件事：存在

说到下雨，还记得上个周末持续了一天一夜的大雨吗？

那天晚饭后，我照例去公园健步行，看到长椅上有个男生在看书。灯光昏暗，让我不由得心疼他的眼睛。绕湖六圈之后，再经过长椅，那个男生还在，躺在椅子上睡着了。

此时天已黑透，天气渐凉，我上前推了推他："怎么在这儿睡？不怕感冒？快回家吧。"他立马醒了，坐起来，果断地说："我不回家！"

"不回家？为什么不回家？！"

我在男生旁边坐了下来，这一聊起来才知道，他正上初三，二模测验成绩不理想，妈妈当着他同学的面把他大吵一通。妈妈说的最让他无法接受的话是："你还好意思回家吃饭？就你这个成绩，什么高中都上不了，早点准备去打工吧。"

男生受不了，就跑了出来，准备在公园里过夜。我说今天晚上要下大雨，他不信。我翻出手机里的天气预报给他看，他不吭声了。他的手机也摔坏了，一晚上不回家，爸妈又联系不上他，还不得急疯了？

反正不能让他在公园过夜，不只是下大雨，也太危险了。我说："现在你有两个选择：一个我送你回家。一个你跟我回家。"他还是执拗地说："我不回家。"我说："那就去我家吧，我女儿跟你一样，也上初三。你们是上个周四周五二模的吧？"

显然，我得到了男生的信任。他跟我回了家，住在北屋的客房。安排他洗脸刷牙后，我给他倒了杯开水，让他早点睡。他把地上的书包打开，说还要看会儿书。

回到房间，我赶快上微信搜索。印象中，经常有人在朋友圈里请人帮忙找孩子；如今我手里有个出走的孩子，怎么就没人找呢？我问过他的姓名和学校，又到百度里搜，也没有搜到任何与他相关的信息。

本就睡不踏实，凌晨的雨声早早把我唤醒。突然电光一闪：有个同事上初三的儿子，不就跟他一个学校吗？我怎么早没想起来！也顾不得同事是否还在休息，电话急急打过去。同事说，儿子的班里没有这个人，不过他们年级有个家长群，可以在群里问一问。

大概半个小时后，我的手机上显示一个陌生的号码。接通了，里面传来抽泣声，是男生的妈妈。她正沿街挨个儿网吧找儿子时，看到了群里的消息，便问我同事要到了我的电话号码……

早餐时，男生不那么拘束了。他说："离家时什么都没带，想到马上要中考，不能耽误学习，又鼓足勇气折回家取书包。"我说："在气头上你还没忘复习功课，这么用心，再过一个月，成绩肯定会有很大的提升！"

我问他："妈妈在生气，爸爸呢？"他说："爸爸也不理我。"又问他："那你回家拿书包时，爸爸说什么了吗？"他说："什么也没说。"男生的声音很低，眼神死盯着手里的面包。我想，再次冲出家门的那一刻，他心里恐怕是希望爸爸能拦他一下吧……

在河南教育名片发展论坛上，听教育专家林格给家长分别提出了建议——母亲要做三件事：闭着嘴说话，只用一只手干活，每天没有怨言地做一顿晚饭。而父亲只需做一件事：存在。

我想，我是听懂了林格想表达的意思——所以，爸爸哪儿也不去。

你说不必送，我却还想再送一程

中秋小长假，乖妞回到家，一下子扑到大床上：“还是这个床舒服！”我问：“你在学校的床不舒服？”她说：“没有这个床舒服。”

乖妞在学校宿舍铺的是棉褥子，家里的大床则是在多年的旧席梦思床垫上，又加了一层乳胶垫，感觉是不一样。“这还不简单？给你也订一个跟这一样的乳胶垫。”

在乖妞返校后的第三天，我为她定制的床垫到了。乖妞在电话里说：“等我回家时再带吧，你别麻烦着跑了。”可我坚持要早点送去，能让她早一天舒服就不拖后一天。于是，这个周四的中午，我没吃午饭，赶在乖妞吃过午饭、午睡之前的12点半到了学校。

从校门到宿舍，要经过一片花园，中间有一条蜿蜒的小路。这条路，我们曾多次走过：送她参加特长生考试的时候，中考结束接她的时候，最近一次就是中秋节后送她返校的时候……

尽管乖妞爱说：我都这么大了，不用送了。可我还是很贪恋这送她的时光，我知道，她需要我送的时候只会越来越少。

丢了的自行车和没准儿的公交车

还是上初中时，就在期中考试的关键时刻，乖妞的自行车丢了。

自行车是乖妞12岁生日时收到的礼物，一辆变速山地车，高大上的模样，乖妞煞是喜欢。上初中后，学校离家远了，每天早晚坐公交车上学放学，中午到离校比较近的奶奶家吃饭午休，自行车正好用上。我也自此结束了多年以来每日接送乖妞上下学的光荣使命。

学校安排有供学生停放自行车的地方，就在大路边，白天有专人看管，晚上同学们都把车骑回家，也就没人看车了。乖妞的情况不太一样，她主要是中午往返奶奶家时要骑车，晚上则要在学校附近找个地方让自行车安心过夜。

我办游泳卡的省直健身中心离学校不远，有个不小的院子，比较安全。于是，带乖妞去认认路后，每天晚上就把自行车锁在了那里，半年多来平安无事。

后来，健身中心开始内部改造，不让进人进车，我们只得另作打算。工作之余，到学校附近打探，找到了两个不错的地方。周末，带乖妞去看了看，自然比较满意，周一上学就把车停在新的院子里。

转眼之间，周二中午，乖妞的车子不见了。

听她细说原委：周一午睡起来，从奶奶家出发时稍微晚了一些，担心迟到，乖妞把自行车锁在了学校门口的路边，想着大白天的应该比较安全。下午放学，急着去赶公交，忘了车子还在路边呢。周二早晨赶着上学，也没想起车子的事儿。直到中午放学，要骑车去奶奶家吃午饭时，才发现心爱的自行车已经踪迹皆无。

没有批评她，也没埋怨她，她的闪烁的眼神，她的发红的脸庞，已经告诉我，她的心里有多么的不舍，还有愧疚。这个时候再唠叨“天天提醒你小心，你就是不听”，已经于事无补，也起不到什么积极的作用。等周末有时间再去买辆新车；而杂陈的五味，就让她自己慢慢品味吧……

其实，奶奶家离学校确实不远，步行也就20来分钟。乖妞坐了一次公交车后，听从我的建议，这两天中午开始步行往返。毕竟公交车到站时间没个准点儿，步行无疑能更好把控节奏。

我一向认为，如果不是赶时间，步行上下学当是最好的选择。只是，如今的孩子们，哪有不赶时间的呀？

那让人放心不下的立交桥啊

期中考试的前一天晚上，乖妞是在奶奶家住的，这里毕竟离学校近一些。下午放学回来，乖妞兴奋地说她发现了一条近路，从紫荆山公园的两个园子中间斜插过来，比以前走的大路要近很多。

那条路我怎会不知道，之所以没向乖妞推荐，是因为它经过全市最大的主干道金水路时，正好是立交桥的上下口，车辆多，车速快，且没有红绿灯，极不安全。乖妞不以为然：没事儿，我都是随着大部队过马路的！

在商量明早几点吃饭时，想着让乖妞能多睡一会儿，保持精力充沛，就对她说：“明天早晨我骑车去送你吧，节省一些时间。”乖妞说：“我现在这么沉，你哪带得动啊？骑得费劲，估计比我自己走也快不了多少。”

乖妞在整理第二天要带的东西时说：“好多啊。”一天之内要考的五门课的课本和资料都要带，书包太沉了，要分出一部分装在提袋里。我说：“那这样吧，我明早陪你一起走路去学校，你背书包，我拿提袋。分担你一点，我也顺便锻炼了身体。”又说：“我准备带你走一条更近的路！”“是吗？”乖妞的眼光里满是期待。

其实，我最放心不下的，是那交织纷乱的立交桥。

出门，看到书包还是比较沉，就跟乖妞建议，我来背书包，她拿提袋。乖妞不肯：“我的书包你背不成，再说我用双肩背，也不是很沉。”

顺河路离河还有一段距离，临近金水河还有一条称不上路的小径。当我们走上小径真正地顺河而行，头上是绿荫，耳边是柔风，没有了马路上的车流奔涌和早市的喧嚣纷扰，不像是去上学，倒像是春日踏青。

乖妞倒是没心思欣赏风景，满脑子都是考试：“老师说这次数学特别难，要我们有心理准备。你说我能考及格吗？”我说：“及不及格真不好说，你最好能得几分，别剃光头了，哈哈……”乖妞嗔怨：“你讨厌！”

“《我是歌手》结束了，今天晚上播什么？”“《爸爸去哪儿》的电影。”我故意转移话题，缓解她考试前焦灼的心情。“明天《最美和声》第二季又开始了。”“没有羽泉，我不看！”

说着，走着，金水立交桥到了，这份拥挤和混乱远远超过我的想象，因为此前我也不曾在早高峰从这里经过。没有红绿灯的路口，拉着乖妞的手，左拐，右闪，等待，急穿……到了路对面，喘了一口长气，有点后怕，看来今早来送乖妞是明智的。继而要她答应，以后绝不独自走这条路。

曾经被送的孩子如今想多送送孩子

学校到了，在前一个路口停下，乖妞接过我手里的提袋。时间比我们预计的还早一些，她说要再复习一会儿。我跟她说：“考试考的都是平时的积累，关键不在考前抱这一会儿佛脚。”乖妞不置可否，或许就没听进去吧。

看到同学了，乖妞急步迎过去。我就站在路口，看她的背影已经完全是大孩子或者说是少女的模样了，回味着刚刚戛然而止的送她上学的感受。那个多少年风里雨里在我的自行车后座上上学放学的小妞，仿佛是突然间跳下车座，大步流星地走了，简直要走出我的视野。忽然很庆幸，即使乖妞能独立骑行了，我还有机会送她上学，比如这个春日的早晨。

一直到背影消失在校门里，乖妞都没有回头。她不会想到，她的老爸还在路口那儿站着，久久地看着她的背影，脑海里浮现的是那段几乎已经会背的龙应台《目送》里的话——

所谓父女母子一场，只不过意味着你和他的缘分，就是今生今世不断地在目送他的背影渐行渐远。你站立在小路的这一端，看着他逐渐消失在小路转弯的地方，而且，他用背影默默告诉你：不必追。

多年以前，也是这样的初春的早晨，刚刚过完寒假的我，又要去师大报到。早晨起晚了，母亲准备好的早餐，我一口也来不及吃，就提起行李上了正从家门口经过的长途汽车。

车已经发动了，突然传来一声尖厉的“等一等”——是母亲！只见她端着一碗牛奶跑来。既要加快速度担心赶不上，又得小心翼翼怕洒了牛奶，母亲的样子很狼狈。

当时我那个囧啊，扭过脸去不看她，真心不希望让别的乘客知道那是我的母亲。

母亲从车窗把牛奶递进来，一个劲儿地对司机和旅客说着好话：“真对不起！耽误大家了！可我儿子早晨啥东西都还没吃呢……”

车上再没有人催着开车。

那个送我去参加夏令营的母亲，那个送我去外地复读的母亲，那个把热牛奶送到长途车上的母亲……已经很久很久没有送过我了，如今我去哪里也坚定地不让她送，尽管我早已开始回味并贪恋被送的时光。

轮到我一次又一次地送我的孩子了，送她上学，送她上辅导班，送她去参加夏令营，给她送床垫然后在晚上接到她的电话说“床垫好软，跟家里的一样舒服”，送她……送她……

每到开学季，媒体上都要讨论家长要不要送孩子上大学。对我来说，这根本不是问题，无须讨论——乖妞日后上大学时，我是一定会去送的。

无关溺爱，无关自立，我只想在还能送她的时候再多送一程，因为——她是我的孩子，我不想错过她人生中的每一个重要节点，纵然终会错过，且不止一个两个。

共读

GONGDU

该上小学了，该读书了，
读书的习惯该怎样养成？
在学校阅读上，
新教育实验的儿童阶梯阅读研究“毛虫与蝴蝶”，
已经积累了一些比较成熟的经验；
家庭阅读方面，
却没有具体的模式可供借鉴。
亲子共读最好能有一种固定的形式作为载体，
使读书的时间和地点得到保证、
使读书的习惯得以养成，
周末家庭读书会
无疑是操作性比较强的一种模式。

此刻，爸爸像个老师。

你想让自己的家是一种什么味道

爱读书的人大多不会是坏人

围绕周末家庭读书会，不同的组织邀我在不同的场合做过一些讲座，其中比较有连续性的，是为郑州大学的家庭指导师培训班授课。每次，我都设计了这样一个诗意的开头，以舒缓的语调娓娓道来——

你一定走进过很多家庭，也浏览过很多的客厅和卧室，不知你是否发现，每个家庭都有着各自不同的味道。

运动之家，空气中似乎都滴着汗水与荷尔蒙碰撞的激情；

军旅之家，墙壁也彰显着军绿色的清爽和刚健；

艺术之家，自有一种散漫与暧昧的咖啡味道；

农民之家，角角落落都散发着颗粒归仓的浓浓麦香……

我的父母都是教育工作者，没有很多亲戚，没有很多朋友，家里没有很多的客人，外面没有很多的应酬。一家人在工作归来、放学之后，大人看书看报，孩子写作业，家里飘逸着淡淡的书香味道。在这种味道的熏染下长大，从小便有了朦胧的认识，就是爱读书的人大多不会成为一个坏人。这是一个底线。

在成长的经历中，我又深刻地体会到，有书相伴的人生是多么丰富而精彩。上中学时，我曾在暑假里挥汗如雨，帮助妈妈所在学校的图书馆搬书，只为获得自由借阅的资格；工作以后，仅仅一本新书在手，便不觉得去乡村学校采访的行程是多么漫长而单调……

我的背包里永远放着一本书，等车的时候，排队的时候，就拿出来读。书读得不深，比较杂，主要是凭兴趣，在潜移默化中汲取知识，而不是功利性地去读所谓有用的书。我的第一学历，也是最高学历，就是大学本科，没有给自己考研、考博的压力，而更多是享受读书的感觉，把读书作为一种惬意的生活状态。书，让我的生活不单调、不乏味，有声有色，有情有趣。

后来做了父亲，有了乖妞后，我想把这种有书相伴的美妙感受与她分享，当然越早越好。

给亲子共读找一种固定的形式

每天晚上睡觉前讲一个故事，教孩子读一些童话歌谣，购买或者订阅婴幼画报以及益智图书，这恐怕是每位家长都会为自己的宝贝准备的。有一首诗里这样写道——

是啊是啊，你家有宝石箱子和金柜子

是啊是啊，你家有大理石台阶和漂亮的庭院

但是但是，我家有给我念书的妈妈

写得真好。我们也是这样做的，但总觉得还不够，随意性比较强。再加上乖妞上的幼儿园实践的是“童本教育”，尊重孩子爱玩的天性，重在进行素质教育，不教他们语文和数学。因而，乖妞上了四年幼儿园，在身心健康方面打下了不错的基础，但准确地说——还是个文盲。

该上小学了，该学文化课了，该读书了，这个读书的习惯怎么养成？在学校阅读上，新教育实验的儿童阶梯阅读研究“毛虫与蝴蝶”，已经积累了一些比较成熟的经验。那么，家庭阅读方面呢？我寻找了很久，也思索了很久，没有具体的模式可供借鉴。但我想，最好能给亲子共读找一种固定的形式作为载体，使读书的时间和地点得到保证，读书的习惯得以养成。思索的结果就是，我们家从 2007 年的新年——也就是乖妞即将从幼儿园跨入小学的时候开始，每个周末举行一次家庭读书会。

周末家庭读书会的雏形，不过是家里的每个人读一篇自己喜欢的文章。爸爸、妈妈、乖妞，还有照顾乖妞生活的姐姐，是周末家庭读书会的主要成员。第一期读书会是 2007 年 1 月 13 日举行的，那是个星期六。当时，妈妈读的是孙敬修爷爷讲的故事《龟兔赛跑》，姐姐读的是朱自清的《匆匆》，我读的是徐志摩的名诗《再别康桥》，而乖妞因为还不认字，就以口头作文的形式自编了一则童话，题目是《快乐的动物园》。

这就是周末家庭读书会的萌芽阶段，能看出来，比较简单，比较初级。经过将近一年的摸索，我们的读书会的内容越来越丰富，程序越来越完善，大致形成了环环相扣的六个环节：经典诵读——美文共赏——评头论足——五花八门——谁是最佳——同一首歌。

读书不是目的。在为孩子开阔视野、增长知识的同时，读书会也是一种亲子交流的方式，一家人每周都有这样一个时间，为特定的一件事情而共同努力，对增进亲子沟通、凝聚家庭亲情来说，无疑是意义深远的。

此外，仪式感是我国传统文化中非常重要的一部分，体现在生活中的方方面面；然而随着经济社会的发展，国人的仪式感在一天天地削弱，人们少了敬畏、少了底线，多了戾气、多了浮躁。而仪式感的培养是需要日积月累的，家庭读书会无疑是一种有效的途径。周末的晚上，大人下班，孩子放学，共进晚餐后，洗手围坐，共读一本有趣的书，分享人生的智慧和美好的情感，对文化的敬畏、对知识的仰慕，就这样润物无声地渗透进孩子的心灵和脑海，慢慢地生根、发芽、拔节、开花……

用心＋坚持，方为真正的陪伴

我们的周末家庭读书会，从 2007 年的年初开始，到 2010 年的年底结束，将近四年时间总共举办了 155 期。如今回头来看，举办家庭读书会最为合适的时间段，就是孩子上小学前到三四年级，因为到了十岁左右，阅读习惯已经基本养成，应该鼓励孩子独立阅读了。这种家庭阅读模式，通过校信通网站的推荐，被越来越多的家庭借鉴并不断地创新。回顾亲子共读的经历，我觉得最重要的有两点：一个是用心，一个是坚持。

用心。不应付，不凑合，用心地选择文章，用心地准备细节，用心地在每一个值得纪念的日子策划专题，包括每一首与时令相扣合的诗词，包括每一首与社会生活相映照的歌曲。特别是“五花八门”环节，很多次都像是在出一张自然科学及社会科学方面的试卷，既要参照当下的生活，又要考虑到乖妞当时的接受程度，不用心怎么行？

坚持。在繁忙的工作中，尽量把周末全部留给孩子和家庭。有时需要在周末采访，那就采访过后，急急地往回赶，一般都能赶在周日的晚上开读书会。对于乖妞来说，最紧张的一次记忆恐怕是，有一次爸爸出差晚上 7 点才到家，妈妈则是 9 点要出差。于是，爸爸进家后连饭也没吃，马上开读书会。一个半小时后，读书会结束，妈妈提起包出门……晚上快 9 点，我才开始填肚子，吃什么都没感觉，鼻舌之间满是书香的味道。

爱，其实就是陪伴。如果你陪孩子一起读书，天天如此，周周如此，月月如此，年年如此，就什么都有了，所有的矛盾都将润物无声地化解，所有的沟通都会水到渠成地进行。其实，你就是想陪孩子读书，又能陪几年呢？当他或她到了青春期，翅膀硬了，有了自己独立的空间，如果没有幼小时代的陪伴打下的基础，你就是想走近，恐怕也只能在他或她的门口忐忑地徘徊、迟疑地观望。

中国青少年研究中心曾做过中、日、韩、美四国中学生的比较研究。其中有一项是“遇到烦恼时你的倾诉对象”，四国中学生的第一位倾诉对象都是同性伙伴。但从第二位开始出现差异，日、韩、美三国都是母亲，中国则是异性伙伴。父亲在日、韩、美三国中排第五，中国的父亲则无缘前五，排在“网友”之后。孙云晓说：“人在 12 岁以前特别需要建立起浓厚的亲子依恋感情。”这不正是我们坚持举行周末家庭读书会的原因之一吗？

王钢老师：也想种棵石榴树

到“石榴树下”参加读书会，是我很早就有的心愿——在接到正式邀请之前，我就有此“非分之想”了。那时，在校信通博客“石榴树下”读到关于周末家庭读书会的一系列文章后，向往之情，油然而生。想想看，一家人，一盏灯，读书，品味，或安静，或热烈……在这样浓浓的书香里长大的孩子啊，你是多么幸福；而在这样浓浓的书香里生活着的成年人，更是多么幸福！

不能不承认，因为各种各样能说得出口或说不出口的理由，读书已然成为我们的奢侈。

不能不承认，孩子们不爱读书，其根源正是来自他们不爱读书的父母和老师！

什么是真的重视孩子的成长？不是买吃的、买喝的、买穿的、买玩的，也不是买房子买车带着他新马泰欧洲七国还有迪斯尼转一大圈，不是把他送进贵族学校享受所谓的精英教育，也不是给他报这个班那个班口里高喊着是为了他好而逼着他学钢琴、学画画、学英语、学奥数……

是让孩子爱上读书。怎样让孩子爱上读书？

不是带着他买一大堆书甚至堆满他的书架他的床头他的小屋，也不是为了不影响他读书学习而很自觉地把房门一锁不许他出门半步，不是严格限制他的所有“无意义”的娱乐而要求他必须在多长时间内读完多少书，写完多少读书摘抄多少读后感，也不是在亲戚朋友或者非亲戚朋友的面前夸奖自己的孩子看了多少多少书，会认多少多少字……

一切的一切，都应该以孩子的兴趣为准绳。

一切的一切，都应该以和孩子一起读书为基础。

你爱读书，你的孩子自然会跟着爱读书。

看看“石榴树下”的周末家庭读书会，不正是很美的一件事吗？

所以，我在很多场合推荐认识或不认识的人都来看看“石榴树下”的文字，特别是看看有关周末家庭读书会的那些记录。我知道，我也希望所有的人都知道，那些文字里面，藏着最聪明、最温暖、最动人的爱。

很幸福，那个周末的晚上，我坐在了“石榴树下”，参加第83期周末家庭读书会。我喜欢每个人，包括我自己在内读书的样子。

回到家，已经是10点多钟了。女儿只知道想要我早点回来抱她，当然不懂得我去参加的是怎样一个有意义的、美妙的活动。我在心里说：妞妞，我也会在咱们家种棵石榴树的。

如果全天下都有这样的石榴树，多好。

周末家庭读书会，到底是个什么会

周末家庭读书会里都有什么东东

我知道，比起亲子共读的重要性，家长们更想知道的是，周末家庭读书会到底怎么开？都有哪些环节？如何设计？如何评价？谁来主持？谁来参加？什么时候进行最好？每次多长时间比较合适？……

好吧，让我们先从最关键的问题说起，周末家庭读书会都有哪些环节——

经典诵读。每周学习 1 首古诗。这首诗词的选择往往与时令相合，过年的时候我们会读王安石的《元日》，清明节的时候我们会背杜牧的《清明》，母亲节则安排的是孟郊的《游子吟》。每次召开读书会，先轮流“背诵温故”，复习上一周的经典；再一同“朗读知新”，学习一首新的名篇。在“端午诗会”上，我们搞过一次背诵比赛，范围就是“经典诵读”中学过的所有篇目，结果乖妞勇夺第一，让全家大跌眼镜。一周学 1 首诗，似乎不多，但是如果确实能背熟并领会，并且坚持下去，那么一年就是 52 首，六年后到孩子小学毕业时，不也就“熟读唐诗三百首”了吗？

美文共赏。这是读书会最重头的一部分，每人把近来读到的一本书或者一篇文章推荐给其他家庭成员。我们既读经典名篇，比如林海音的《城南旧事》、余华的《活着》、朱自清的《背影》；也读报刊或网络上新的有影响的作品，比如《到底谁在说谎》《孩子，快抓紧妈妈的手》；后来又多了一个品种——绘本，比如《爱心树》《丢失的一角》《猜猜我有多爱你》等等，乖妞特别喜欢。因为识字有限，乖妞奉上的往往是一篇口头作文，从一个个小角度真实而生动地记录着自己的童年生活。我们有时还会根据作品的需要，或配上图片，在电脑上以幻灯片的形式展现；或配上音乐，营造特别的氛围。

五花八门。在读书会进行了一年多以后，我们慢慢发现，由于环节设置的特点，更多的是在进行人文社会知识的学习，或者文学作品的熏陶，而对自然科学和时政知识的学习显得不够。这一点，班主任郭老师在应邀来我们家参加读书会时也感觉到了。在她的提议下，读书会增加了一个新的环节——“五花八门”，在文学之外，扩大阅读的视野，丰富知识的构成。

“五花八门”有点像央视曾经大火的节目《开心辞典》，就是一些形形色色的题目，主要来自当时的生活。比如：请写出今年“感动中国”的十大人物（至少 3 个）；比如：中国农历共有多少个节气？刚刚过去的某个节气标志着什么？

评头论足。一个人朗读完后，其他家庭成员会对这篇作品以及朗读者的表现进行一番点评。点评顺序是由被评人确定的，每次都不一样，就看你这一次希望谁先说了。妈妈经常被排在最后，因为她总是评得很全面，她一评完，往往别人就没啥可说的了。乖妞刚开始时常常不太知道该怎么点评，我们就启发她：对文中的哪个情节印象深刻？喜欢其中的哪个人物？为什么喜欢这个人物呢？

同一首歌。爱唱歌是孩子的天性，我们每期读书会都要学习一首新歌，同样尽量扣合季节和形势。春天的时候，我们会唱《春风吻上我的脸》；地震发生了，我们学的是《生死不离》；中秋节，我们就选了根据苏轼的名篇谱曲的《但愿人长久》——这首歌还是当周我们家每一天的晨曲，起到催促孩子起床的作用，可比以前硬叫“起床了！该迟到了！”效果好得多。

我们的周末家庭读书会还会不时地推出一些专题，比如世界儿童读书日是安徒生的诞辰，我们就每人读一篇安徒生的童话；母亲节，大家读的都是自己创作的感恩母爱的文章；端午节又被称为诗人节，我们就举办“端午诗会”，分享名家王蒙、舒婷以及金子美铃的名诗带来的美妙感受；大地震发生后，连续三期读书会的主题都是有关抗震救灾的……

如何让读书会更好玩儿

孩子的兴趣持续力是有限的，为了激发乖妞的兴趣，我家的读书会从第二年开始，借鉴央视《星光大道》节目的思路，增加了一个重要而有趣的环节——“谁是最佳”。

在每期读书会结束时，每个人都提出自己认为本期读书会从选文、朗读，到点评都表现出色的人。得票最高的为“最佳表现”，积 10 分；第二名为“优秀表现”，积 5 分。每季度根据积分进行评奖，最高分为“突出表现奖”，次之为“优秀表现奖”，奖品呢就是图书。在评出各个奖项后，全家人在周末一起到书店，根据各自获得的奖励数额，自己挑自己喜爱的书。为此我还专门刻了一个“周末家庭读书会奖”的印章。乖妞的书很多，可是这盖有“奖”的书，感觉意义就大不一样了。你不妨想象一下，周末，全家人一道去挑书，买书，盖章，拍照，发到博客里，然后各自坐在书桌前、沙发上拥读刚刚到手的还散发着墨香的书——那分明就是家庭读书会的气氛。

每到年底，我们还要根据四个季度的积分，评选一次“年度卓越表现大奖”，奖品则是满足获奖者的一个心愿，只要它是合情合理的。当乖妞夺得第一个“年度卓越表现大奖”时，她想要的奖品居然是“一只小狗”。乖妞早就想要一只狗狗，并且是“活的狗狗”，可担心照顾起来太麻烦，我们一直没有答应。这次乖妞把它作为大奖的奖品提出来，再以嫌麻烦为由拒绝就显得不近情理了。于是，乖妞在获得大奖的次年春天，凭自己的努力得到了梦寐以求的奖品——一只名叫“小五”的狗狗。

读书会的主持人呢，由每个家庭成员轮流担任，乖妞也不例外。主持人不仅要保证读书会有条不紊地进行，推荐“经典诵读”，挑选“同一首歌”，也都是主持人的分内之事。

我们的周末家庭读书会在将近四年的时间里举办了155期，一般都是在周六晚上举行，可以称得上风雨无阻。如果是出差赶不回来，我们会提前邀请乖妞的爷爷奶奶、干爹干妈、表姐干弟，或者乖妞要好的小朋友来参加。乖妞小学时的老师几乎都应邀来参加过我们家的读书会，包括致力于儿童阅读推广的王钢老师、贾彤老师，校信通的不少老师，甚至《双筒望远镜》的作者、大名鼎鼎的儿童文学作家孟宪明也来过……

从第一次召开周末家庭读书会起，我就同时打开电脑，把读书会所有的内容从流程到篇目，到点评的内容，再到各自的表现，全部记录下来，并发到校信通的家庭博客里，为孩子的成长留下一份丰富而宝贵的资料。

可以说，周末家庭读书会就是为了孩子的健康成长而创意诞生的。乖妞呢，开始也许只是觉得好玩，但长期坚持，效果就慢慢地显现出来。

乖妞本是一个内向、腼腆的孩子，羞于站到人前。如今她在公众场合的表现明显地大方、得体多了。她在报刊上发表过一些作文，初稿就萌生于读书会。在学校举办的讲故事比赛中，一年级的乖妞凭着自己创作的故事和快板，与高年级同学同台竞技，居然获得了一等奖。那年六一儿童节，学校下午要组织歌咏表演，中午临时决定挑选学生主持人，乖妞被选中。仅仅经过一个中午的紧张准备，下午她就粉墨登场，并把整场演出主持得自然流畅。后来，乖妞开始在河南博物院做讲解志愿者，参与拍摄系列古装电视剧，在全省经典诵读大赛中获奖，登上省人民会堂的舞台主持全省的教师节晚会，还成了《家长会》杂志的封面人物……谁能说这不是在我们的周末家庭读书会上每周一次朗读、每月一次主持周积月累结出的果实呢？

仅仅是以开会的形式来读书吗

周末家庭读书会仅仅是一家人周末坐在一起读读书，只不过加之以开会的形式吗？——绝不是这么简单。那么，家庭读书会到底是个什么会呢？

家庭读书会，首先是个学习会。无论有着怎样的外在形式，学习知识、扩展视野都是读书会的首要目标。家庭学习无疑是对学校学习的一种必要补充和有益延伸，而周末举办读书会，可以让孩子把在学校养成的学习习惯，在家里得以保持甚至发展，从而收到“5+2 > 7”的效果。尽管读书学习随时都可以进行。但是在一个家庭里，所有的成员在固定的时间以固定的形式来一起读书、共同学习，对培养孩子终身学习的信念，无疑有着重要的意义。细水往往长流，水到自然渠成。

家庭读书会，也是个展示会。展示学习的成果，展示水平的提高。读书会不仅仅是指望在这个周末的晚上读到一些经典作品，同时也是向家人汇报自己学习上的收获，包括对作品理解能力的提高、朗读水平的提升。家庭读书会给这样一种展示提供了固定的平台，更给了每一个家庭成员以继续提高的动力。家庭读书会这小小的平台，连接着社会广阔的大舞台。

家庭读书会，同时是个评价会。无论是孩子，还是家长，进步与退步大多是一点一滴在变化，既不会一飞冲天，也不会一泻千里。这就要求我们把每一处得失、每一点建议，在平时的学习过程中及时指出。读书会，恰好给这些评价提供及时表达的通道，从而让进步在潜移默化中完成，让退步在萌芽状态时停止。乖妞参加全省会演的诗朗诵，就是先在读书会上展示，接受全家人的“评头论足”，然后一点一点地调整完善起来。

家庭读书会，其实就是个生活会。读书会不仅仅是读书，我们可以在读书会上过年、过节、过生日，把生活中的各种需要——比如节日的纪念、情感的表达——都可以通过这种形式来满足，从而真正地实践“读书即生活、生活即读书”的理念。和谐家庭的营造，需要多种方法和渠道。事实证明，周末家庭读书会是其中一种行之有效的途径。

家庭读书会，从本质上说更是一个生命会。两个陌生的生命，萍水相逢走到一起，又带来一个新的生命，继而又在漫长的人生道路上遇到无数个生命。这个过程中产生了许多奇迹，值得我们珍惜，值得我们记取。而书籍，是这样一个不可替代的载体，影响着生命的轨迹，也让生命超越物质的局限得以无限地延续。所以，读书就是心灵与心灵的交流，就是生命与生命的共鸣。所有浸染着书香的生命必然是有质感的生命，所有洋溢着书香的家庭必定是生命力旺盛的家庭。

看到这里，你是不是有些动心？心动不如行动，行动就从现在开始吧！

母亲节，可不可以这样为母亲过节

烛光里的一朵玫瑰花

“妈妈，我想对你说，话到嘴边又咽下；妈妈，我想对你笑，眼里却点点泪花……”餐桌上的灯光熄灭了，橘黄色的烛火点亮了，在《烛光里的妈妈》深情的歌声里，我们走进了第57期周末家庭读书会。

这期读书会举行的日子，恰与母亲节重合，主角自然就是我们的母亲，我们要交流的就是各自感受到的母爱。一家四口，乖妞的妈妈在上海出差，莹莹姐姐的妈妈远在黄河北岸的老家，我便把我的母亲和父亲请来，以这种特别的方式为母亲过节。

烛光里，歌声中，乖妞把一朵玫瑰花捧在胸前：“奶奶，祝你母亲节快乐！”那花，是乖妞前不久在省人民会堂广场上跟一位民间手工艺人学着用面捏的，大红色的花蕾含苞欲放，恰似乖妞可爱的小脸。

接过花，母亲紧紧地拥抱着乖妞，眼睛里有光闪亮。她把玫瑰花轻轻放在桌子上——

我的母亲离开我们将近三年了。她的一生没有什么传奇，然而她的仁爱和智慧却滋润着我的一生。当晚年因摔倒、腿骨折住院开刀，已经92岁高龄的母亲最终仍恢复得不太理想，被迫卧床三年多，吃尽了苦头。她老人家脸上不时露出的那种痛苦的表情，至今想起来还让我心如刀绞。作为女儿，我不知道怎样才能解除母亲的痛苦，用什么办法表达我对母亲的爱。在别人眼里，母亲拥有了一个老人所能追寻到的一切精神和物质生活；而对于我，只希望她能不再痛苦，在世上多留一刻……

母亲的泪水终于流了下来。已经做了奶奶的母亲，回想起自己的母亲，依然是情难自抑。

尽管父母都已年迈，但对参加这场母亲节的读书会都很重视，他们早早地开始动手写文章。不会用电脑，老人就用钢笔在稿纸上一遍遍地书写，一遍遍地修改，再一遍遍地誊抄。

古稀之年的父亲，在长达四五页稿纸的篇幅里，详细地回忆起60年前母亲陪读的情景——

那时，在县城上初中，由于没钱吃食堂，又不怎么会做饭，我的身体消瘦得厉害，腰都挺不直了。母亲看我的样子，心疼地流下眼泪，对哥哥说："得想个法儿，能让你弟吃上饭呀！照这样下去，他的身体就弄坏了。"经过几天思量，母亲终于下定决心："我得进城给汉做饭去。不然，这学就上不下去了。"就这样，母亲带些粮食、简单的炊具和行李，随我进了县城，在学校附近找了一间小房，安顿下来，给我做饭吃。

本以为父母陪读是近年来的新生事物，原来60年前我奶奶就已经在陪读了。

"你入学的新书包有人给你拿，你雨中的花折伞有人给你打，你爱吃的三鲜馅有人给你包，你委屈的泪花有人给你擦……" 此时，歌声又缓缓地响起，这首是我事先下载的《母亲》，"这个人就是娘，这个人就是妈。这个人给了我生命，给我一个家。不管你走多远，不论你在干啥，到什么时候也忘不了咱的妈！"

乖妞要给妈妈一个惊喜

母亲节的时候，母亲不在身边，乖妞会是怎样的心情，她又想说些什么呢？为了给乖妞一个引导，我早早地翻出乖妞妈妈早年写的《石榴将在秋天成熟》读给大家听，也算是弥补一下她不能参加这次读书会的遗憾。

文章从一份"特别的礼物"开始，这礼物就是得知怀上乖妞的喜讯。继而写到妊娠反应的"翻江倒海"，为了乖妞的健康而"素面朝天"，又写了在成为准妈妈后的第一个母亲节，对"母爱"有了更深的体会："十月怀胎，不仅是胎儿成长的过程，也是我们成长的过程，我们将学会如何去做父母，如何给孩子一个良好的成长环境。"文章结尾处激动人心的一笔，写到了胎动——

乖妞，你一定是在用独特的语言，用只有我们彼此才能懂得的语言告诉妈妈，你很健康，你很快活，是吧？那让妈妈也告诉你，我会更加精心地呵护你，让你茁壮成长。

乖妞一直在认真地倾听，不时露出不同意味的笑容。当读到第一次孕检时，胎儿的身长是2.1厘米，乖妞用手指比画着，脸上是不可思议的表情。

轮到乖妞了。

"我今天要讲的是《我的好妈妈》。"乖妞突然停住了，脸涨得通红，"我可紧张……"

紧张？这可是乖妞近来少有的反应啊。毕竟读书会已经开了50多期了，乖妞的表现不说是游刃有余，至少也常常是胸有成竹吧，怎么今天会紧张得说不下去呢？可能是今天这烛光、这歌声，再加上爷爷奶奶前面的倾情回忆，这一切营造出的特殊氛围让她激动，以致大脑出现片刻的空白。

“有什么可紧张的啊？我知道你早就准备好了，静静地回忆一下，然后对着妈妈的照片讲。”在准备这期主题读书会时，我把各位母亲的照片搜集到了一起：奶奶的、妈妈的，以及莹莹妈妈的照片。讲到哪位母亲，电脑屏幕上就会出现这位母亲的经过裁剪的特写镜头。

平稳了一下情绪，乖妞终于开始了——

记得上次妈妈出差，我想妈妈的时候，每次都哭了。妈妈这次去上海，虽然我也想妈妈，但是没有上次想得那么厉害。我知道，我在家里快快乐乐的、开开心心的，妈妈在那边才会放心。妈妈说我现在素质提高了，我也觉得是这样。

“今天是母亲节，我给妈妈准备了一份礼物。”乖妞已经很知道怎样让文章有一个精彩的结尾，“当妈妈回来的时候，我要给她一个惊喜。”

原本我的设想是，乖妞在读书会现场通过电话把作文读给妈妈听。可她实在太紧张了，这个方案只好放弃，改为乖妞讲后，给远在上海的妈妈打电话祝贺母亲节。

“妈妈，祝你节日快乐！”电话通了，乖妞的声音里透着一股雀跃，“我们正在开读书会呢。我现在看着你的照片，就像你在眼前一样……”

签上名字的第一本书送给母亲

我从书房捧出来一个大大的纸袋，上面是红色的心形图案，又用红色的丝带捆扎，覆盖的红布是乖妞学习东北秧歌时发的手帕。

我请父亲把红布揭去，又请母亲亲手把丝带解开，里面是 5 本摞在一起的新书——《青春绝唱》。

这本由作家出版社刚刚新鲜出炉的诗集，由我的百余首诗歌辑录而成，作为礼物送给不惑之年的自己。我没有像以往一样为新书去做什么宣传推广，而决定把它的首发式安排在周末家庭读书会上，只请我爱的和爱我的亲人参加。这天又正好是母亲节，由母亲来为儿子的新书剪彩，无疑是最理想的方案。

我把签过名字的第一本《青春绝唱》献给母亲：“请翻到夹有书签的一页——”书签是我在包装时就分别夹好的，那一页的题目是《妈妈，今天是我的生日》——

妈妈，今天是我的生日 / 有许多朋友向我祝贺 / 祝贺我在这个日子敲响生命之门 / 开始有笑、有泪 / 有思索、有情感 / 有资格爱和被爱 / 可是有人向您祝贺吗？ / 妈妈！ / 是您给了我这一切啊！ / 最该把一杯爱和感激的酒 / 双手捧到您的面前请您品尝……

诗是我 21 岁生日之夜写的。多少年过去了，当它被收入《青春绝唱》时，我才有机会第一次当面读给母亲听。

妈妈，今天 / 是我的生日 / 是您的受难日 / 您在我的远方 / 此刻，我也在您的远方 / 妈妈，今天我不会去喝酒 / 也不会满世界地游逛 / 我只在心中 / 与您一个人分享这个永远值得纪念的日子 / 分享这越点越多越燃越亮的烛光

母亲也很动情："儿子，你一路走来，就是这样诗意浓浓地成长。你从做少年诗人时就有的一个梦想，今天终于实现了。作为母亲，我为你感到骄傲。这是我收到的最好的母亲节礼物！"

第一次给自己的主持打 10 分

到了为主持人打分的环节了，乖妞冲动地站起来："10 分！"

"10 分。""10 分！""10 分。"父亲、母亲、莹莹接连打出了 10 分。

最后是我："我给自己打 10 分。"

这是举办周末家庭读书会以来，我第一次给自己打 10 分。在我们家的家庭读书会中，对于主持人的打分，8 分是基准分，10 分是满分。这次作为主持人，我几乎把所有想到的方案都付诸实施。从邀请嘉宾，到现场连线；从选择歌曲，到配放音乐；从电脑屏幕上的母亲照片，到选择歌颂母爱的经典诗篇；从烛光对气氛的营造，到新书首发式的特别环节……简直是按照一台电视晚会的标准，精心筹备着我们这个普通家庭的周末读书会，送给最最敬爱的母亲，也送给家里的每一个人。自然，对乖妞也是一次特殊的感恩教育。

送父母出门时，我一手搀着母亲的胳膊，一手提着装有两本《青春绝唱》和一朵面塑玫瑰花的纸袋。母亲用胳膊夹了夹我搀着她的手说："这将是我最难忘的一个母亲节。"

我想，这个母亲节，无论是对文章里讴歌的母亲，还是对在座的每一个儿女，都将是久久难忘的，肯定。

端午不只有粽子，还有诗和情怀

好在端午节不仅仅有粽子

端午临近，早早地买了粽子和艾叶。艾叶插在门上，问乖妞："明天早上咱们吃粽子吧？"答："好。"

对于乖妞的兴致不高，我不意外。曾经问过她："在传统节日的标志性食品月饼、元宵和粽子里，最喜欢哪一个？"答："饺子！"——好吧，饺子算是春节的标志性食品。

那么，最不喜欢的是哪一个？以为乖妞会说是月饼，结果她说是粽子，原因居然是不喜欢粽子里包的乱七八糟的东西。这点我也不意外，乖妞一向喜欢简单的食物，煮粥时她就不喜欢我在里面加上红枣、核桃、山药、枸杞什么的，总说白粥最好，常常让我无语。

好在粽子只是端午的标志之一，除此之外，本身就有"诗人节"之称的端午节，更大的标志应该是屈原和诗歌吧，诗里有我们世代传承的文化，诗里有我们高山流水的情怀……

端午节是从2008年开始放假的——这点我不会记错，因为是第一个放假的端午节，我们的第61期周末家庭读书会就策划了特别的"端午诗会"。

"向着明亮那方／向着明亮那方／哪怕只有一片叶子／也要向着日光洒下的方向／——灌木丛中的小草啊……"诗会上，乖妞朗诵的是金子美铃的《向着明亮那方》，稚嫩的童音犹在耳旁。莹莹姐姐读了柯岩的《周总理你在哪里》，爸爸、妈妈分别读的是王蒙的《青春万岁》和舒婷的《致橡树》。端午之夜，一家人围坐在一起读名诗、赏佳作的情景，至今历历在目。

除了我们仨和姐姐，乖妞还邀请好朋友丫丫参加诗会。丫丫精心准备了民间诗歌《奶奶的香荷包》，很符合端午节的情调。

丫丫，说起这个跟乖妞同龄的小妞，有太多的故事——

四手联弹背后的独生群养

乖妞出生在一胎时代，和城市里几乎所有的孩子一样，没有兄弟姐妹。上了幼儿园后，我们明显地感到，在与小朋友的交往中，她常常表现得不够宽容，爱计较，动不动就生气。乖妞不止一次在半夜情绪激动地说梦话，透露着白天不愉快的情绪。

“独生群养”——无疑是一剂独生子女病的对症良药。于是，我们便鼓励乖妞主动和小朋友交往，经常带她们一起去郊游、运动、做手工，或者聚到某一家学习，在矛盾中学会让步，在摩擦中学习合作。

从幼儿园小班到大班，丫丫和乖妞始终同班，后来又上了同一所小学。校车有十几路，她俩又恰巧坐的是同一路。“天时”“地利”，似乎都在有意地呵护两个小女生的“人和”。每到周末，两个人会在同一个班车点下车，去做保护视力的眼睛按摩。然后就轮流去对方的家里，一同做作业，一同吃晚饭，当然更多的是一同做似乎永远做不烦的游戏，说那些永远说不够的悄悄话，分享那些永是快乐的周末……

印象特别深刻的是，乖妞和丫丫一起学钢琴的培训学校，新年要举行钢琴比赛，两人的参赛节目是一首四手联弹。一样的红裙子，一样的白毛衣，一样的黑靴子——乖妞和丫丫一亮相，就让观众眼前一亮，有人兴奋地低呼：上来一对双胞胎，一模一样的！

而在我们这些爸爸妈妈的眼里，她们是那么不一样：不一样的眉眼，不一样的音色，不一样的性情……存异求同，是我们鼓励孩子交往的原则。

小孩子在一起，自然少不了磕磕碰碰、哭哭笑笑，对此，我们两家大人基本上不做评判官，而是让她们自己去解决问题，去寻找平衡。就像乖妞和丫丫尽管师从同一位钢琴老师，各自练习时也弹得像模像样，可到四手联弹时却迟迟无法节奏一致，关键就是因为配合得少。比赛前的一周，她们由一周一练，变成每日必练，默契的进程有目共睹，最终赢得满场的掌声。

作为独生子女的家长，看到孩子的小手旁边始终近近地有另外一双小手相伴，四只小手联弹出一曲曲成长的乐章，这是一件多么让人欣慰的事情。

两家人以诗歌的名义相会

转年初夏，又一个端午节到了。值夜班时，我看到丫丫妈妈的QQ在线，便聊了几句。她说起丫丫始终对前一年的端午诗会念念不忘，于是我们相约这个端午节还在一起开诗会，并且两家人全部出场。我们还商定，这一次的端午诗会要让乖妞和丫丫来联袂主持。

5月29日，第107期周末家庭读书会如期举行。乖妞和丫丫首先亮相，两个小女生一唱一和，穿的是完全一样的粉红色裙子。

“我想变成骏马飞越平原／又想变成鱼儿下河游泳／也想变成大鹏翱翔蓝天／我的心愿难道不能实现！”乖妞依然选择了泰戈尔的作品，此前她在读书会上多次朗诵这位大诗人的儿童诗。

“如果你愿意，我将／把每一粒种子都掘起／把每一条河流都切断／让荒芜干涸延伸到无穷远／今生今世，永不再将你想起”妈妈朗诵的《如果》，作者是我们都喜爱的台湾女诗人席慕容。

“当雄鸡最后一次鸣叫的时候我就到来／请他们用虔诚的眼睛凝视天边／我将给所有期待我的以最慈惠的光辉／趁这夜已快完了，请告诉他们／说他们所等待的——就要来了”，我朗诵了艾青的《黎明的通知》，乖妞和丫丫都以为这位诗人叫“爱情”，好一阵嬉笑。

丫丫一家的诗作明显地与端午节更加贴近，比如丫丫爸爸朗诵的《端午的呼唤》，再如丫丫朗诵的《屈原之魂》：“我来凭吊你／沿着《离骚》《天问》《九歌》……”

这不仅仅是一场诗会，准确地说，是一场诗歌朗诵比赛——因为还要打分，还要评奖，出场次序则由抽签决定。每个人都既是选手，也是评委。

比赛总要有成绩、有排名，奖品却是不分等级、完全一样的，充分体现了“友谊第一，比赛第二”。这完全一样的奖品是什么，你猜到了吗？——对，是粽子，它作为端午诗会的奖品再合适不过，其精神意义远远大于物质价值。

特别值得一记的是，每一份奖品都是两个粽子，这便是乖妞和丫丫设计的一个特别有情怀的颁奖环节——“与最爱的人分享”。就是获奖者要把得到的两个粽子，一个自己享用，另一个送给现场的一位亲人或朋友。这样就可以让每一个人不管成绩如何，都能分享到粽子的香甜和情意的温馨。

舞台终究是孩子们的

端午诗会以两个小妞的舞蹈《春晓》开场，以两家人同唱《但愿人长久》结束，并在歌声中相互击掌祝贺诗会成功。这都是两位小主持人的创意，一头一尾均选用根据经典名诗改编的歌舞，与端午诗会的主题何等吻合！

整场诗会，乖妞和丫丫无疑是最忙碌的。她们要主持，要采访，要朗诵，要打分，要制定比赛的规则，还要设计各种各样的环节。尽管其中也有家长的一些点拨，但两位小女生在诗会中的出色表现仍然让人刮目相看。比如，乖妞朗诵时想换上六一儿童节刚穿过的演出服，于是两人设计了中场休息，从而保证了换服装的时间。

端午节就是一个驱邪、避灾的节日。因为夏天来了，有很多毒虫，孩子们容易受到虫的伤害，所以要安排这样一个节日，戴香囊，喝雄黄酒。我希望你们以及所有的小朋友都健健康康、快快乐乐，不让毒虫咬到……

说这话的是谁？怎么让人明显地感到好有学问？——他就是丫丫妈妈为诗会请来的特别嘉宾：河南省文学院一级作家、民俗作家孟宪明。

“五月端午太阳红，戴上香囊小玲珑，雄黄酒好点耳鼻，辟邪祛灾保安宁。”参加我们的端午诗会，孟老师抽到的是一号签。除了带来这样一首民间诗歌，他还带来两本著作：一本是根据电视剧创作的同名小说《大国医》；另一本是他的成名作——长篇儿童文学《双筒望远镜》，扉页上写着：“文学是生活的旗帜——送石榴小朋友。”

“我今年 55 岁了，但是参加民间的诗会纪念我们的端午节，这还是平生头一回。”诗会的最后，孟宪明在大家的掌声中起身，应邀对这场朗诵比赛进行点评。大作家颇有些动情——

今天的诗会比我想象的不知道要好多少倍。

两个小姑娘不过才上小学二年级，表现那么大方，有这么多好的创意，简直让我应接不暇。

姑娘们朗诵的诗比我们大人朗诵得还要好，能看出都下了很多的功夫。传统文化的熏陶和传承，就需要这样的情怀、这样的潜移默化。

爸爸妈妈能以家庭聚会的形式开这样的诗会，给你们提供这样的舞台，这对你们的成长不知好处有多么大！毕竟世界的舞台终究有一天会是你们的。

今后再有这样的诗会、读书会，可别忘了叫上我……

跟爸爸一起唠叨《爸爸的唠叨》

瓦库，一个喝茶的地方。在这里，我和大学毕业后始终未见的师兄重新聚首。18 年中，我们都先后为人夫、为人父。

瓦库，一个读书的地方。在这里，我们两家人围坐在一起举行第 116 期周末家庭读书会，共读师兄的新著——《爸爸的唠叨》。

瓦库，一个边喝茶边读书以至忘了时间的地方。那天，读书会不得不结束时已近子夜，微风里散漫着的都是茶香和书香，还有歌声……

为什么“唠叨”

2009 年初春，在校信通书香班级的评委会上，我结识了郑州十九中的名师杨卫平老师。杨老师拿出一沓书稿，是她的先生写给女儿的。细看作者姓名，竟是我的大学师兄王仁元。不久，杨老师来到我办公室，把师兄已经正式出版的书送给我，同行的是这本书的第一位直接受益者——他们已经收到大学录取通知书的女儿王晨杨。

2008 年夏天，晨杨高考失利，从郑州回到信阳奋战“高四”。在信阳高校做了近 20 年教师的王仁元苦口婆心教诲谆谆，无奈晨杨非但不领情，且嫌其唠叨。于是，王老师变换策略，改舌战为笔谈，选取对女儿有用的阅读资料，再根据个人的见解予以评论，每天骑车送晨杨上学时让她在车后座上看。方式一新，女儿也便接受了。

开始时，是一天一篇，不久，父女都不胜其累，继而放缓节奏为隔日一篇。这样坚持下来，到晨杨次年高考，一共积累了 170 余篇，计 20 余万字。当女儿以高出去年 126 分的成绩升入理想大学，父亲的心血还催生了一件副产品——一本著作的问世。

这本书起初的书名为《为女儿而评》，平实而准确。后来女儿说，别人家都是妈妈唠叨，我们家是妈妈不在身边，换成爸爸唠叨了，干脆就叫《爸爸的唠叨》吧。于是改为此名，生动而贴切。

瓦库的露台是惬意而迷人的，可为了保证读书的氛围，我们选择了一个临街的、有着落地窗的包间。不喝酒，不抽烟，甚至连饮料都没有要，家常的大锅菜、绿豆粥、烧饼之后，乌龙茶伺候，还有小碟的瓜子、话梅和开心果。

此刻，我们每个人手里都捧着一本《爸爸的唠叨》；王老师除外，因为那都是他一字一句蘸着心血写出来的，早已烂熟于心。

在各种瓦片交错的光影里，在带着淡淡桂花味的茶香中，我们开始面对面地听“爸爸”“唠叨”……

“唠叨”了什么

如同周末家庭读书会的重要环节“美文共赏”，我们这次要分享的是整本《爸爸的唠叨》，首先出场的自然是作者——王仁元老师。考虑到乖妞的接受程度，王老师推荐了篇幅不长的《少年郭沫若》——

郭沫若幼年在私塾读书，有一次和同学们偷吃了庙里的桃子。和尚找到先生告状，先生斥责学生，但没有人承认。先生说：我出个上联，谁能对出下联，就可以免罚。先生出联曰：“昨日偷桃钻狗洞不知是谁？”郭沫若思索片刻，对道：“他年攀桂步蟾宫必定是我！”先生惊其才华，极为高兴，于是全体学生都免于处罚。

爸爸的唠叨：郭沫若是中国“五四运动”的一面旗帜，他在现代诗歌、历史剧的创作、甲骨文的研究方面，可以说无出其右者。大概也是因为他童年即有蟾宫攀桂之志，才有后来的辉煌成就。

接下来出场的自然是“被唠叨者”王晨杨，她说对自己影响最大的一篇“唠叨”是《忍住那份甜》——

心理学家米歇尔给一群幼儿每人发了一块软糖，然后告诉他们说他有事要离开一会儿，希望孩子们都不要吃掉那块软糖。他允诺：假如你们能将这块软糖留到我办完事情回来，我会奖励给你们两块软糖。他出去后，寂寞的孩子们守着那块诱人的软糖等啊等，终于有人熬不住，吃掉了那块软糖。接着，又有人做了同样的事……20分钟后，米歇尔回来了，他履行诺言，奖励没有吃掉糖的孩子两块糖……

爸爸这次唠叨得比较多，其中有这样一段：对一个人的荣辱成败起决定作用的心理品质、意志品质，恰恰在诱惑面前显示出来了。有时，从中可以窥探出一个人的发展前程。正像上文所说：“那些不能等待的孩子大多一事无成，而日后创出了一番辉煌业绩的，全都是当年那些愿意等待的孩子。”

爸爸每天在唠叨，女儿每天在成长，而妈妈正是这成长过程的见证者。在上百篇的“唠叨”中，杨卫平老师对《令人落泪的毒蛇实验》念念不忘，并且多次在课堂上推荐给自己的学生——

……突然，凶猛的蛇趁施密特不注意，咬伤了他。殷红的鲜血从伤口流了出来。施密特博士觉得伤口不时地疼痛，他抓起身旁的电话，却打不通，身边又没有别人，他想："完了，就这么死去吗？""不！我应该再做些什么。"他的头脑十分清醒。他找到一些绷带，把伤口包好，拿出实验记录本。"我应该把这次特殊的实验记录下来。"

让我们来听听爸爸是怎样"唠叨"的：为了加班加点地研究，施密特博士独自在实验室里被毒蛇咬伤……他知道，任何求救都是徒劳的，死是必然的；可供选择的，只是怎么个死法。他以自己巨大的毅力，为人类解救被毒蛇咬伤的人们提供了最好的资料。他的死，能够挽救更多人的生。

杨老师含着泪说：我希望我的女儿也成为像施密特博士、居里夫人一样的对科学发展、对人类进步有用的人！

我们也"唠叨"

在作者一家三口"唠叨"之后，我们仨也要"唠叨唠叨"，爸爸最了解这本《爸爸的唠叨》，那就先从爸爸开始吧。我选择的是《秃头论证》——

少一根头发能否成为秃头？回答是不能。再少一根怎么样？回答还是不能。这个问题一直重复下去，到后来，回答却是已成为秃头了，而这是在一开始遭到否定的。成为秃头的界限是头发一万根？一千根？十根？一根？一根也没有？无法确认。但可以肯定的是，当头发还剩下一百根、十根时，人们早已毫不迟疑地公认其为秃头了。

在晨杨爸爸的"唠叨"里，我读出了许多自己想对乖妞说的话：蓦然回首，你已经从一个小女孩长成大姑娘了。每一天都是短暂的，每一天都难以觉察什么大变化。不知不觉中，你养成了单纯、阳光、宽容、有爱心的好习惯，也形成了拖沓、随遇而安、不大节约的一些小毛病。说不清这些习惯是哪一天形成的，也说不清哪一件事对哪种习惯的形成起多大作用。但是，习与性成。好的习惯继续保持尚可，要改一些小毛病可能要费一些周折。早一点开始发扬优点，优点将成为优势；早一点克服缺点，缺点将渐行渐远。

由于爸爸一直在读《爸爸的唠叨》，还没轮到妈妈看，于是爸爸推荐妈妈读这本书的开篇《同样是一块铁》，王老师起初就是受到这篇文章的触动而开始"唠叨"的——

世界旅店大王希尔顿曾说：一块价值 5 美元的铁，如果把它铸成马蹄掌，它就值 10.5 美元；如果制成钢针，可值 3550.8 美元；如果制成手表的摆针，价值就是 25 万美元。

当一个人不看重自己的时候，他就会像一块废铁一样没有什么价值。但是，当他对自己抱着最大的希望、不断开拓自己的时候，他就会把自己变成世间的无价之宝！

让我们来听听爸爸最初的“唠叨”：对于铁块来说，它的前景取决于使用它的人；对于一个人来说，他的前景取决于认识和造就他的人；对于一个有清醒的自我认识和自制力的人来说，他的前景取决于他自己。

听到这里，爸爸问乖妞：“如果你是这块铁，愿意做马蹄掌，还是钢针，还是手表的摆针啊？”乖妞迟疑片刻，答道：“钢针。”这个答案让我们稍稍有些意外，便继续问：“为什么呢？”乖妞又是迟疑片刻：“我觉得，现在家里有马的人不是很多，可针千家万户都需要。”杨老师带头鼓掌，为那一个“千家万户”。

就剩乖妞没有“唠叨”了。我决定给乖妞来个“突然袭击”，让她也读一段《爸爸的唠叨》。这在以前的读书会上，还是从来没有过的。此前要读的文章，乖妞都事前读过多次，在读书会上其实是一种展示。然而，乖妞没有让我们失望，尽管在意境的营造上还稍欠一点火候，可对于一段完全陌生的文字，能够流畅而响亮地读下来，已经相当不错了。

乖妞读的是《外婆与妈妈》一文中引用的野谷诗作《外婆》——

又穷又老，那就是外婆

她总是不安地说：“我没什么带给你。”

待我懂得时，她已长眠地下

有什么比得上你的深厚——外婆，你给了我妈妈

“唠叨”得如何

分享过《爸爸的唠叨》，我们该“评头论足”了。这期特殊的读书会，就不再对各位的表现一一点评，而是谈谈各自的感受吧。

《爸爸的唠叨》里的“爸爸”王老师率先发言：用文字的“唠叨”替代嘴巴的“唠叨”，是亲子交流的一种好方式，可以逐步克服交流障碍，达到预期的目的。在与女儿笔谈的一年间，我们自己也在悄然发生着变化。父亲变得充实愉快、守时重信、严慈相济，对女儿的认识和教育都提升到一个新的层次；女儿也变得阳光自信、积极进取、善解人意，原来的缺点不知不觉地改掉了不少，学习成绩当然回升很快。其实，笔者和女儿是在一起成长。

王老师还说：在一个家庭里，读书声永远比争吵声、麻将声动听得多。我在考虑我们家是否在寒暑假期间，也围绕一些话题来开开读书会。

王晨杨的话不多，但每个字都很有分量：“这本书我要重读一遍。”

“太感动了！太感动了！！太感动了！！！”激情型教师杨卫平用一连三个“太感动了”开谈自己的感受，“《爸爸的唠叨》所有稿子，我基本上与女儿同步看完。爸爸的‘唠叨’我全力支持，并且鼓励他一直‘唠叨’下去。我把《爸爸的唠叨》的很多内容也读给了我的学生听。我和我的学生一起受着女儿所受的教育，感动着女儿的感动，提升着女儿的提升。”

杨老师以她特有的激情继续感染着在座的所有人：“今天我一晚上都沉浸在感动之中，每个小细节、每个小享受，都让我感慨万端。我和晨杨爸爸都是做教师的，可是女儿出生 18 年来，我们从来没有坐下来一起读过书，没有一起唱过歌，甚至好多年一家人都没有照过相。”最后，杨老师说：“亲身到‘石榴树下’来体验一下周末家庭读书会，对我的触动太大了。从明天起，我要开始全新的生活！”

该乖妞发言了：“我觉得王叔叔家比我们家做得好，因为他把骑车的时间都用来学知识，特别会利用时间……这个夜晚，我听王叔叔‘唠叨’了很多，学到了很多知识，让我终身受益。”

“终身受益”——你行啊，乖妞，还挺能整词儿的。

周末的家庭读书会上，故事那么多

开学前夕，应洛阳一所学校之邀，与参加暑期培训的老师分享家庭教育和亲子阅读的体会，让我又一次重温若干年前举办周末家庭读书会的点点滴滴。

两个小时的讲座，自然只能勾勒周末家庭读书会的框架和枝干，那么多的经历、那么多的故事无法从容展开，眼看一些老师意犹未尽的神情，就在这里择其三四分享吧——

第 142 期：我们来读一本无字书

看过几页《7 号梦工厂》，乖妞惊诧地说："爸爸，这个绘本一个字都没有！"惊诧也不奇怪，尽管绘本的特点就是图多字少、不惜留白，但像这样完全没有文字的作品，此前我们还真没读到过。这也是美国画家大卫·威斯纳作品的一个特点，就是靠图画讲故事。

于是我说："没有字，不正可以好好地发挥你的想象力吗？"

继而我又建议："我们下一期的读书会，就每人围绕《7 号梦工厂》讲一个故事，好不好？"

主卧的窗帘没挂几天就出了毛病，自己掉了下来。于是，蓝天白云没有遮拦地映射进来。周六午睡醒来，乖妞指着窗外："爸爸，你看天上的云彩多好看！"

是的，这个周六郑州的天空出奇地晴朗，好像特意要配合我们第 142 期周末家庭读书会的主题。乖妞又有了新的创意："今天咱们在阳台上开读书会吧！"

阳台没有封闭，就是不忍再阻隔高楼之上与大自然难得的联系。下一趟楼不容易，站在阳台上，让风雨和阳光来得更直接一些吧。乖妞的创意，老爸自然要响应，并在心里暗暗地称道：乖妞真的是大了呀，这样的提议是一向善于策划的老爸都从来没有想过的。

于是，我们坐在阳台的铁椅上。绘本上满页的蓝天白云，面前是满眼的蓝天白云，究竟是我们融进了绘本里呢，还是绘本进入了我们的生活？

绘本的主人公连个名字都没有，乖妞自作主张地给他取名为安迪："安迪玩累了。云彩变成椅子的形状，让安迪坐上去休息。旁边的人都很奇怪，他怎么空空地坐在这里呢？”

“安迪发现了一个问题：怎么云彩都是一个样子的？多单调啊！”乖妞接着讲，“安迪突发奇想，在图纸上设计出了鱼形的云朵。”

“云朵怎么可能像鱼一样？安迪的设计遭到了老设计师的质疑。”当乖妞讲不下去的时候，老爸及时地把故事向前推了一把。

“云朵怎么就不可以像鱼一样？安迪坚持自己的意见：只要人们需要，只要我们能想到。”乖妞接着往下讲。

“安迪累了，困了，睡着了，睡梦中他也慢慢地飘了起来，飘在一片白白的云彩上。”合上了《7号梦工厂》，乖妞和老爸接力讲述的故事结束了。

故事之外，夜同样深了，乖妞已经进入了梦乡，不知她在梦里又会有怎样的奇遇呢？

第95期：“五花八门”里的现实生活

“五花八门”是我们周末家庭读书会在举办一年后新增加的一个环节，就是想在文学阅读之外，以题目竞答的方式，增加一些与生活密切相关的知识。当然，对于刚上小学的乖妞来说，这些知识如何能传播得生动有趣，对出题人可是不小的考验。

那年春天，当狗狗小五来到我们家后不久，我在主持第95期周末家庭读书会时，就自编了一篇短文《宝宝给贝贝过生日》，问题就是在其中找出不合生活常理的地方——

女生宝宝家有一只小狗，名叫贝贝。

贝贝出生于2月30日。那天，宝宝看到狗妈妈下了一个蛋，然后用蛋孵出了小狗，就是贝贝。

贝贝一周岁的生日正好是清明节，学校放假。宝宝就想，给贝贝准备什么生日礼物呢？

早晨8点，宝宝带着贝贝去商场。由于门前的路是单行道，她不得不骑着自行车绕了一大圈。结果，10分钟就可以到的路程，她走了半个小时。

9点，一进商场，贝贝就看到了巧克力。这可是它最喜欢吃的。

巧克力3元钱一块，宝宝买了8块作为贝贝的生日礼物。她给营业员阿姨一张30元钱的人民币，阿姨找给她5元钱。

看到贝贝高兴的样子，宝宝想，以后我每年都要给贝贝过生日，即使它将来长成一条30岁、50岁的大狗，我还要给它送生日礼物，谁让我们是最好的朋友呢！

短文中的错误共有10处，每处0.2分。乖妞得了1.6分，居然是当期的最高分，可见我们每个人的生活常识都有待丰富。

10处错误如下，你都发现了吗——

一、2月没有30日；

二、狗是哺乳动物，不是用蛋孵的；

三、清明节在4月，2月出生的贝贝不会在清明节过生日；

四、宠物不允许被带进商场；

五、单行道只限制机动车，自行车没必要绕行；

六、她们8点出门，走了半个小时，应该是8点半到商场，而不是9点；

七、狗绝对不能吃巧克力，易引发心脏病；

八、人民币没有30元的；

九、营业员少找了1元钱；

十、狗的寿命一般是10～15年。

第69期：你的票为何这样投

这期读书会进行到“谁是最佳”的环节时，该乖妞投票了，她说：“我选爸爸、妈妈。”

——啊？

乖妞的票之所以让我感到惊讶，是因为她刚刚对妈妈所推荐文章的点评是：“我听不懂。”

妈妈这次读的文章是《七年》，对比了北京从七年前申办奥运成功到七年后奥运即将举办的巨大变化。文章是好文章，有理有据，还有激情。不过政论性比较强，用数字进行跨越性的对比，需要有丰富的社会知识做背景，不太适合在以乖妞这个七岁女童为主角的家庭读书会上推荐。因而，乖妞说“听不懂”也在大家的预料之中。

然而，听都没听懂，怎么还会把票投给她呢？

面对我们的疑问，乖妞的神情有些窘迫，没有回答。

其实，姐姐这次推荐的《今夜无人入眠》可读性还是比较强的，作者是著名节目主持人杨澜。文章不长，姐姐读得颇动情。

我问乖妞：“你不把票投给姐姐，真的是觉得姐姐读的文章没有妈妈读的好吗？”

大概谁都不会想到，乖妞的回答竟然是：“刚才水洒，都是因为姐姐把我的书窝了……”

问题难道出在这里？这里还有个小插曲：姐姐本期推荐的文章是从乖妞的阅读书中选的。读的时候，姐姐习惯性地把书的一半向后窝去。这让一贯十分爱惜图书的乖妞无法接受，当即就提出抗议，并在姐姐读过后立即把书拿去，然后把自己读的书压在上面，又放上一个盛有水的杯子，以期将书抚平。不一会儿，乖妞一起身，杯子倒了，水洒了，书湿了，小妞要哭了……

“爱惜书是值得肯定的。但你怎么能因为姐姐把书窝了，即使她读得再好，也不把票投给她，以此来表示惩罚呢？你爱爸爸妈妈，我们非常感动；但读书会上的投票是对所推荐和朗读文章的客观评价，不是表达情感或情绪的渠道。如果对一篇自己根本没有听懂的文章，因为是妈妈读的，就投她票；而对一篇不错的文章，因为姐姐窝了你的书，就不投她，那我们读书会的评选就失去意义了。因为根据这样没有原则和标准的票，我们看不出来各位真实的表现，也不可能评出真正的‘最佳’。”

在整理这期读书会的内容上传博客时，最后我这样写道：“乖妞，周末家庭读书会还在继续，我们期待着你每一次都能投出客观公正的一票。通往健全人格的道路，或许就是这样一票一票铺成的。”

第 60 期：校信通颁奖到我家

那天，校信通的杨老师打电话，说我们因为家庭博客“石榴树下”而被评为“书香家庭”，问我们想要一些什么样的书做奖品，怎么给我比较方便。在说了一连串的“谢谢”后，我说，六一儿童节就要到了，就给乖妞发一些绘本吧。另外，还有个非分的要求：能否光临我们最近的一期周末家庭读书会，在六一节到来之际，这些奖品不是送给乖妞最好的节日礼物吗？

5 月 31 日下午，杨老师如约到来。同行的还有一位年轻的老师，带着摄像机，说是要全程录一期我们的周末家庭读书会，回去观摩。乖妞很是兴奋。我对她说：“给你颁奖的时候，你可是要发表获奖感言啊。想好说什么了吗？”乖妞顺口答道：“我就说‘感谢CCTV、MTV、这个 TV、那个 TV……’”

第 60 期周末家庭读书会在正式开始之前，安排的第一个特别环节就是颁奖仪式。杨老师代表校信通首先为博客“石榴树下”颁奖——

石榴家最有特色的，就是每个周末风雨无阻的家庭读书会。家庭成员轮流做主持人，每人都要准备一本好书、一篇佳作和大家一起分享，每人都要点评，评出每季最佳，奖品是书籍，以促进全家人更好地读书。这样的方式已经在我们校信通博客里大力推广，赢得了广大博友的热烈响应。

由于作文《我家有个妮妮秀》入选《家长会》杂志，乖妞还特别被奖励一本《石头汤》。那期杂志中有一段“编辑小语”——

通过“妮妮秀”，我们看到了可爱的乖妞不仅学习了奥运知识，也了解到传统的中国文化。更重要的是，布置“妮妮秀”的过程，也是乖妞进行创造性思维的过程，发展了孩子的想象力、思考力和创造力。石榴家有个法宝——聚焦。奥运知识如浩渺烟波，不着边际一味要求孩子学习，会令孩子不知所措，逐渐丧失学习兴趣。您不妨根据孩子的兴趣，将关注点“锁定”到几个点上，由点及面，逐步辐射，高度关注，深入研究。

——说得真好！毕竟是专家，从表象挖掘出的教育规律，比我们的实践要深刻许多，有些道理是我们做的时候没有想到的，或者没有想得这么深。

乖妞自然更想不到这许多，她兴奋地接过《石头汤》，抱在怀里。除此之外，奖品还有厚厚的一摞：《三毛流浪记》《风到哪里去了》《小猪唏哩呼噜》《阁楼上的光》，以及《哈佛家训》。

“我的作品得过不少奖，国家级的、省级的奖都有，那是对我专业能力的肯定；但以家长的身份获奖，这是第一次。”到我发言了，还真有点小激动，“此时此刻，我最深的感受就是：如何做一个合格的父母，需要我们用一生的实践去寻找答案。”

狐狸与乌鸦和兔子能不能成为好朋友

一只狐狸居然当上了警察

带乖妞看电影，一直是我们生活中不可或缺的组成部分，十多年来，热映的大片或者不那么热但口碑好的艺术片大都不曾错过。然而，自从上了初三，这个优良传统就很难保持了。虽然不曾议论，可潜意识里肯定都觉得，对于面临中考的学生来说，看电影是一件过于奢侈的事情。

所以，尽管知道《疯狂动物城》很疯狂，我也没敢贸然提议去看。直到上个周末，乖妞月考，一整天一口气连考了七门！听到她说："今晚再学，我就要昏过去了！"我赶忙说："要不，去看电影？"乖妞直接问："《疯狂动物城》还有没？"一查时光网，居然还没下线！——好，老爸陪你去疯狂一把。

《疯狂动物城》的主角有两个：朱迪和尼克。

兔子朱迪可以说是励志青年的典型代表。它小小的身体，大大的志向，历尽磨难，终于如愿以偿当上了警察。这不奇怪，影视剧里的正面角色都是这样的。奇怪的是，尼克竟然也当上了警察。要知道，它可是只狐狸呀。

在我们的传统文化中，狐狸是狡猾奸诈的化身，虽没有大恶，总不怀好意。即便不至于被警察抓去坐牢，至少也是被警察帮扶教育的对象。尼克出场时，就是这种形象。它扮可怜骗来巨无霸冰淇淋，化成水再做成小雪糕出售，那种精明和刁钻似乎归狐狸专有。

后来，剧情就不按常理出牌了。不管是朱迪煽动也好，尼克无奈也罢，反正它是一步步地走上了与朱迪一同破案的道路，并且一次次帮助小警察化险为夷。这只狐狸居然还跟原本格格不入的兔子成了好朋友。

在我们的印象中，狐狸是这样的

狐狸在树林里找吃的。他来到一棵大树下，看见乌鸦正站在树枝上，嘴里叼着一片肉。狐狸馋得直流口水。

他眼珠一转，对乌鸦说："亲爱的乌鸦，您好吗？"乌鸦没有回答。

狐狸赔着笑脸说："亲爱的乌鸦，您的孩子好吗？"乌鸦看了狐狸一眼，还是没有回答。

狐狸又摇摇尾巴说："亲爱的乌鸦，您的羽毛真漂亮，麻雀比起您来，可就差多了。您的嗓子真好，谁都爱听您唱歌，您就唱几句吧！"

乌鸦听了狐狸的话，非常得意，就唱了起来。"哇……"她刚一开口，肉就掉了下来。

狐狸叼起肉，一溜烟跑掉了。

这篇《狐狸和乌鸦》是小学二年级语文的一篇课文，一则流传了不知多少年的寓言。由于在现实生活中很少能见到真的狐狸，我对狐狸最初的印象就源自这则寓言，到了乖妞，依然如此。

课后有一道练习题：发挥想象，以《肉被骗走以后》为题编一个小故事。那天吃晚饭时，乖妞给我讲述她构思的故事——

乌鸦嘴里叼着的肉被狐狸骗走后，朋友们很生气。他们一起追上狐狸，把她啄死了。

狐狸妈妈死后，留下了一帮小狐狸。乌鸦看他们可怜，就把小狐狸当成自己的孩子一样养大了。

小狐狸们长大后，无意中知道自己的妈妈原来是被乌鸦害死的。他们一起把乌鸦吃了，给妈妈报仇……

乖妞的故事一波三折，颇有戏剧性，分明是一个动物版的《王子复仇记》。

我却没有欣欣然于乖妞的想象力。那一刻，心里的反应用"震撼"来形容一点也不为过。在这个故事里，狐狸不仅依然有着狡猾的标签，还又增添了残忍的行径。我没有想到，我的乖妞，一个七八岁的小女生，故事里竟然充斥着如此多的死亡和仇恨。

这血腥味儿，这蛮横劲儿，小小的她是从哪里感染到的呢？

狐狸和乌鸦成了好朋友

内心的震撼和惶惑，我没有表露出来，不能让天真的孩子对自己编的故事有负罪感。那不过就是一次发挥想象力的续写，不管编得多么血腥、多么残酷，本身都没有对错之分。需要思考的是我们这些大人，该如何引导心底纯净的孩子向真、向善、向美……

所幸在乖妞的故事里，我还是发现了一笔暖色：乌鸦看到失去妈妈的小狐狸很可怜，就像妈妈一样把他们养大了。母性的本能和母爱的光辉，在这里被放大，血腥的情节中彰显着善良的力量。

“你的故事情节挺曲折的，像个电视剧，这说明你很有想象力。”我首先肯定了乖妞的爱动脑筋，“可是，你有没有想过，如果乌鸦的孩子长大后也要为他们的妈妈报仇呢？再去杀小狐狸吗？这样你杀我、我杀你的，冤冤相报何时了啊？咱们能不能换个思路？”

“怎么换啊？”乖妞对我的建议并不排斥。

“你既然想到了小狐狸，能不能从这个角度再发挥一下你的超强想象力？”

乖妞想了一阵，抬起头：“狐狸骗乌鸦的肉，是给她的孩子吃的！”

这篇想象作文的脉络最后成了这样子的——

狐狸叼着肉在前面跑，乌鸦在后面追，一直追到了狐狸家。

狐狸把肉喂给饥饿的孩子们，并告诉他们，肉是乌鸦给的。小狐狸纷纷向乌鸦表示感谢，反倒把乌鸦搞得有点不好意思。

从此，狐狸一家和乌鸦一家成了好朋友，一起唱歌做游戏，一起分享好东西。

这基本上是乖妞的思路。我只给她提了一个建议，在小狐狸说谢谢的时候，可以增加一个细节，让乌鸦想到了自己的孩子。同样是母亲，她理解狐狸为救孩子的一片苦心，便不再记恨狐狸骗她了。

写好作文，乖妞如释重负地笑了，显然对“狐狸和乌鸦成了好朋友”这个结局很满意。

狐狸和乌鸦为何不能成为好朋友

“从此以后，狐狸和乌鸦成了好朋友……”那天，在为第 77 期周末家庭读书会做准备时，读到这里，乖妞突然抬起头，“爸爸，老师说不同意我的意见！”

“为什么呢？”

“老师说，狐狸和乌鸦不会成为好朋友。”

“那老师是怎么评价你的作文的？就直接说狐狸和乌鸦成不了好朋友吗？”

“老师在班上读了我的作文后，说狐狸既欺骗了乌鸦，又欺骗了孩子，他们根本成不了朋友。除非狐狸向乌鸦道歉，或者是再赔乌鸦一块肉……”

老师的观点不是没有道理。作为乌鸦，有了损失就有权要求赔偿；作为狐狸，做了错事理应知错就改。然而，我们有过太多的前车之鉴：冤冤相报，两败俱伤；以德报怨，天高地广。因此我把自己一向的想法告诉乖妞：在人生的旅途中，什么行囊都可以割舍，唯有善良不能丢弃。带着它，就像是带着护身符，可以保佑你一路平安抵达幸福。

其实，老师提到的问题，在乖妞的作文里也都间接地有所体现。狐狸把骗来的肉说成是乌鸦给的，并让孩子们向乌鸦表示感谢，其中包含的歉意显而易见。后来他们每天一起出去找吃的，有了好东西就两家一同分享，又何必计较那曾经令人不愉快的区区一块肉呢?

至于说到狐狸的欺骗，多少年来不知有多少个演绎的版本。在乖妞版中，赋予了狐狸母亲的角色。为了嗷嗷待哺的孩子，一个母亲用不那么光明磊落的方法得到一份食物，看在孩子们的分上，也并非绝对不能原谅吧？连乌鸦都原谅了狐狸，我们又何必耿耿于怀呢?

“老师有没有表扬哪个同学的作文？”

“有。有个同学的作文写的是，第二天，乌鸦又叼了块肉，狐狸又骗她唱歌。乌鸦的肉又掉了。狐狸一吃那肉，牙被硌掉了两颗。因为乌鸦这次叼的是像肉一样的石头。”

哦，这又是复仇故事的另一个版本。

关于“乌鸦的肉被狐狸骗走之后又发生了什么”，或许永远不会有标准答案，任何能够自圆其说的续写，都应该得到鼓励。

我看重的是，直到向我转述老师的评价时，乖妞仍然认为“所有人都能够成为好朋友”。就像我们今天欣慰于兔子朱迪与狐狸尼克成了好朋友，乖妞对于善良和真诚的相信与坚持，始终让老爸由衷欣慰。

让经典作品照亮你的人生吧

外面的天气如此闷热，广播大厦里凉气宜人。室内室外，两个季节。

全省教育系统“经典照亮人生”诵读大赛的决赛，暑假在这里举行。比赛分为小学生、中学生、大学生和教师四个组依次进行。每个组在复赛中胜出的前五名进入决赛，决出冠、亚、季军。由于各组选手都已经获得了奖项，并且每组都是所有选手全部诵读结束后统一打分，因而决赛的氛围并不惨烈，更像是一场交流合作的表演赛。

刚刚小学毕业的乖妞，依然参加小学组的比赛。她以复赛第三名的成绩进入决赛，抽了个一号签，这也意味着她是整场决赛第一个出场的选手。

乖妞诵读的泰戈尔作品，是老爸帮她选的。

永远也读不尽的泰戈尔

从中学时代我就开始读泰戈尔的诗，《吉檀迦利》《园丁集》《飞鸟集》等都读过，自己写的诗也明显受到泰戈尔风格的影响。特别难忘的是，从图书馆借来《吉檀迦利》，爱不释手。当时图书比较匮乏，没有地方可买。母亲怜惜学习紧张的儿子，就赶在还书之前，一字一句地给我抄了一本。至今我还保存着母亲手抄的《吉檀迦利》。

1861 年生于印度的泰戈尔，一生创作了 50 多本诗集，并于 1913 年因《吉檀迦利》获得了诺贝尔文学奖。一位瑞典诗人在推荐泰戈尔时说：“我读了这些诗歌，深受感动。我不记得，过去 20 多年我是否读过如此优美的抒情诗歌，我从中真不知道得到多么久远的享受，仿佛我正在饮着一股清凉而新鲜的泉水。在它们的每一思想和感情所显示的炽热和爱的纯洁性中，心灵的清澈，风格的优美和自然的激情，所有这一切都水乳交融，揭示出一种完整的、深刻的、罕见的精神美。”

是的，就是泰戈尔的诗歌，让少年的我读到了生命、读到了爱情、读到了追求、读到了献身，也读到了无穷无尽的大自然、无边无际的思索和哲理。然而，我朦胧的印象中，似乎没有读到过一颗孩子的心。

在校信通组织的一次阅读活动上，看云老师在谈到泰戈尔的诗作时感叹：一个大男人竟然能把小孩子的心理描摹得如此细腻而深切！听罢讲座，我在书架上翻出了泰戈尔的诗集，慢慢地翻检，才发现不仅有儿童诗，而且不少，相当一部分集中在《新月集》中。

比如《开端》——

“我是从哪儿来的，你在哪儿把我捡来的？”婴儿问他的母亲。

母亲把婴儿紧紧抱在怀里，又是哭又是笑地答道：“我的心肝，你是我藏在我心里的心愿……”

比如《裁判》——

你爱怎么说他就怎么说吧，可是我倒知道我的孩子的弱点的。

我爱他，并不因为他好，而是因为他是我的幼稚的孩子。

这些都是从母亲的角度来抒发情感的。泰戈尔更多的儿童诗，则纯粹是从孩子的视角来对母亲倾诉幼小心灵的困惑和依恋。

比如《母爱》——

我仰首问：“我怎么上天？”

他们回答说：“走到大地的边缘，站在那儿举起双手，我们拽你上云端。”

我犹犹豫豫，说：“妈妈在家等我多么焦急，我怎忍心同她离别？”

更让我无法平静面对的是泰戈尔作品中母与子的离别，那是怎样的柔肠寸断、怎么的无语凝噎。我从来都认为，悲天悯人是一个诗人最重要的情怀和气质。在泰戈尔的儿童诗中，你可以清晰地读到，更可以深刻地体味到这种情怀和气质。

比如《大自然为什么抢走孩子》——

哦，伟大的大自然，权当你拐走了一个小孩

——因而你的宝库又增添了财富？你又获得一些新鲜的愉快？

但和你一样博大的失去儿子的母亲，心里如今只有一片空虚。

比如《礼物》——

你的生命正年轻，你的道路是漫长的，

你一口气饮下我们带来你的爱，便转过身来，离开我们跑掉了。

你有你的游戏和你的游伴。

如果你无暇同我们在一起，如果你想不到我们，那又何妨！

我们在老年时，确实有足够的闲暇，去计算过去的日子，

把手中永远失去的东西，在心里珍爱着。

河流冲破一些堤防，歌唱着迅速流去了。

然而山峰留了下来，念念不忘，深情地追忆着。

听讲座的那一刻，我心里就想，其实啊，看云老师是不必惊叹的；在每一个男人的

心里，都藏着一个小小的儿童，永远脆弱柔软，永远不想长大。即使没有成为诗人，他也会因一颗永远的童心，而在不经意间流露出诗人的情怀和气质。

把泰戈尔的诗串烧一把

决定参加“经典照亮人生”诵读比赛之初，乖妞就开始发愁：“我读什么呢？”继而说：“爸爸，你帮我选吧！”

乖妞属于典型的小女生声线，清亮，细腻，但不浑厚、高亢。诵读比赛中经常被用到的《满江红》《水调歌头》《将进酒》等古典作品，显然不适合她。现当代作品诸如《雷电颂》《有的人》《致橡树》，还有《我骄傲，我是中国人》，又不是她这个年龄所能深刻体会的。要选适合她的作品，我首先想到了泰戈尔的儿童诗。

那天晚上，我又把不太厚的整本诗选从头到尾翻了一遍，没有发现特别理想的。当然不是大师的诗不好，是因为泰戈尔的作品需要细细品味，而在诵读大赛中的三五分钟内要迅速地产生效果，所读作品必须有一定的起伏，甚至戏剧性。这也是当年我参加“中华诵”比赛时选读巴金《我的心》的一个重要原因。

这时，《同情》吸引了我的视线——

妈妈，假如我不是你的女儿，而是一只小狗，
嘴伸到你的碗里吃饭，你会不会打我？
妈妈，你要说真话，不要哄我——
你也许会说：“去，去，去，哪来的讨厌的小狗！”
妈妈，你走，你走吧，把我从怀里扔下地，
我不要你喂，以后，你碗里的饭我一口也不吃。

妈妈，假如我不是你的女儿，而是你养的鹦鹉，
你会不会担心我展翅高飞，就用链子把我锁住？
妈妈，你要说真话，不要哄我——
你也许会说：“鸟儿心野了，想咬断链子逃走吗？”
妈妈，放下我，你放下我，别再对我娇惯，
我要飞进森林广阔的胸怀，不再待在你的身边。

在这首小诗中，母亲和女儿的对话性格鲜明，时而是女儿的纯真，时而是母亲的嗔怨，这种对话已经有点戏剧的感觉了。

然而，仅仅如此，未免有些单薄，轻巧了些，感染力不够。我想到前一段大火的电视节目《我是歌手》中，不少歌手为了充分展现多风格的演绎，把不同的歌曲组合到一起演唱，就是所谓的串烧。于是，我从泰戈尔的另一首诗《想念》中抽取了一段，放在了《同情》的后面——

其实，我已想不起妈妈的模样。
只有当我坐在卧室里的椅子上，
透过窗户仰望着高远的蓝天，
妈妈好像目不转睛地，在天上看着我的脸。
以前的哪一天，她就这样端详过我？
那时我被她搂在怀里，
妈妈的目光布满了无垠的天空。

由于《同情》的风格不是很适合配乐，我们就设计让音乐从《想念》这一段开始。起初，配乐我想选用我们都钟爱的《月光水岸》，后来乖妞自己又选了《天空之城》。果然，这支曲子把怀念的感伤气氛渲染得更浓，让我暗地里对乖妞刮目相看。

让经典诵读成为生活的常态

决赛开始，果然大江东去、慷慨激昂的作品依然占了大多数，乖妞诵读的“泰戈尔诗二首”《同情·想念》宛如一条清澈的小溪，温润，舒缓，又引人遐想。现场的我，一忍再忍，终于没有忍住，泪流满面。

由于比复赛发挥得更加出色，几无纰漏，乖妞的名次又进了一步，最终获得小学生组的亚军。

比赛终是暂时的、偶尔的，可对经典的温习和诵读却应该成为生活的常态。乖妞，有空的时候，我们还要继续一同诵读经典啊，让经典把人生之路一步一步地照亮。

一棵石榴树，到底能够长多大

2008年3月有那么几天，占据我主要精力的一件事，就是为校信通“书香班级”评选活动做评委。除了正常的工作，有空就打开那些参评的班级博客阅读。

我要评的是幼儿园和小学组，那时乖妞刚上小学一年级，恰恰跨着这两部分，所以那里面的生活是我最关心、也最熟悉的。读到那些组织阅读活动的老师的智慧闪光，那些边读好书边尝试写作的学生的跃跃欲试，那些陪孩子同读书共成长的家长的良苦用心，我被吸引，也被打动……

我们不也可以在网上建一个这样的家吗？

我们在网上又有了一个家

心动不如行动，3月19日，我从一个参评班级所在的页面上，直接进入校信通的博客首页。由于乖妞的学校集体开通了校信通，我们自然就成了校信通的用户。我在用户栏中输入了自己的手机号码，我的手机马上收到了用短信形式告知的密码。接着，点击“开通博客”开始注册。域名要求至少有一个字母，乖妞乳名“石榴”，我便用她乳名的第一个拼音和她的生日，组成了我们家庭博客的域名——SL20001114。

博客是要有个名字的，灵光一闪，我写下了“石榴树下”。回家的路上，我在回味，是不是潜移默化中受了“榕树下”的影响？个性签名就有点像打油诗了：石榴树开石榴花，石榴花结石榴娃，石榴树下有个家，家里住着我们仨……博客首页还要一张照片，又是没有迟疑地，我调出了在昭元宠爱儿童摄影给乖妞拍写真时，顺便拍的一家三口牵手躺在草地上的合影——放在这里，简直太理想了。

“我的文章”需要分类，最基本的三类当然是“石榴妈妈”“石榴老爸”，还有“小石榴的天空”，里面分别收录的是谁的文章，一望而知。我们已经坚持了一年有余的“周末家庭读书会”，应该在这里有个档案，这一类是不可少的。还有一些以前写的文章放在哪儿呢？比如《小红花开在家》，比如《石榴将在秋天成熟》，比如《全勤宝宝》，比如《飞向奥运岛》……这些都是开通博客前的东西，那么这一类就叫“博前记录”吧。

在友情链接的分类中，暂时有三项：“老师”“班级”“好友”。在“老师”中，我第一个链接了“童心＠彤心”的博客，它的主人是濮阳油田一所小学的老师贾彤，前一年给校信通教师博客大赛做评委时，我曾亲手把他送上一等奖的宝座。后来到油田采访时又见到了他，前两天还在读他参评的博客，被他煽动着跑到书店给乖妞买了一摞绘本，因而，贾老师成了“石榴树下”第一个结盟的朋友。“班级”和“好友”栏中都还空着，我的希望是，“班级”里链接着郑东小学一年级14班的班级博客和班主任郭老师的博客，“好友”里链接的则是乖妞的同学，或许将来还有毛开恩、任睿哲……

这个网上的家，大致的框架算是建起来了，该来点实在的东西了。“小石榴的天空”中的第一篇，我放的是《我家有个妮妮秀》，这篇乖妞口述、老爸帮她记录的作文，发表在当年3月12日的《大河报》上。

我们家的博客刚开张，还没有访客，于是老爸自己在《我家有个妮妮秀》后面发表了第一条评论：“才上小学一年级，就发表了处女作，乖妞真的好棒！继续加油啊！”

这棵石榴树一直长啊长

一棵石榴树，到底能够长多大——这是一个问题。

尽管没有准确的答案，但在我的印象中，石榴树是很难和“高大挺拔”“根深叶茂”联系在一起的。因为在乖妞的幼儿园，在兰考采访农户的果园，在八里沟旅游的山水间，我不止一次见到它清俊却算不上雄壮的身影。

对于这个印象的转变，源于我们家在网上种下的一棵石榴树，也就是校信通家庭博客“石榴树下”。这棵小树长啊长啊，越长越大，也在一个个白天、一个个夜晚不动声色地改变着我们的生活。

尽管我是学中文的，又在报社做记者，文章写了上百万字，书也陆续出了四五本；但我的思路几乎全部围绕着工作，很少为这个家，特别是为这个被我昵称为“乖妞”的女儿留下文字。此前，专门为乖妞而写的文章，只有一篇在她上幼儿园时写的《小红花开在家》。如今有了“石榴树下”，我写博的思路也扑扑棱棱地疯长起来。

石榴树长啊长，越长越大。我给自己定的任务是一个月写一篇博文；一年后回头看，列于“石榴老爸”名下的博文是62篇，平均一周写一篇还多，其中还不包括在“石榴花开”一栏下为记录乖妞成长而写的20篇博文、在“奥运妮妮秀”中为乖妞的奥运吉祥物留影的13篇，以及为“周末家庭读书会”存档的数十篇。黑色五月，我问《地震的时候你在哪里》；燃情八月，我们分享《没有刘翔的鸟巢》；乖妞报名海选，我记下《今天你站在这年幼的战场》；乖妞参加演出，我告诫《舞台是你自己的》；乖妞即将上学，我提议《周末，为乖妞开家庭读书会》；乖妞 8 岁生日，我策划了同题作文《猜猜我有多爱你》……

石榴树长啊长，越长越大。妈妈一年来也写了 20 多篇博文，其中不乏《诚实比满分更重要》《不要不允许孩子说不》之类被网站推荐的精彩之作。要知道，妈妈可是学数学的，当初还对我一个月写一篇文章的建议颇为发愁呢。在“石榴树下”开博一周年的前夕，博客给了妈妈一个惊喜：她写的《做一个不啰唆的妈妈有多难》被网站在“焦点关注”栏目中推荐，访问量超过了 1000 人次，还被《家长会》杂志采用。人的潜力真的是很大，关键看你挖不挖、怎么挖。

石榴树长啊长，越长越大。作为“石榴树下”的重要成员，照顾乖妞生活的小姑娘在这个家庭博客里也有专门的一栏“姐姐的心思”。莹莹姐姐一年来发了 18 篇博文，其中 3 篇后来又在报纸上发表。莹莹成了“毛老师”后，接力棒传到了盼盼姐姐的手里。这个盼盼也不一般呢，还没等我们建议，第一篇博文已经出手，让人不由得对石榴树上的新绿充满期待。

石榴树长啊长，越长越大，乖妞一年里在“树下”写了 39 篇博文。其中有的发表了，比如《放生小蝌蚪》；有的获了奖，比如《心中有爱》。关键是及时上传博客、被校信通推荐以及博友的热情评论，使她写作文的兴趣因此大大提高。比如，从一只起名“小五”的小狗来到我们家，乖妞就开始每天写“小五日记”，随时记录“石榴树下”的美好时光，从未间断。这份用心、这种坚持，让我不时对乖妞投去欣赏的目光。

问题已经不成问题

这棵石榴树，就这样长啊长，伸枝吐绿的长势令人惊喜。2009 年年初，我们整理编印了《石榴树下——2008 年家庭博客精选》，在“乖妞的天空”“妈妈的情结”“老爸的目光”“姐姐的心思”以及“猜猜我有多爱你”“2008 · 一件小事”六个专题中，各收录了 5 篇博文，留下一家人亲子共读、携手写博的脚印。

这棵石榴树，就这样长啊长，日渐葱郁的树荫吸引了更多的目光。年末，“石榴树下”跨越网络，走上纸媒。老爸应《大河报》编辑之邀开写专栏，《天使飞回天堂》《父母远游》《四手联弹》《再见，毛老师》陆续发出，这个专栏的名字也叫“石榴树下”。

这棵石榴树，就这样长啊长，枝头的石榴花鲜艳夺目。2008 年暑假，《家长会》杂志邀请小石榴作为封面人物，同时在《封面故事》栏目中，以《爱和书香，在孩子心中开满鲜花》为题，从“让孩子的心中从小充满爱”“让孩子在书香的熏染中成长”“让孩子的童年记忆五彩缤纷”等多个角度，刻印下我们与乖妞共同成长的轨迹。

这棵石榴树，就这样长啊长，眼看有长成一片石榴林的势头。新年之际刚刚传来消息，我们因家庭博客“石榴树下”的坚持，再次在校信通博客大赛中被评为“书香家庭”，乖妞同时被评为“阅读天使”。对此，慧老师点评：“期待家家都有这样一棵‘石榴树’，遍开阅读之花、温情之花、智慧之花！”

一棵石榴树在成长，呼唤着更多石榴树的生根发芽。深受孩子们喜爱的儿童文学作家王钢老师，在应邀参加过我们的周末家庭读书会后写道：“我在很多场合推荐认识或不认识的人都来看看‘石榴树下’的文字……我知道，我也希望所有的人都知道，那些文字里面，藏着最聪明、最温暖、最动人的爱。”王老师这篇博文题为《也想种棵石榴树》。

仿佛就在转眼之间，“石榴树下”开博整整一周年了。

不过短短一年，关于“一棵石榴树到底能够长多大”的问题，已经不成问题。

SHIJIE

世界

人生即体验，体验在过程。

走遍了世界，了解了世界，

才会发现哪里最适合你驻足，

什么样的生活方式最适合自己。

能在中国贫困的深山沟里待上十天并不觉得烦闷，

也能在美国繁华的街区逛上半月而不迷失自我，

或许我们才能逐渐地触摸到世界的边缘。

如果不能陪着孩子走遍异乡，

至少要带她重新认识故乡，

让她明白我从哪里来、要往哪里去。

此刻，爸爸仿佛导游。

单飞，在父母的视线之外独自翱翔

一束鲜花居然买了两趟，在我们家还是头一回。

周日晚上，妈妈先买了一束，紫色与白色的搭配很漂亮，捧回家后才发现过于素淡了，似乎不足以表达激越的心情，便直接插进了花瓶。第二天早晨，爸爸在同一家花店又买了一束，粉红色的玫瑰，衬着浅绿色的绒纸，雀跃的心情呼之欲出。

这花，是为迎接乖妞凯旋准备的。——这个暑假，乖妞第一次单飞。

平生头一回跟老爸要自由

"单飞"这个词，最初是从爷爷的口里说出的，让乖妞感觉既新奇，又兴奋。

确实，用"单飞"来定义乖妞此次参加河南电视台"明日之星"夏令营再合适不过了。此前，乖妞北边到过秦皇岛，南边到过海南岛，还去过上海、桂林等地，光北京就去过三趟；不过，那都是跟着爸爸妈妈一起的，其中，秦皇岛之行还有姥姥姥爷一起，海南岛则有爷爷奶奶一路同行。她还从未有过离开爸爸妈妈单独远行的经历。

也不能说乖妞从未离开过爸爸妈妈。曾有一年的冬天，妈妈去厦门出差，爸爸在成都出差，而本可以陪伴乖妞的爷爷奶奶也要去海口避寒，机票是早就买好的。亲人们都在温暖的南方悠游，只有乖妞这个小小的女童独自留守在严寒的郑州。

冷还是次要的，主要的问题是去哪里住。家是没法回的，如果说吃饭尚可以暂时以方便面充饥，那么独自住在大房子里，乖妞是不敢的。于是，只好寻找寄宿的地方。

我有几个同事都是乖妞熟悉的，也喜欢乖妞并愿意接纳她，可想来想去，她还是想跟要好的同学吃住在一起，甚至在我已经跟一位同事约好借宿的一应事宜后，乖妞又改变了主意。

叮嘱乖妞，带着手机，但白天在学校不要开机，放学后再打开，老爸每天晚上要通过电话掌握乖妞的行踪和"寄人篱下"的心情。

周一课后，乖妞去了沐沐家。沐沐家是同学中离我们家最近的，只隔了一条街。平日里的每个周五，两人都是轮流到对方家里度过的，这次便把上周五的欢聚调后了三天。

周二、周三的晚上，乖妞在丫丫家，这可是她从幼儿园就开始同班的好朋友。那正是郑州下第一场雪的时候，屋漏偏逢连阴雨，丫丫爸爸的电动车突然坏了，乖妞只好和丫丫踏雪回家。晚上老爸在电话中问乖妞冻着没。“才没有呢！”她的回答中竟有一丝快乐，那是一种雪花的快乐吧。

尽管那时父母也都不在身边，可乖妞毕竟还在这个熟悉的城市里，并且是跟要好的同学在一起。而这一次去北京参加夏令营，同行者中没有一个以前熟悉的人，不满十岁的乖妞有勇气、有能力单飞吗？在我们迟迟疑疑地做出决定后，乖妞的一句话，让我从心底暗暗地大吃一惊。

那天，送乖妞去集合的地方，简短的开营仪式之后，孩子们开始列队、分组。我一边上蹿下跳地给他们照相，一边不住地交代着乖妞：有事要多向带队老师请教，不要随便离开集体单独行动，要和组里的同学好好相处，希望你们在夏令营结束时已经成了好朋友……突然，乖妞仰起脸：“为什么别的家长都不说那么多，就你要管我们？”她不是在跟我说悄悄话，她的声音很大：“爸爸，我要自由！”

我能说那一刻我一下子蒙掉了吗？这还是我那个一向乖巧的乖妞吗？出生以来，这是她第一次大鸣大放地跟老爸要求自由，还真让我一时适应不了。我一直以为，不管乖妞看上去如何地兴奋如何地开心，面对未知的旅程和陌生的同伴，她内心里肯定还是有一些忐忑有一些不安的。即将长时间离开爸爸妈妈，行程越近，心底对大人的依恋恐怕会越强烈。——她毕竟还是个八九岁的孩子。

然而，我清晰地听到她大声地对我说：“爸爸，我要自由！”

极力克制着想要跟她联系的冲动

每个人都要面对单飞的一天，无论迟早。

我的单飞也是从夏令营开始的。那是高二的暑假，由于邮集《邮坛诗花》在中国美术馆举办的新中国首届集邮展览中获得少年奖，我参加了在青岛举办的全国青少年集邮夏令营。那年我已经 16 岁，比眼下的乖妞大了整整一倍。

对辽阔大海和集体生活的向往，与对家人特别是姥姥的眷恋交织在一起，纠缠着少年的心，依稀记得离家的心情是惆怅的。直到行程展开，夏令营生活的丰富多彩，不断结识新伙伴的欣喜，慢慢地疏解着这些纠缠和惆怅。

那次夏令营也是一周的时间，营长是因创作《长征组歌》而闻名天下的肖华将军。我们乘军舰出海，参观海洋博物馆，举办知识讲座，和当地的青少年联欢。夏令营还办了一份营报，我有幸参与其中。白天，我们要一边参加活动，一边采访写稿；晚上，当营友们都休息了，我们才开始编辑稿件、刻版油印，保证第二天出发时把营报发到每一位营友的手里……

夏令营对一个孩子全方位的锻炼是显而易见的，做了父亲后，我期待着乖妞也能早一天接受这样的锻炼。因而当这次北京夏令营的机会来到时，我的第一反应就是——不要错过。

乖妞的第一反应是："爸爸妈妈也要一起去吗？"得到否定的回答后，乖妞有些迟疑。片刻，她说："我要去。"——声音不是很大。

没料到几天之后，乖妞已经迫不及待地要展开翅膀，甚至对老爸的关心表现出不耐烦。好吧，翅膀硬了，你就"自由"地飞吧。我当即跟乖妞摆摆手，没等到他们出发就离开了，并在心里暗暗跟乖妞较上了劲：这个夏令营期间我绝对不主动跟你联系，问长问短、问寒问暖；既然是单飞，你就独自去面对外面世界的风雨，在父母的视线之外自由翱翔吧。

说到做到，那些天，我果真没有主动跟乖妞联系过，连带队老师的电话也没打过、短信也没发过。不联系，不等于不担心、不挂念。北京那么热，乖妞会不会因水土不服而拉肚子、热伤风？她能否跟同住的小营友和谐相处不闹矛盾？她会不会因为想家想爸妈而在夜里独自哭泣……

太多的担心，太多的挂念，让我一次次涌起想跟乖妞联系的冲动，又一次次地克制住了自己。单飞，是对乖妞独立生活的挑战，不同样也是对家长能否放手的考验吗？假如真的发生什么，即便乖妞不说，带队老师肯定会第一时间联系家长的。此时，没有消息，就是好消息。

夏令营的最后一天，我还在洛阳出差，晚上突然接到乖妞的电话："爸爸，我好想你啊！我觉得好多天没有听到你的声音了……"

——乖妞！我的眼睛一热。

有了第一次，就会有第N次

7月15日："明日之星"夏令营到达北京后的第一天，我们2点半就起床了！因为我们要去天安门广场参加升旗仪式。

7月16日：圆明园内有很多荷花，开得很漂亮！还有大大的荷叶，又嫩又青。当年英法联军火烧的遗址，我们也看到了。

7月17日：一早醒来，就看到窗外的蒙蒙细雨，但是我们的玩心比雨声还大。老师带我们去了军事博物馆，那里有很多的兵器，打仗原来那么难！

7 月 18 日：今天是个晴朗的天气，我们要去登长城、做好汉。爬到第一段已经很累了，因为长城的台阶忽高忽低。但我们还是要坚持到底。

7 月 19 日：上午哪儿也没有去，因为我们要颁奖。我得了最佳学习奖，因为我写的日记篇数最多，奖品是一个存钱罐。

……

由于其间完全没有联系，只有等乖妞回来后，我才从她的日记里了解到夏令营多姿多彩的生活——

她和小营友们游览了长城、故宫、圆明园，参观了清华、北大、军事博物馆，重温了鸟巢、水立方、国家大剧院，还参加了中央电视台少儿节目的录制，并每天坚持用日记来记录当天的收获和感受。

她在老师和营友中交了一些好朋友：谷源哥哥、小郭姐姐、琳琳、李想、小花兔，并为他们拍了好多惊艳的照片，这组作品后来还在学校的艺术节获了奖，也让我初步发现乖妞在摄影上有一定的天赋。

她独自料理自己的生活，不挑食，没生病，没晒黑，也没瘦，带回来的衣服居然都已经洗得干干净净，并且叠得整整齐齐。

她给家长和老师每人准备了一份礼物，特别是给患病的奶奶带了理疗的手链，让自小疼爱她的老人感动不已也欣慰不已……

——就为了第一次单飞这满满的收获，不该为乖妞准备一束美丽的鲜花吗？

有了这一次单飞，接下来就会有第二次、第三次、第 N 次，你柔弱的翅膀会越来越坚强，你翱翔的姿势会越来越优美。乖妞，我们就在这里永远注视着你，祝福着你，并时刻准备着，为你的每一次凯旋送上鲜花。

世界那么大，从哪儿开始看

暑假一到，多少家长就开始筹划着带孩子旅行了，顾老师那句著名的“世界那么大，我想去看看”，用在此时再应景不过。

然而，世界那么大，到底从哪儿开始看才适合呢？乖妞去过5次北京，尽览故宫、天坛、颐和园，可近在咫尺的郑州商城遗址却还未看过。问起自己生活的这座城市缘何被定为“中国第八大古都”，她更是如坠云雾。

世界再大，看世界的起点也在脚下。刚上初中的暑假，在带乖妞沿着商城遗址的古城墙走了一趟后，我们决定把视线从世界的尽头拉回到眼前，开始“发现家乡”之旅——

第一日，从黄帝故里开始我们的行程

有人同行的旅途无疑会多一些经历、多一些开心，于是我拉上了同事和他刚上小学的宝贝女儿梦梦同行。

7月8日早晨8点，我们从郑州出发，第一站便是同事的家乡——新郑。行程：约50公里，历时：40分钟，路线：郑州—310国道—郑石高速—323省道—新郑。

黄帝故里是海内外炎黄子孙寻根拜祖的圣地，在这里举办的拜祖大典是第一批国家级非物质文化保护遗产。每年农历三月三，黄帝故里拜祖大典都要如期举行，声势浩大。

在黄帝故里的四周，插满百家姓的黄色旗帜，乖妞一眼就看到了“刘”姓的旗子，我们又是单照又是合影，在刘家旗下拍了不少照片。

上午10点，我们奔赴第二站：许昌禹州的神垕镇。行程：约85公里，历时：1小时40分钟，路线：新郑—郑尧高速—永登高速—神垕镇。

随着电视剧《大河儿女》在央视一套的热播，观众们不仅对钧瓷产生了浓厚兴趣，还对风铃寨这个神秘的村落产生了强烈的好奇心。现实中有风铃寨吗？有！风铃寨的原型就是神垕镇——一个活着的千年古镇。

神垕因钧瓷而繁荣驰名，因而有瓷都之称。早在唐代，神垕就已烧制出多彩的花瓷和钧瓷，到了北宋徽宗年间，钧瓷生产达到了登峰造极的地步，被定为“宫廷御用珍品”，实现了由民窑向官窑的转变，位居中国五大名瓷生产地之首。

我们在神垕买了两个青釉色的陶瓷茶杯，后来带回了山东。钧瓷的厚实、温润，似乎最适合放在老家，待到酷夏，在海风中浸泡两杯绿茶。

下午4点，告别神垕，第三站，目标许昌。行程：约68公里，历时：1小时20分钟，路线：神垕镇—永登高速—许昌。

说三国，离不开汉魏；说汉魏，离不开许昌。许昌是三国胜地、曹魏故都，是国家命名的“三国文化之乡”。曹操当年“挟天子以令诸侯”，迎汉献帝25年，“修耕植以蓄军资”，使许昌得到了极大的发展，成为当时的政治、经济、文化中心。关羽夜读《春秋》的春秋楼是这里著名的景点。

当年高考失利，我不得已踏上了复读之路，第一站就是许昌高中。这天傍晚抵达许昌后，先是去了学生时代我常去的西湖公园，在船上看着天色渐渐降临。

梦梦困了，同事带她回了宾馆。乖妞则跟着我重返母校。将近20年不见，学校自然变化很大，那个常在我梦里闪现的操场正在整修。校园的路灯下，我伫立无语。乖妞在背后给我拍了几张照片，昏黄的画面上写满沧桑。

第二日，乖妞头一回离家乡这么近

上午8点，我们向着第四站漯河进发。行程：约63公里，历时：50分钟，路线：许昌—京港澳高速—漯河北—许慎文化园。

许慎是东汉时期的文字学家，倾其一生心血，撰写了我国乃至世界最早的字典《说文解字》，对中华文明传承发展产生了巨大影响。许慎因其巨大贡献而被后人尊为“字圣”。

许慎文化园以许慎墓为核心，有汉字大道、字圣殿、说文馆、文化长廊、魁星亭、字形牌坊等主要建筑，围绕着字可说是做足了文章。只是那天太热了，两个孩子蔫蔫的，直到看见“闻鸡起舞”等一系列成语雕塑，乖妞才来了兴致。

上午11点，离开漯河，奔向第五站平顶山，留宿著名的石漫滩。行程：约86公里，历时：1小时20分钟，路线：漯河—宁洛高速—七蚁线—石漫滩。

石漫滩位于平顶山所辖的舞钢市，是首批国家水利风景区。景区介绍中有如此的描述：山深林密，湖水荡漾，峰奇石怪，溶洞传仙，峭崖泻瀑，云海雾山，百鸟争鸣，美不胜收，有“北国小江南”之誉……这样的好词，打死我也是写不出来的。其实，美就一个字足矣。

我的第一故乡是北京，第二故乡是胶东，平顶山算是我的第三故乡吧。由于乖妞出生时，我已经将父母和我的姥姥都接到了郑州定居，所以她一直没回过平顶山。

其实，少年时代我所生活的煤城，离舞钢还有不近的距离，石漫滩不过是“发现家乡”之旅距离家乡最近的一站。晚上，住在石漫滩上的小木屋里，我总把这里当成白龟山水库。

第三日，来到拍摄《西游记》的地方

下午2点，挥别石漫滩的湖光，我们要去欣赏嵖岈山的山色。行程：约38公里，历时：1个小时，路线：石漫滩—七蚁线—隧袁路—嵖岈山。

嵖岈山位于驻马店市遂平县，与西游文化、石猴文化密切相连。高僧玄奘早期在嵖岈山一带诵经修行，他的弟子道全、道一就是嵖岈山人。淮安才子吴承恩为避祸而远行，途经嵖岈山，从石猴、睡唐僧、醉八戒、白龙马、定海神针、老君花园、黑风洞、高老庄、流沙河等等奇石景观中汲取到无尽的灵感，创作出了名著《西游记》。

20世纪80年代，电视连续剧《西游记》主要外景拍摄地就选在这里，并创造了收视奇迹，嵖岈山随之名满天下。我们在嵖岈山上走走停停，还真发现了不少在电视上看过的景致。只是两个孩子对老版《西游记》比较陌生，因而少有共鸣，而是单纯地为自然山水所吸引、所沉醉。

嵖岈山近年来旅游规划越做越大，已经不单单是靠山吃山。比如我们下午游览的薰衣草庄园、晚上入住的温泉小镇，都有着不一样的风情、不一样的感受。

告别温泉小镇前，乖妞在前台结账的身影，让我久久凝视。

此次自驾之旅，梦梦是领队，也是团队中最大的领导。领导嘛，一般是不做具体工作的，所以梦梦除了负责自己玩开心，基本上没有别的任务。同事负责驾车，一路上最是辛苦。我则担任导游，负责整个行程的设计。

至于乖妞嘛，一个重要职责是财务总管。出发前，我们将每人1000元的旅行经费统一交给乖妞，由她统一支配结算，最终多退少补。乖妞平生头一回带这么大一笔现金，很是小心翼翼。每日里的每一笔花销，都经她的手支出，大到住宿吃饭、景区门票，小到每日必不可少的矿泉水和冰淇淋。每晚睡觉前，乖妞都要把当天的账认真地对一遍，如果有漏记的，当即补上。再数数剩下的现金，一分不差地对上了，她才安心地入睡。

第四日，在清明上河园看《东京梦华》

其实，我们是这天上午才游嵖岈山的。午后2点，奔向第七站，也是最后一站——

开封，这也是此行最长的一段旅程。行程：约 265 公里，历时：3 小时 30 分钟，路线：嵖岈山—京港澳高速—郑民高速—开封。

5 点 30 分进入清明上河园，游游逛逛，走走停停，晚餐自然是著名的开封小吃。8 点 10 分，一场美轮美奂的大型实景演出，为我们的“发现家乡”之旅画上完美的句号。

《大宋 · 东京梦华》是关于北宋王朝鼎盛时期的印象画卷，是《清明上河图》和《东京梦华录》的生动再现。它运用人们耳熟能详的经典宋词及其意境，勾勒出北宋都城的历史画面。整场演出共六幕，分别为《虞美人》《醉东风》《蝶恋花》《齐天乐》《满江红》《水调歌头》，生动、真实地演绎了古时汴梁的盛世繁荣与爱恨情仇。

曾经带乖妞在桂林看过《印象 · 刘三姐》，叹为观止。如今在家门口又看《大宋 · 东京梦华》，无论是文化底蕴，还是创意设计，都丝毫不逊于前者，不由得让我们再次为中原文化而骄傲。风景在远方，风景更在身旁。

走出清明上河园，沿着郑开大道向西一路疾驰，到家已是深夜。这次以“发现家乡”为主题的自驾之旅，从省会郑州出发，依次经过许昌、漯河、平顶山、驻马店、开封，再回到郑州，4 天跨越 6 市，足迹涉及 1/3 个河南。一路上有山色、有水景，有古老的文物、有现代的演出，有对人文始祖的祭拜，更有时浓时淡的乡愁……我们用善于发现的眼睛，寻觅着时而熟悉时而陌生的家乡之美。

世界那么大，包括天边，也包括眼前，我们为何总是习惯于舍近而求远？这个暑假，不妨就从家乡开始看世界吧。

我和你，同一个世界同一个梦想

从15年前北京申奥成功，到8年前北京奥运会完美举办；从主题歌《我和你》，到吉祥物5个福娃，那些年，我们亲身经历过感天动地、感人肺腑、感慨万千……

你能想象吗？8年前，在“同一个世界同一个梦想”的感召下，相距将近200公里的两个家庭聚在了一起，只为共同收看那场“无与伦比”的奥运会开幕式。——那是一种怎样的情怀，又是一种怎样的记忆。

城市的高楼之外还有一片天地

“我们已平安到家，感谢您和全家的良好用心和热情照顾，愿好人一生平安幸福！”2008年8月11日下午6时40分，正在值班，收到任宗毓老师的平安短信。我是上午8点30分把他们一家送上大巴的，从省城回山里的路，他们又几乎走了一天。

这条路我并不陌生，此前我已先后四次沿着它走进深山。

我清楚地记得，第一次走上这条路时，它是如何的坎坷不平、险象环生。那是2002年的夏天，为采访身残志坚的任宗毓老师，我只身来到鲁山县赵村乡堂沟小学。

长篇报道《给我一个生命支点》发出后，反响很是强烈。一个月后，河南电视台要把任宗毓夫妇接到郑州演播室做一期访谈节目，我自然成了向导。

第三次去堂沟是2004年教师节前夕，我要回访任老师。此时，原来坎坷不平的山路，已经被一条平坦宽敞的柏油路代替。那篇后续报道的题目就是《一条大路通到我门前》。

又是两年多时间过去了，2007年“五一”，我第四次沿着同一条路，来到了任老师家的门前。不过，这次我不是来采访，而是来探亲——我已把任老师一家当成远房的亲戚；来的也不只是我一个人，而是我们一家三口——我想让乖妞和任老师的女儿成为“手拉手”的朋友。

让乖妞这个城里生城里长的孩子接触、感受农村的生活，是我们很早就有的想法。不，绝不是农家乐式的一日游，而是停下来，和农村的孩子吃住在一起，让她从小就切实地体会到：在同一个世界的另外一些地方，有这样的天地——辽阔，吞吐着清新的空气；有这样的生活——艰难，却充满乐观和坚毅；有这样的人们——贫寒，却从不曾将梦想放弃……

我们不止一次付诸行动。头一回是在乖妞还不到两岁时，我们来到了照顾她生活的莹莹姐姐的老家原阳。农家大院里满地晾晒的金灿灿的玉米，黄河滩上迎面而来的无遮无拦的大风，样样都让初谙世事的乖妞感到新奇。

两年后的“五一”长假，我们又到另一个姐姐欣欣的老家洛宁住了一周。从高高的树上钩白白的槐花，在深深的井里打清清的井水，都是乖妞从未有过的劳动体验。

而这一次，我们来到了鲁山。相比以前的农村之行更让乖妞兴奋和期盼的，是这里还有个和她同龄的小朋友——任老师的女儿睿哲。

不过才6岁的睿哲，对乖妞的到来已经有了计划。我们的行李刚刚放下，这个话不多的小女孩就拉着乖妞的手往外走，她是叫乖妞一道去河里捉小虾哩。脱鞋，下河，捉小虾，拌食，喂鸡，乖妞和睿哲一见如故，有着从小一起长大般的默契。

乖妞来之前自然也有准备。奥运会即将在中国举办，吉祥物福娃自然成了孩子们的最爱。乖妞的心爱是妮妮，她带了一个欢欢送给睿哲，一红一绿、一样大小的两个福娃，被两个一样年龄的女孩紧紧抱在怀里，那小小的心灵里是不是也藏着一样的梦想呢？

临走前的一天，在堂沟小学的操场上，乖妞、睿哲和一大帮山里孩子嬉戏、唱歌。天色渐渐地暗了，刚刚还在给小朋友表演节目的乖妞突然大哭起来：“我不想走，我还想和睿哲多玩一天……”

这一声大哭来得如此突然，孩子之间纯真的友情让我的眼睛也不由得一热。我一手抱住乖妞，一手抱住睿哲：“既然是好朋友，就不在多一天少一天。我们拉钩，约睿哲明年到郑州去玩儿，就住咱们家，好不好？”

乡村的田野之外世界还有很大

一年很快就过去了，在乖妞小学时代的第一个暑假，奥运如期来到我们身边。

为了让奥运欢聚的气氛更浓一些，我们郑重向任老师一家发出邀请，于北京奥运会开幕之际来郑州做客，共同见证盛世盛会的盛况。

在第69期周末家庭读书会的“经典诵读”环节，妈妈给大家推荐了《论语》中的名句，第一句就是“有朋自远方来，不亦乐乎”。为了迎接远道而来的朋友，我们把主卧的大床腾了出来，我住在书房的折叠床上，乖妞和妈妈、姐姐则错落地布满了客房地台上的每一个角落。我们还认真地制订了“迎睿哲、迎奥运行动计划”，把日程安排得丰富而充实。

还记得吗？第29届夏季奥林匹克运动会是2008年8月8日在北京开幕的，睿哲一家则赶在8月7日午后抵达郑州，大包小袋地带着不少山里的特产。去车站接他们时，我简直有些目瞪口呆：这么多的东西，一位残疾人、一位农妇和一个小女孩，到底是怎么一路从大山里辗转带来的？

经过一下午的休整，晚上我们来到二七广场，特意在奥运倒计时牌前留了影。此时，离北京奥运会开幕仅剩不到一天的时间，倒计时牌已经清零。大人孩子都一个劲儿地感叹：简直不敢相信，期盼了无数个日夜的奥运会，真的就这样到了眼前！

次日晚8时，两家人围坐在电视机前，准时收看奥运会开幕式。茶几上摆满了水果、点心、酸奶和干果，这种隆重的场面，这种热烈的氛围，只有每年除夕我们全家人边收看央视春晚边守岁时才会出现。《义勇军进行曲》响起的时候，我们一同起立高唱国歌，两个少先队员把右手高高地举过头顶。

接下来的三天里，我们一家陪着睿哲一家去动物园看难得一见的熊猫，去五星级影城享受视听的盛宴，去三联书店熏染浓郁的书香，还分别品尝了萧记烩面中浓郁的中国味道和意大利比萨店里别样的异域风情，旅程最终在郑东新区风光旖旎的水幕电影中步入高潮……

快乐的时光总是显得短暂，睿哲一家要回去了。不出所料，乖妞又上演了去年"五一"分别时的一幕："我不想让睿哲走，我还想让她再住一天……"不过，长了一岁、上了小学的乖妞这回没有哭。任老师把乖妞的手和睿哲的手拉到一起："在一起的时候，咱们手拉手；不在一起的时候，咱们心连心。"

这不就是北京奥运会主题歌所要传达的理念吗——"我和你，心连心，同住地球村。为梦想，千里行……永远一家人。"

送走睿哲一家，乖妞就要和爸爸妈妈去北京现场看奥运会，为刘翔加油，为中国加油。我们住在一位老同学家里，那里有鸟巢、有水立方，还有个比乖妞大一岁的六一姐姐在等着她。

从鲁山农村，到省会郑州，再到首都北京，其实并不遥远，因为我们生活在同一个世界。

从睿哲，到乖妞，再到六一，孩子们将手拉手、心连心一起成长，因为她们怀揣的是同一个梦想。

怀揣同一个梦想的人总会重逢

按照北京奥运会期间的约定，第二年的暑假，沿着那条大路又一次走进深山，我陪乖妞来找她“手拉手”的好朋友睿哲。

不过这一次，我没有在鲁山过夜，放下乖妞和给她带的一应物品，就匆匆地回了郑州。工作忙碌是一方面，更主要是想让乖妞在没有父母陪伴抑或依赖的情况下，跟农村孩子同吃同住同劳动，完全地融入当地的生活。

这一次，乖妞在睿哲家整整住了 10 天。到我去接她时，看到的是她健康的面色和浑身洋溢着的快乐。道别时，乖妞没有了前两次的伤感，估计她相信以后无论在哪里，见面相处的机会还会有很多吧。

然而，尽管两个孩子保持着联系，却再不曾相聚过。乖妞的暑假总有着去海边、去草原、去国外等等这样那样的安排，而睿哲有了弟弟后也要趁假期多为妈妈分担家务。如今孩子们都上高中了，学业自然愈加紧张，相聚的可能性更是微乎其微……

2015 年 7 月 31 日，当北京申办 2022 年冬季奥运会成功时，我在转发央视新闻的微博时 @ 乖妞：“好好学习，2019 年到北京上大学，大三时在奥运会上做志愿者，为青春留下闪亮的一页！”

乖妞上大学的首选是去北京，睿哲是否也有着同样的梦想呢？而六一姐姐本人就在北京……我在设想，长大后的她们，若干年后会不会在某个奥运场馆惊喜地重逢呢？尽管这个梦想有些戏剧性，可我还是愿意去做这样的梦。

在这同一个世界里，与我有着同一个梦想的人应该不会少吧。

我还无法面对的国家，你自己去看吧

我屏蔽了你，且不求原谅

这个暑假，我屏蔽了几个微信好友的朋友圈，原因只有一个——受不了他们分享在日本旅游购物的图片。当一位河南大学的朋友发朋友圈，说在东京如何如何，我还傻傻地留言：哪个东京？开封吗？

道不同不相为谋，如果说删除好友未免会伤感情，那么我至少可以选择屏蔽。我可以不去指责你，但我不看总可以吧。

你说我是民族主义也好、态度过激也罢，可受不了，是我内心真实的反映和感受——我骗不了我自己。

那个寒假，学校舞蹈队有一个和别的国家或地区交流演出的机会，不满十岁的乖妞就要头一回踏出国门。有了前一年夏天去北京参加夏令营的经历，我对乖妞的单飞已经没有多少顾虑，问题是去什么地方。

起初有三个选择：新加坡、日本和香港。我始终在新加坡和香港之间比较，看哪一路性价比更高，根本没有考虑日本。因为，我从没有想过要去日本，也从来没想过我的孩子会踏上那块土地。

然而，事情并没有朝我希望的方向发展，舞蹈队的多数家长都选择了去日本。我就不明白：你们怎么会愿意去那个弹丸之地！

对我来说，在这个世界上，日本是让我感觉最复杂、最无法面对的国家，没有之一。这种剪不断理还乱的情绪，远远超过美国、超过越南、超过菲律宾、超过朝鲜……

从有记忆起，提及日本，我首先想到的不是富士山，不是樱花，也不是好用的电器，而是抗日战争、南京大屠杀，还有靖国神社；如今是钓鱼岛。

从1874年5月，日本出兵入侵台湾，残酷杀戮高山族人，到1945年抗日战争结束，70年的时间里，日本侵略中国的魔爪步步进逼。从割地赔款的《马关条约》，到丧权辱国的《辛丑条约》，再到袁世凯接受的亡国“二十一条”，中国在日本军队的铁蹄下步步退让。1937年12月13日，日军攻下当时中国的首都南京，杀害了33万手无寸铁的中国人，南京城里三分之一的房屋被烧毁，这就是震惊世界的南京大屠杀。

在我很小的时候，经常听到姥姥讲“跑日本”的经历。所谓“跑日本”，就是听到“日本鬼子来了”的消息，放下一切家什，抱起孩子就往大山里跑。跑不掉的男人就要被砍头，跑不掉的妇女就会被糟蹋，连妇女怀里的婴儿也可能被挑在日军的刺刀尖上……

这是一个怎样的国家，为什么会持续不断地对别的国家图谋不轨？这是一个怎样的民族，见人就没完没了地鞠躬，却在最珍贵的生命面前，完全丧失了最基本的人性！

你那么完美，却来自那里

然而，在这样一个让人恨之入骨、无法释怀的国家，却有一个人，让我无论如何都无法将她的名字与“恨”连在一起。在懵懂而漫长的青春期，她浓缩了我对异性所有的向往，在情窦初开的少年心底，她甚至就是爱的标志。

她叫山口百惠。

初中时代的少年，从电视连续剧《血疑》中初次见到山口百惠，从此掉进了她用纯情和柔韧卷起的旋涡，不是欲罢不能，而是心甘情愿。在《血疑》中，她叫幸子，短暂的生命中，承载了太多的幸与不幸。眼睁睁在屏幕上看到她年轻的生命消失，仿佛这世间所有的美好都被她带走了。

因为爱她，便想成为她身边的人。幸子的爱人叫光夫，于是在学生时代的数年中，光夫就成了我发表作品的笔名。

因为爱她，便喜欢有她身影的作品。从她演绎的《伊豆的舞女》开始，喜欢上川端康成的小说。

因为爱她，便想让她在我的年轮中刻下痕迹。她的代表作中有《绝唱》，于是我特意用来与青春告别的诗集就叫《青春绝唱》。

因为爱她，便尊重并欣赏她所有的选择。纵然有再多的不舍，却没有一丝怨意地望着她在聚光灯下消失，心中默默品味着她临走时在自传《苍茫时刻》中说的话：我走了，请不要再看我的背影。

是的，在我心中，山口百惠和三浦友和就是真爱的象征、完美的化身。唯一让我不能接受的是——他们是日本人。

是啊，让我怎么理解，至真的幸子、至善的光夫与杀人不眨眼的日本鬼子竟然来自同一个国度。经常有人说，要把日本军国主义者和日本人民区别对待；可是，难道那些日本兵不是从日本百姓中参军入伍的吗？难道幸子、光夫与那些手上沾满血的日本鬼子不是在同样的文化熏陶下一起成长的吗？还有，电影《绝唱》中，顺吉告别小雪要上的战场莫非就是中国吧？

这样的矛盾还有很多很多。我喜欢《聪明的一休》《铁臂阿童木》，还有《排球女将》；我也喜欢《窗边的小豆豆》，这是最早与乖妞共读的一本书；我们还特别喜欢诗人金子美玲的《向着明亮那方》……

只是，只是，我们始终不能理解看上去如此正直、如此智慧的民族，为何在战争问题上如此执迷不悟，如今又在钓鱼岛问题上变本加厉。面对包括中国在内的许多国家的抗议，日本领导人一再参拜供奉着甲级战犯的靖国神社，直到前不久的日本投降日，安倍依然公开表示对这些战犯“片刻都不会忘记，衷心哀悼他们的奉献，再次致以崇高的敬意”，这不是在向所有向往和平的国家和人民公开示威吗？

1972 年 9 月，日本首相田中角荣应周总理邀请访问中国，并受到毛主席的接见。两国政府联合声明，宣布结束中日两国之间的不正常状态，正式建立外交关系。此后，在相当长的时间里，“一衣带水”成了形容中日关系最常见的词语，善良的人们以为这两个在半个多世纪中始终以大炮和刺刀招待对方的国家，真的会成为友好邻邦。

40 多年过去了，美好的愿景在时风时雨的无情现实中离我们越来越远。也许你会说，不要把军国主义和日本民众混为一谈；那你怎么解释调查数据，95% 的中国人不能容忍日本右翼分子美化罪恶，而日本人对中国人的好感度近年来不断地创造新低。

问题究竟出在哪里？谁能给出完备的答案？

在没有得到答案之前，我拒绝踏上那块让我无法面对的土地。

该怎么解释，你才能理解

乖妞，我唯一的孩子，一个年幼的中国女孩，对国家、对民族、对战争、对和平，几乎都还没有什么准确的概念。她只想去跳舞，特别是跟外国的小朋友一起跳舞，对她更有着别样的吸引力。

乖妞，我该怎么跟你解释老爸不愿意让你去日本的原因？因为连老爸自己在心里也搞不清楚其中的全部原因，更解释不了为什么身边那么多的叔叔阿姨愿意带着孩子去日本，前赴后继地为面临危机的日本经济源源不断地提供支持。就像爸爸的一位好友阻拦不住他的孩子去日本学漫画，而孩子的爷爷当年就是被日本鬼子杀害的，鬼子不仅杀了人，还把尸体挂在了城墙上……

无奈之下，我们都妥协了一步。我不拦着你去日本，但所需的费用你要自己出，因为我怎么也无法说服自己出钱送孩子去那个国家。其实，我自然知道，你一个小学生哪有什么钱呢？所有的家底不过是积攒的一些压岁钱。前些年的压岁钱你用来买了一架心爱的钢琴，这些年又攒的一些就当作你去日本的盘缠吧。

你开始学日语了，你要读日本作家的书，你开始收拾行李了，你的行程愈来愈近。对此，我大多采取视若无睹的态度，任你兴奋，任你期待；不泼冷水，但也绝不助兴。我甚至在心底不无戏谑地宽慰自己：权当是一次了解和考察吧，为将来做准备，知彼知己百战不殆嘛。

乖妞，在我这个成人还在迷茫、还在纠结、还在思考的时候，我不想把这迷茫和纠结不负责任地传递给小小的你。只是当你问“能不能买身和服带回来”时，爸爸和妈妈本能的反应都是——“千万别！”10年前，爸爸妈妈拍婚纱照，在所有可供选择的服装中，和服是最先被我们淘汰的一套。

至于别的，就用你纯净的眼睛去观察吧，就用你善良的心灵去感受吧：樱花有着怎样的绚烂，相扑有着怎样的力量，富士山的积雪是否开始融化，巴学园里又有了什么新的传奇……还有，还有，还有那些老爸至今不知该如何面对的，你就自己去面对吧。

而我们，就在中国，就在家里，耐心地等你回来，乖妞，等你回来亲口告诉我们你亲眼看到、亲身感受到的一切，不管年幼的你能看到多少、感受多深。

最喜欢在一起时我们彼此的样子

这个年，我们是在天府之国过的

在外过年，是从整整 10 年前开始的。

2005 年秋天，乖妞的太姥姥辞世，家人都很伤心。但最难以接受这个现实的是奶奶，她几乎没法在家里待，到处都是太姥姥的身影。没过多久，就要过年了，2006 这个年在家里如何能过得去？我想起高中时教我语文的段老师说过，她的小儿子遭遇不幸后，她也是没法在家里待，后来应老同学的邀请过年时去了海南。要不我们也去海南过年吧？我的提议得到了全家人的响应。

在天涯海角的蓝天白云下，奶奶抑郁的心情得到极大的缓解。从那以后，去外地过年成了我们的一个选择，后来又多次到海南，也到广西北海过过年。10 年过去了，乖妞长大了，老人也老了，他们不想再跟着折腾，我们却依旧没有改变外出过年的节奏。

关于 2016 年去哪儿过年，乖妞曾经有三个意向：台湾、北京和成都。

台湾是首选，因为那里有着最浓郁的中国传统文化的气息。后来乖妞之所以主动放弃台湾，是因为一般的环岛游大都要十多天，这对于面临中考的乖妞来说未免时间有些长，何况我们初七也要上班。那时我们自然不会想到，春节期间台南会发生地震。

而北京呢，乖妞去过不下 5 次，只是没有在春节去感受过地坛庙会的年味儿。我给她的建议是：等你到北京上大学后，某个寒假可以不回家，在北京等着我们去陪你过年。对这个不算太遥远的计划，她显然很憧憬。

于是，猴年春节，乖妞最终的选择是——天府之国。那里的慢生活，那里的辣味道，对她来说，都有着莫大的吸引力。

出发前半个月，我们就开始关注成都的天气，春节前后每天都有雨，乖妞颇有些沮丧：天天下雨，怎么出去玩儿？等到启程前两天，发现雨季不见了，过年那几天竟然都变成了晴天，再差也是多云。莫非这就是那个让人来了就不愿离开的城市的热情与好客？

从未有过这么多人一起吃年夜饭

在成都，有一位相识多年的朋友，家里也有一个小妞——兮儿——比乖妞小 5 岁。得知我们要去成都过年，兮妈便热情地邀请我们去家里一起吃年夜饭。

那天上午，出了双流机场，兮爸开着车直接把我们拉到了成都郊外兴义镇的一处乡间别墅。这个地方，此前多次在兮妈的朋友圈里见识过。他们和几位要好的朋友先后买下相邻的几户，围成一片园子。每到周末和节假日，几家人会从繁华而嘈杂的城市撤离，相聚在这里，过着世外桃源般的生活。

这里对于还在上小学的兮儿来说，不啻为童年的天堂。她带着乖妞去一一结识园子里的宝贝：被叶子重重包裹的花菜，深不可测的水井，还有错落地长在树上、而不是整齐摆放在超市里的柠檬……

暮色降临，凉意升起。兮爸在铁炉里燃起了木炭，煮上了红茶。喜爱京剧的兮儿唱起了《贵妃醉酒》。邻居敬二叔从家里拿来了木吉他，用苍凉的嗓音唱《野百合也有春天》。在大家的鼓励下，乖妞接过吉他，弹唱了一曲《风吹麦浪》。到最后的一段哼鸣，围炉而坐的几个人和声而唱，这歌声在静谧的夜色里显得格外清晰，格外有质感……

第二天就是除夕了，我们回到市区，晚上相聚在兮儿的外婆家。外公外婆尽管精神很好，可毕竟已年近八旬，于是兮妈今年尝试把大厨请到家里来做年夜饭，这样全家老小谁也不用忙活了。

餐桌是加长的，外婆说只有过年或者来客人才需要这样的长度。是啊，加上兮儿的舅舅一家，还有照顾外婆的亲戚，这个大年夜，餐桌边围坐着老老少少足足 12 口人，敬酒，添茶，相互拜年，共祝安康……

晚饭后，兮舅提议玩“杀人游戏”，兮儿和乖妞兴致很高，我则因头一次玩这个游戏不知掩饰而成为大家的笑柄。

我们家亲戚不多，此前的年夜饭，桌边围坐的从未超过 10 个人。这个除夕，在异地他乡，如此多热情的人，如此别致的年夜饭，如此热闹的游戏，让我们温暖，更让我们留恋。

原来你一点儿都不“高冷”

出发前，我一直隐隐地有点忐忑，不知道乖妞和兮儿这两个孩子会相处得如何，因为那将直接影响到这个年过得如何。对自己的孩子我不担心，她是个很好相处的孩子，连比她年龄大的同学都叫她“石榴姐姐”。对兮儿呢，由于从未有过直接的接触，从兮妈在朋友圈里分享的照片看，那些侧立的角度，那些落寞的神情，让我对这个孩子的直觉是——高冷。

在机场刚一见面，我发现自己的忐忑是多么多么的多余。只见兮儿主动地拉住乖妞的手，一口一个“石榴姐姐”地叫着。在车上，听我说起此前的担心，兮儿问：“什么是高冷？是高贵而冷漠吗？”得到肯定的答复，兮儿说：“这个好，这个真的好，那我是不是要高冷一些？”自此，“高冷”成了我们这个年的热词。

在大草坪上，两个小妞奔跑，任长发飞舞；在湖边，两个人默契地一个撩水，一个用手机的特效拍摄慢动作；在言几又书店，她们安静地交流彼此的收获；在草莓园，她们辨识着咖啡味儿的草莓到底有什么不同……她们嬉闹，她们大笑，这一幕幕，都让我偷拍了下来。看到大笑得甚至有些变形的照片，兮儿会说：“不行，这个不行，我拍照是要高冷的。”

抵达后第一天的中午，兮爸请我们去一家名叫“鱼儿香”的饭店吃鱼。饭店里有很大的园子，兮儿带乖妞在园子逛了一圈后，提议玩捉迷藏的游戏。她让乖妞先藏起来，自己蒙着眼睛。等乖妞藏好，兮儿睁开眼睛四处搜寻。一会儿，她大喊：“姐姐你出来吧，我看见了！”乖妞远远地、乖乖地站了出来。兮儿有点不好意思：“姐姐，我是诈你呢……”好朋友在一起，就是做一些幼稚的事也是开心的吧。

听了爸爸的嗔怪，兮儿决定改变玩法，增加游戏的难度。她要在偌大的园子里藏一粒瓜子，让乖妞找。听了这无异于大海捞针的游戏规则后，大家都在笑兮儿的不切实际。其实我知道，这个一点儿也不高冷的小女生不过是在挖空心思，想让远道而来的姐姐开心一些。

一个杯子里也有许多故事

相处不久，我们就发现，兮儿最爱说的两个字是“谢谢”，她几乎是把“谢谢”挂在嘴边的。兮妈说，她们曾经去宝岛自由行，对台湾人的礼貌印象颇深。在市场里经常见到，买东西的对卖东西的说“谢谢”，“谢谢你给了我这么好的东西”；卖东西的也对买东西的说“谢谢”，“谢谢你喜欢我的东西并照顾我的生意”。几天下来，我发现乖妞说“谢谢”的频率也比以前多了一些。常说“谢谢”，的确让本就可爱的女孩显得更加可爱。

在与住处一路之隔的朴宝园，有一家台湾的奶茶很好喝。喝过后，晒着太阳，乖妞随意地唱起英文歌《cups》，一边唱，一边让空杯子在手里翻飞。兮儿在一旁看呆了，立马要跟姐姐学。乖妞说：“好，这两天我唯一的任务就是教会你《cups》。”

于是，“cups”成了我们此行的第二个热词。兮儿走到哪儿，杯子就带到哪儿，一有空儿就缠着姐姐，反复地学，反复地练，反复地说着谢谢。她在开饭前的餐桌上练，在长廊的木椅上练，实在找不到可以拍打的地方，就在乖妞伸直的手臂上练，那种执着劲儿震撼着身边的每一个人。乖妞不由得低声对我感叹：“我要是学习上有兮儿这股劲儿，成绩肯定要好很多。”

兮儿学得差不多了，姐妹两个开始练习配合，准备在除夕给全家人表演，这个肯定要比春晚好看许多。在回城之前，姐妹俩还特意绕到朴宝园又买了两杯奶茶，既为奶茶好喝，更为多留两个杯子做道具。再普通不过的小小的纸杯，对两个孩子来说，在这个年里似乎有了特别的意义。

短短的两天里，兮儿不止一次对乖妞说：“姐姐，我觉得你好好哟！我好喜欢你！”乖妞便答：“我也喜欢你呀，小兮！”不动声色地在一旁听着对话，我的心里满是感动。即便人之初性本善，这真善美也是需要相互激发的吧，正如爱尔兰诗人罗伊·克里夫特写的：“我喜欢你，不光是因为你的样子，还因为，跟你在一起时我的样子。”

除夕下午，在兮儿家又一次练习配合后，乖妞让兮儿找来水笔，在杯子上写上“天府兴义”四个字，然后写上自己的名字，又让兮儿也签上名字，准备带回郑州留作纪念。知道兮儿这段正迷《盗墓笔记》，乖妞便邀请她去河南旅游，全国八大古都，河南占了一半，地底下全都是古墓。

除夕夜，看过春晚，在路口相拥道别。兮儿第二天要跟爸妈一起回川南看望爷爷奶奶，我们也要开启新春之旅的后半程。这时，乖妞突然发现，杯子忘在兮儿外婆家了。兮妈要去取，我说太晚了，不要再去打扰老人。兮妈又说要快递过来，我说也不必，就让兮儿先替乖妞保存着。来日方长，有机会再见时带上，让我们再一同续写这个杯子的另一段故事。

京城一夜，串起了过去、现在和未来

五一节，尽管在北京只度过短暂的两天一夜，乖妞和老爸的经历与体验却是如此的丰富而令人难忘——

在祥子拉的包车里，我们回望着老北京的过去；

在美领馆的签证里，记录着我们如今看世界的脚步；

在传媒大学的阳光和灯光下，我们看到了梦想中未来的模样……

去看看世界上最发达的国家什么样儿

这个夏天，乖妞即将初中毕业。早在两年前，就跟乖妞商量，升入高中前的那个暑假，陪她去美国看看。

人生即体验，走遍了世界，了解了世界，才会发现哪里最适合你驻足，什么样的生活方式最适合自己。所以，我曾在乖妞小学时，把她独自放在鲁山的深山沟里整整十天，住在一位我采访过的老师家里，与他的女儿一同生活、学习。那时，我是想让乖妞知道，中国那么多贫困的农村到底是什么样子。而要去美国，不是为了留学，也没有移民计划，只是为了让她看看这个世界上最发达的国家是个什么样儿。

赴美国游学是要去领事馆面签的。距离 6 月下旬的中招考试越来越近，备考时间也越来越紧张，面签自然是越早越好。于是，我们预约在 5 月 3 日，就是五一节后的第一个工作日。

5 月 2 日上午 11 点，在大雨中抵达北京，我们打车直接去新东方的展春桥校区，接受签证培训。尽管新东方学员的签证通过率是 98.5%，可这并不耽误培训老师把面签描述得十二分可怕，我们都被他吓得不轻。在老师的嘴里，签证官会因种种不可理喻的理由给你拒签，哪怕仅仅是因为那天他心情不好。

培训进行了将近两个小时，说一千道一万，就是不能有移民倾向。说到这点，我和乖妞倒是底气十足，我们无非是想去美国串个门儿，根本没有半点要留下的意思，至少目前是这样。心中没鬼，随你问吧。

面签的时间预约在 3 日上午 9 点 15 分，我们早早地赶到，排过长长的队，又迂回着交材料、按指纹，终于来到了签证窗口前。排在新东方团队最前面的是领队孟飞老师，女的。

孟老师在签证窗口前用流利的英语介绍了好一阵子，接下来又是出示学历证书，又是展示各种资料，折腾得满脸通红。坏了，看这情形，签证官今天心情不好！在孟老师的身后，我们忐忑地复习着去美国的目的、是由谁组织的、团里有多少人、都要去哪些城市……

孟老师终于狼狈地过关了，轮到我们了。乖妞按照培训师的建议，大方地对签证官微笑着说："Hello！"签证官看了一眼旁边的我，乖妞说："My father."签证官翻了翻我们的登记表，然后——用汉语说："可以了。"

可以了？我的天！这样居然就可以了？！我连一句"Yes"都还没说呢！准备的一袋子资料根本还没打开呢！我们还完全没有机会表达无意逗留美国的坦荡呢！这预想与现实的落差也太大了吧？！

可是，签证就这样让人极没成就感地通过了。

现实中经历"在烈日与暴雨下"

培训在 2 日下午，面签是 3 日上午，中间隔着一个夜晚。

这仅有的京城一夜如何度过？我首先想到的就是北京人艺，想到人艺的小剧场，想到小剧场里的话剧。通过 58 同城，搜索 5 月 2 日晚的剧目，小剧场的票早已售罄，大剧场——也就是首都剧场——居然在演《骆驼祥子》！

能遇上如此经典的剧目，实在是一种幸运。来不及征求乖妞的意见，我速速地订了两张票，因为票已经所剩无几，且在溢价出售。

从新东方出来，雨还在下，我们赶往王府井大街。风大雨急，正如老舍先生所写："风过去了，只剩下直的雨道，扯天扯地地垂落，看不清一条条的，只是那么一片，一阵，地上射起无数的箭头，房屋上落下万千条瀑布。"

老舍先生的这段文字，以《在烈日与暴雨下》为题，被收入九年级苏教版语文课本，乖妞却说没学过，原来他们学的是人教版。"《骆驼祥子》你可是读过的呀，怎么会没印象？"我有点诧异。乖妞也不辩解："就是没印象啊。"我揣测她是否也跟我一样，对小说中整页整页、大段大段的景物描写看不进去？那么就让我们走进首都剧场，去感受数十年前老北京人的生活吧。

顾威导演的新版话剧《骆驼祥子》，饰演祥子的是于震，属于硬汉型，此前常在电视剧里看他出演各种各样的军人。这次的表现中规中矩，挑不出毛病，也没有惊喜。倒是虎妞的表演让我和乖妞惊艳，一位从未听说过的年轻女演员，那叫一个放得开，把虎妞的泼辣和娇憨真真是演活了，颇有早年电影版里斯琴高娃的神韵。

三个半小时的演出，乖妞看得很专注。她说《骆驼祥子》改变了她对话剧的印象："以前总听你说话剧如何如何好看，我都没感觉，这次才算体会到了。"郑州的话剧演出本就不多，乖妞此前只看过刘晓庆的《风华绝代》，她那时也小，看不太懂。后来《四世同堂》上演，我想买票，她坚决不看。如今有点后悔了，那也是老舍先生的作品。

那天晚上，与我们一同坐在剧场里的，有近百位身着校服的中学生，一问，是北京中医药大学附中的，学校统一组织来看话剧，票也是学校免费发的。我在心里暗暗感叹：如果能从中小学就这样在心底埋下高雅艺术的种子，又何须担心他们长大后不能成为亲近艺术、品位高雅的人？

夜晚 11 点，走出首都剧场时，雨还未停。待一觉醒来，走在使馆区的大街上，却已经艳阳当头，强烈的阳光逼着人简直无处躲藏。"没人敢抬头看太阳在哪里，只觉得到处都闪眼，空中，屋顶上，墙壁上，地上，都白亮亮的……"

课本以文字和标点描述着"烈日和暴雨"，话剧以灯光和音响再现着"烈日与暴雨"，而我们，则在北京真实地领教了"烈日与暴雨"……哪个是小说？哪个是戏剧？哪个又是现实生活呢？——这难忘的京城一夜啊！

头一回离梦想这么这么近

"爸爸，这次去北京，我想去中国传媒大学看看！"——好，那我们返程就买晚上的高铁票，这样 3 日下午便有了半天可以自由支配的时间。

记不清乖妞是从什么时候模糊地找到了人生的方向，是在一次又一次的周末家庭读书会上，还是当为数不多的作品发表时？是在参加"经典照亮人生"的诵读大赛时，还是在主持全省教师节晚会的舞台上？……不过，当有一天乖妞说她要学传媒时，我倒是一点都不意外。一个孩子，在青春期，便自己选定努力的方向，无疑是一种幸事。

当然，我也常对她唠叨：综艺节目的主持人还是算了，毕竟那更多的是在吃青春饭；新闻节目的播音员也不是很有意思吧，天天盯着提词器读别人写好的稿子该有多枯燥？要做就做集采、编、播于一身的出镜记者，像张泉灵、柴静那样，在选题里凸显对复杂社会的关注，在镜头前表达对冷暖世界的看法，在无限贴近个体、贴近现实的历练中，形成自己的风格，找到自己的位置……

唠叨得多了，潜移默化中便成了乖妞的梦想。而能够帮助她实现梦想的途径之一，就是到传媒高校深造。所以，当我们刚看到中国传媒大学的校门，乖妞紧抓了一下我的手，竟然兴奋地叫出了声。我太能理解乖妞的心情了，毕竟她从未离梦想这么这么近。

走过湖边，跨过石桥，浏览摄影展的海报，在青铜塑像前留影……最终，我们的脚步长久地停留在传媒博物馆。从广播到电影再到电视，传媒发展的历史一幕幕展现在面前，我们看到了太多熟悉的画面，包括从这个校园走上屏幕、走向世界的主持人：白岩松、敬一丹、崔永元、海霞……

再次让乖妞发出惊叫的，是《新闻联播》的模拟演播厅，在灯光的强烈照射下，和我们每天在电视里看到的一模一样。乖妞煞有介事地站在演播台后，拿出一份《中国传媒大学校报》读了起来，我则把手机调到视频模式，通过六台摄像机不同的机位，为她拍下这值得纪念的瞬间……

看着镜头里的乖妞，我的眼睛有点热、有点模糊。我知道，孩子的这个梦想要实现起来该有多难，这条路又会有多曲折多坎坷。然而，人们不是常说吗——梦想还是要有的，万一实现了呢?

我自己就亲身体验到，一个人如果能一辈子做自己感兴趣的事，该有多么幸福。为了从小学就开始的文学梦，我曾两度高考失利，不得已还曾考过一家大型企业的炉前工。可梦想的灯从来不曾泯灭，山重水复柳暗花明，最终我还是走上了这条由文字铺成的路。

乖妞，朝着你的梦想跋涉吧，一步一步，脚踏实地。即使最终还是未能如愿，这追梦的过程也会成为你青春路上最大的财富、最美的记忆。当然，我从心底还是憧憬着若干年后的某一天，我们能来到这个校园里，再次回放今天为你拍下的视频。那时候，估计老爸的眼睛还会湿的……

在走马观花中体味着文化和文明

方向：一次又一次地东辕西辙

新东方通知，7月17日在上海集合飞美国，我在网上提前订好了去上海的火车票。

一大早乖妞就催着动身，说去火车站等比在家等强，心里踏实。7点17分出门，约的“易到”很顺，不到8点便到高铁站。9点发车，我们是不是也来得太早了些?

取票，安检，进站。检票员说：“你这是郑州站的动车，高铁站就没有去上海的。”——难道郑州没有去上海的高铁？我有点蒙。

当即坐地铁一号线赶往郑州火车站。一刻不停地进站，总算没误车，生动地诠释了什么叫起个大早赶个晚集。

下午4点，火车抵达上海虹桥站，列车员说虹桥机场就在旁边。好吧，5点集合，时间很从容。

跟领队联系，她说我们是要从浦东机场起飞！从虹桥到浦东要坐一个小时的地铁，这就紧张了。而实际上连转车，我们用了整整两个小时。

5点集合，我们6点才到，一路上被领队N次催，可在地铁上却丝毫无法加快速度，只有在下地铁后一路狂奔。

我一路焦躁，乖妞一路劝慰：“没关系，赶不上就改签。”我说：“那要是赶不上去洛杉矶的航班呢？”她说：“那也可以改签呀。到时直接去Home妈家（寄宿家庭），我有她家的住址。”——“行啊乖妞，你真让老爸刮目相看。”

说改签，接下来我们真的就要改签。

想到返程时一定是归心似箭，我便订了上海回郑州的机票，其间留了3个小时。集合时得知美国归来是从浦东机场入关，而返回郑州的航班是虹桥机场的，中转时间明显不够。打电话给航空公司改签，当天没有合适的航班，只有改签次日的。此时，我把滞留上海一夜订宾馆的任务交给乖妞，她爽快地答应了。

行程还未开始，就已经狼狈不堪，我不免有些懊恼。

对此，乖妞倒是云淡风轻：“旅行不就是这样？看一些没看过的风景，见一些不认识的人。如果没有一点儿意外发生，这旅程岂不是太没意思了？”

我不能不承认，比起已经走遍全国且数度走出国门的老爸，还在上中学的乖妞更加深悟看世界的奇妙所在。

关于出行，我得到三点教训：

一是务必要搞清楚出发地的情况，比如郑州有两个火车站、上海有两个机场，且都是东辕西辙。

二是务必要留出足够的中转时间，从出站、取行李，到转车、进站，你完全无法预知会有怎样的意外发生。

第三点最重要：务必要承认孩子长大了，以后再出行，就把安排行程、订车票机票酒店之类的事情全都交给她，我只负责跟着转，至多买单。

寄宿：天下的爸妈大都一样

洛杉矶是新东方组织的亲子夏令营到美国后的第一站。在乡间客栈里住过一夜后，孩子们就和家长们分开行动：孩子们去美国中学插班学习，晚上住在寄宿家庭里；家长们则要去拉斯维加斯、圣地亚哥等地游览。

行程定下后，乖妞就开始给寄宿家庭准备礼物，首先要有中国特色，还要好携带。想到过开封的汴绣、淮阳的泥泥狗、禹州的钧瓷，但不是尺寸大，就是易碎，最后把目光锁定在书架上的毛绒大熊猫身上。

大熊猫无疑是最中国的礼物，何况这个大熊猫还有着特殊的纪念意义：在成都过年时，我们去大熊猫研究基地参观，看到基地在为大熊猫研究基金募捐，乖妞毫不犹豫地捐了款。工作人员则送给她这对母子大熊猫玩具作为纪念，里面包含着爱和感恩。

乖妞精心选择的礼物，Home 爸和 Home 妈果然很喜欢，他们还一起抱着大熊猫合影。照片上，老人和孩子的笑容都很灿烂。

在寄宿家庭生活，无疑对孩子了解美国生活、练习口语表达极为有利。我们的领队，也是新东方的英语老师，跟乖妞同住。我跟乖妞约定，所有和 Home 爸妈的沟通，都要自己完成，尽量不通过老师。接下来的 5 天，每天晚上我便通过电话和微信，了解乖妞一天的学习、生活和感受。

Home 爸妈和中国有着很深的渊源，他们唯一的儿子娶了个中国女孩，已在上海定居多年，并有了个可爱的混血 baby。Home 妈因而去中国不下 20 次。孩子不在身边，他们便应征做寄宿家庭，寒暑假家里几乎就没断过中国学生。

Home 妈是智障儿童学校的老师，Home 爸在机场工作。那些天，每天下课后，

Home爸妈都会给乖妞和小伙伴安排活动，带她们去海边，陪她们逛超市。乖妞随身带着相机，给老人拍了不少让人惊艳的照片。

给乖妞印象最深的，是跟Home妈去附近的教堂听唱诗，完全颠覆了她对教堂的刻板印象。这里有大屏幕，有现代的音响，台上台下的人情绪饱满地全程站立着相互唱和，仿佛置身于一场时尚的音乐会。

Home爸年轻时曾受伤，一度全身瘫痪。经过艰苦的康复训练，他已基本痊愈。他根据自己的经历写了本小书，激励自己和孩子。在送给乖妞的书上，Home爸写到——

亲爱的Helen（乖妞的英文名）：很高兴你能住在我和Cindy的家里。你是一个聪明活泼的女孩。我很喜欢你乐观的性格，也很喜欢你拍的照片。我们希望并且祈祷你在美国有安全快乐的旅程，给你一段美好的记忆。

Mike

游学：淡薄印象和深刻感受

相比Home爸妈留给乖妞的温馨感觉，在学校的收获就不尽如人意了。

新东方所谓的全真教学，就是跟班就读。估计因为是暑期吧，老师很少讲课，多是安排学生上自习。中国这帮来游学的孩子，没有教材，只能在一旁干坐着。受不了这无聊，乖妞主动找美国同学交流，居然被老师制止，让她颇为不解。

即便是上课，老师在上面讲，下面很少有学生听。抠手机的、聊天的比比皆是，老师视若无睹。乖妞总结：看来我还是适合在中国上学。

斯坦福、哈佛、宾夕法尼亚、普林斯顿、麻省理工……我们着实去了不少如雷贯耳的大学，可无论是导游领着游览，还是听留学生介绍情况，基本上还是走马观花。只记得建筑很有历史、树很有年头、学校出过很多牛人，而对于美国教育的特色和精髓，仍似雾里看花。这样的游学，跟旅游又有什么本质区别呢？

若说此行最深的感受，莫过于美国人的规则意识和文明修养了。我想，这些也应该归入游学的内容。

美国的街道上绝对是车让人，不论是否在路口，只要斑马线上有人经过，车辆一准儿早早地停下。从西海岸到东海岸，我们每天都在坐车，却不曾遇到一起交通事故。其间唯一的一次事故是看新闻，在去拉斯维加斯的高速公路上，一辆轿车在“stop”标志前不停车，被直行的巴士车撞飞。车上的四位中国自驾游客全部遇难，且作为事故的全责方，需负担巴士车维修及伤员医疗的费用。

美国街头，人群形形色色、千奇百怪，可不管穿得多随意、身材多走样，大都谦和、礼让，包括我曾怀有成见的黑人。那些在商场里大声喧哗笑闹的、在饭店里不按服务员安排就座还大声争执的，说的都是我再熟悉不过的语言；连在华尔街上排队买冰淇淋时，要在乖妞前面加塞的人，操的也是我能听懂的南方话……

此前在到上海的火车上，因为行李的摆放问题，两家旅客大吵了半个小时；继而在浦东机场的电梯上，又见两名女子厮打在一起……这些在国内司空见惯的情形，在国外遇到却让我们如坐针毡、无法淡定。乖妞十二分地不解："不都说咱们是有着五千年历史的文明古国礼仪之邦，而美国是个才两百多年历史的移民国家吗？怎么表现得这么不一样呢？"

不知道这个问题有没有标准答案。不过，中国人现在是有钱了，可有钱并不一定能带来尊重，不然为何中国游客在一些地方不受欢迎，连我们目睹后也不禁为同胞脸红。在人家的国土上，我不止一次对乖妞说："不管别人怎么做，至少我们自己可以做到守规则、懂礼貌，让别人看到还有一些中国人是文明的、有修养的、值得尊重的，好不好？"

乖妞乖乖地点点头。

杯子：在另一片土地上续写传奇

还记得那个杯子吗？在成都过年时于朴宝园喝咖啡用过的杯子，乖妞用它表演《cups》、兮儿急着要学的杯子，两个小女生同时签上名字留作纪念的杯子，除夕夜联手表演后忘在外婆家的杯子……对，就是我在《最喜欢在一起时我们的样子中》写过的那个杯子。

因为初中毕业的暑假去美国是乖妞小学毕业时我就承诺她的，所以，在成都过年时，乖妞邀请兮儿暑期一起去。兮儿当即就答应了，说只要跟石榴姐姐一起，去哪里都是开心的。临别我叮嘱兮儿，去美国时别忘了把落在外婆家的杯子带上。

后来，兮儿未能成行，因为她与乖妞报名的夏令营不在一个学段。那么杯子呢？这个春天，有个行业会议在江苏召开，兮妈让她的同事把杯子带到会议上托我的同事转交给我，这个颇有纪念意义的杯子又回到了乖妞的手里。

这个夏天，她把它带到了美国。

乖妞的创意是，在所走过的每一个有代表性的地方，都录一段《cups》的视频，然后剪辑成一个 MV 发给兮儿。

从踏上美国的那一刻起，乖妞就开始实施她的计划，当然需要我这个御用摄像师的配合。在国会大厦的广场上，在自由女神像的背景里，在斯坦福大学的图书馆前，在时代广场的台阶上，在曼哈顿的游轮里，在渔人码头的拱门前，在迪士尼的摩天轮下，在星光大道的手印旁……到处都留下乖妞《cups》的歌声和杯子在手中潇洒翻飞的身影。

除了自由活动，在紧张的行程里，我们爷儿俩往往是先跑到前面，就地坐下就开录，等大部队走过，再急忙赶上。最难忘是在金门大桥下，气温骤降 10 摄氏度，风那叫一个大，不仅把乖妞的衣摆吹了起来，还把纸质的杯子吹跑了。我们不得不一边保护着杯子，一边抓紧录制，后来乖妞又在杯子里套了个纸杯加重。

最后一段视频是最后一夜在波士顿宾馆的湖边录的。乖妞在灯光映照的水边表演，端着相机的我能感到蚊子在腿上叮咬的尖利，可为了镜头的平稳，只能咬牙坚持着。那一刻，觉得仿佛自己是在上甘岭。

睡前，乖妞问："爸爸，你知道咱们总共录了多少段视频吗？""大概有 20 多段吧。""错——51 段。"15 天录了 51 段？这也太……

回国后，乖妞就开始联系人剪辑 MV。然而，素材太多了，剪着太麻烦，没人愿接这个活儿。乖妞受刺激了："我要自己学剪辑！学会了，保证比他们剪得都好！"

这学习无疑是一个漫长的过程，这杯子也一定还有许多奇妙的旅程；我们能做的，就是耐心地等待，等待见证传奇一次又一次上演。

给你一个老家，让你随时可以回

已经不止一次了，遇上过年过节，乖妞放假时就会说："谁谁回老家了，谁谁谁也回老家了……我都不知道回老家是啥感觉。"

之所以这样说，是因为乖妞几乎没有过回老家的经历。妈妈出生在郑州，姥姥姥爷自然都在这里；老爸大学毕业来到郑州工作，待乖妞出生时，已经退休的爷爷奶奶也迁至这里定居。

所以，对乖妞来说，家和老家都在这个城市里；而在人们的意识中，老家似乎就应该在远方吧！

南来北往的候鸟想落下脚

我的老家在胶东半岛文登县泽库乡滩西头村。文登因秦始皇东巡至此召集文人登山而得名。

文登县与威海市曾经同属烟台地区。后来烟台地区撤了，文登县变成文登市，2014年又划成威海市文登区。自小觉得好远好远的威海，在我远离它的长年累月中竟成了我的老家。

母亲小学毕业后，跟着她在部队当师长的舅舅到北京上中学，高中毕业后在一所小学当上了老师。经人介绍，认识了在空军做教导员的我的父亲，结婚后先后有了哥哥和我。

我出生时，正值国内局势动荡时期，首都的空气异常紧张。父亲是军人，很少有时间回家。身为北京市优秀教师的母亲，也在动荡的局势中受到牵连。无奈之下，母亲给刚满周岁的我早早地断了奶。出生时把我从医院抱回家的姥姥，又车船颠簸地把我带回了老家。在胶东半岛的大海边，我度过了全部的童年，直到该上学的年龄，姥姥才送我回父母身边。

我在老家的那几年中，父母已经响应国家号召，从北京来到平顶山，支援新煤城的开发建设。所以，我的小学和中学，全都是在平顶山上的。后来北上读大学，再后来大学毕业来到郑州，在此安身立命娶妻生女。

煤城当时的环境不尽如人意，医疗条件也不理想，父母和姥姥年纪越来越大，我不断劝他们到郑州来跟着我，可他们总舍不得熟悉的环境，也不想过多打扰我的生活。

及至乖妞出生需要照顾，恰好我又在单位分到一套老旧的房改房，他们这才下了决心，带着姥姥一同移居郑州。这一走，走得很彻底，连平顶山的房子都卖了，断了回头的路。

5年后，一个刮着大风的秋日的凌晨，姥姥走了。这个世界上最爱我的自我出生后从未离开过我的人，在我的怀里走了。

姥姥的床突然就空了，偌大的房屋里，处处都是姥姥的影子。这一切都让母亲无法面对，她连姥姥的房间都不敢再进一步。

不能再让母亲待在这房子里了——这时，我想起了恩师段老师的经历：在老年丧子之后，为了尽快从哀痛中逃脱出来，新年前夕她和老伴去了海南，让陌生的海风抚平心中的伤痛。我说："妈，咱也去海南过年吧！"

海风的疗效是明显的，海浪的吸引是持久的，那以后，父母每到冬季都要南飞，飞过北海，飞过厦门……后来，夏天他们也开始远游，去过大连，去过威海……只有春秋两季才回郑州，二老真正成了有规律地南来北往的候鸟。

父母并不是为了游山玩水，而是要在当地的老年公寓住上两三个月。因为母亲的心脏病受气候影响很大，受不了热，也受不了寒，受不了大中原泾渭分明的季节变换，当然也受不了这里日益浓重的雾霾。

就这样南来北往地飞了整整10年，日渐衰老的老两口眼瞅着飞得越来越吃力。

最典型的叶落归根莫过于此吧

2015年春节，我是在威海老年公寓陪父母一起过的。

过了年，就在我要回郑州的时候，母亲说年纪大了，飞不动了，等乖妞上高中住校后，他们想长住在威海，不再四处折腾了。之所以是威海，不仅仅因为这里有着蓝天大海和干净的空气，更因为这里是我们的老家，处处都是熟悉的风情、熟悉的乡音。

我突发奇想，既然父母想在此长住，何不在这里买套房子呢？在自己的家里，总比长年住在老年公寓方便许多吧；我们以后再来看望照顾老人时，住着也方便许多。冬天威海的住处还比较好找，夏季则往往一房难求，对此我深有体会。

父母对我的提议先是十分惊讶，继而热切响应，这是他们以前想都没想过想也不敢想的事情。年后我回到郑州第二天，便接到父亲的电话，说房子选好了。——这么快？

原来他们就选了与老年公寓一墙之隔的小区，是物业的同志推荐的。房子不大，离海不远，坐在客厅便可以看潮涨潮落。

好吧，只要你们满意就行，于是赶紧将当年结婚时的老房子处理掉，大家又凑了一些，我便踏上了几乎持续全年的跨省购房装修之旅。

这是个二手房，房主是东北人，比我大一岁，在北京工作。从小经受着天寒地冻，他决意找个暖和的地方让父母养老，第一个目标选定威海。老母亲来过一次，嫌威海的冬天也冷。孝即是顺，他便继续南巡，又在海口给老人买了房子。老人终于满意了，威海的这套房子也该出手了。

缘分让我与房主沟通迅速且顺畅，我与房主没找中介，没交订金，直接约在愚人节，他从北京、我从郑州出发，在威海房地产交易中心碰面，不到一个小时就办好了过户手续。

中心的办事人员说房产证一般要三到五天拿到，我说我还急着回去上班呢，她说那你明天过来看看吧。第二天，我早早来到柜台前，还没开口，那位女同志就把暗红色的房产证递给了我，还建议我把土地证也办了，并给了一个电话号码。

电话打过去，对方告诉我地址。打个车直接到了土地局，又是一位漂亮的女同志，看看房产证，又看看身份证，什么也没问，当即打印出土地证。我问："多少钱？"她说："不收费。"

这么精致的证件，一分钱也不收？真让人有些过意不去，好歹你也收点工本费啊。近段时间，天天被郑州关于房产证、土地证、不动产证"肠梗阻"的新闻轰炸着，又想起在威海买房的经历，竟有一种不真实的感觉。

趁着单位暑期调休，我回威海开始装修。逗留了一个月，回来上班时，装修工作还未收尾，年迈的父母完全指望不上，只得全权托付给设计师和工长。等到国庆节再回去，一切都已收拾停当，只待开窗通风了。

在客厅里，我特意为姥姥留了一个位置。老榆木的柜子里面，放着她生前最喜爱的收音机、最常穿的蓝布褂等等。柜子上挂着姥姥的相框，迎着客厅的落地窗，大海尽收眼底一览无余；而背后紧靠的，则是元宝山苍翠温暖的怀抱。

半个世纪前，一家人陆续从威海出发，北上京城、南到煤城、驻留绿城，满世界绕了一大圈，最终又回到威海。这依山傍海的地方，不仅仅是姥姥的归宿，也是父母的归宿，终有一天，这里也将是我的归宿。

——最典型的叶落归根莫过于此吧！

与你面朝大海看春暖花开

乖妞迄今唯一一次去威海，是在5年前的暑假。

为了姥姥5周年的忌日，早早地，我和哥哥就开始筹划这次故乡之行，想带孩子们去当年海葬的地方看一看，让她们知道深爱她们的太姥姥最终到哪里去了。

为了送给姥姥的花，我们没少费周折。在郑州带不太现实，路远，天热。到了海边后，路过几家花店，都没有买到菊花，因为季节不对。最终在宾馆楼下的一家花店，我们决定买康乃馨。

花店的保鲜效果肯定要好一些，便想着次日清晨出海前再来买。可是第二天我们去时，人家花店还没开门。按照花店大门上留的电话打过去，正在进货的老板听说我们的想法后，货也不进了，立马赶了过来。

乘船出海时，乖妞手里的鲜花和我带的近年出版的书，在翻滚的浪花里浮沉着，后退着，渐行渐远，最终消失——我知道，那是姥姥收到了。

后来，我和哥哥又带着两个孩子，回了趟文登。当刻有"滩西头"的石碑撞入眼帘时，我跟乖妞说："老家到了。"

我小时候住的老院还在，只是早已不住人了，借给别人家储存粮食；我小时候常戏水的小河，如今窄了许多，变成了臭水沟；唯有那条通往西山的路没变，让我仿佛看到当年自己跟着姥姥下地干活的身影……

当天晚上，我们便乘车返回了，因为在滩西头，已经基本没有我们的亲人。即便在威海市区，我们也是住在宾馆里。因而乖妞更像是来旅游，而没有回家的真切而温馨的感受。对于中国人来说，家，总是和房子、亲人连在一起的。

如今好了，我们在海边又有了老家，家里有盼着乖妞随时回去的爷爷奶奶，还有着湛蓝的天空、澄澈的海水和纯净的空气。

当郑州持续雾霾PM2.5爆表时，威海上半年空气质量优以下的天数不足10天。我开玩笑说要以后常回威海洗洗肺，乖妞做苦闷状："我的肺已经习惯了雾霾，回老家会不会不适应？"

中秋节，乖妞给爷爷奶奶打电话说我想你们了。爷爷奶奶在老家，二老一直坚持到乖妞中考结束的第二天才动身。

国庆节，原想着能回老家的，可高中的第一次月考将在节后进行，假期里乖妞必须全力以赴，不敢轻易分心。

接下来就盼着过年了，这个年是一定要回老家跟爷爷奶奶一起过的。爆竹声中，拎着大包小包，坐地铁，转高铁，乘的士，赶在除夕夜吃上老家的海鲜饺子……回家过年就该是这个样子吧！

在老家的家里，有乖妞一个小小的房间，坐在飘窗上，抬头便可以看见大海。彼时，乖妞的手里应该捧着一本海子的诗集吧。

对于这样的情景，乖妞很期待，我也一样。

生命

SHENGMING

生命不仅属于人类，也属于万物生灵。

如何懂得尊重地球村中其他动物的生命，

决定着我们与这个世界的相处方式。

在幼儿3岁左右的时候，

收养一只小动物，

让它陪着孩子一起成长，

能给孩子带来成人无法带给他的快乐和互动，

对于独生子女来说尤其如此。

关心、爱护、陪伴、照料，

只能在朝夕相处中学会，

在动物园里是绝对学不到的。

此刻，爸爸也是“铲屎官”。

如何让无家可归的你拥有一个家

相遇在一年中最冷的时候

那天是冬至，果真是冬至，气温骤降10℃。中午，在小区里看到它，乖妞发出一声欢喜的惊呼："小白狗！"

小狗很瘦，脏脏的，原本该是纯白的毛完全没有光泽，呈现一种灰色，与冬至的清冷倒是十分合拍。对门邻居的母女正在喂它吃饺子，它很快席卷一空，连盒底的汤都不舍得留下。

乖妞羡慕地问："你们买的小狗？"邻居说："哪儿是啊，是咱小区前面楼上一家的。买的时候毛是彩色的，他家喜欢得不得了，天天抱着。后来一给它洗澡，染的颜色洗掉了，他家就不喜欢了，不要了。这狗就成天在小区转，腿也不知道啥时候被车轧断了……"

这才注意到，小狗的右后腿一直蜷缩着，乖妞猛地打了个寒战。

下午，乖妞一直念叨着小狗，并找来两个方形的塑料盒当作小狗的饭盒，一个盛食物，一个盛水。晚饭后，我们端着一盒热腾腾的鸡丝面条下楼，以为它会不太好找，结果它就在楼后的草坪上卧着。看到人来，它亲热地往我腿上扒，两只前爪张着，就像一个要大人抱的孩子。

面对小狗的亲热，乖妞一个劲地往后躲。她就是这样叶公好龙，朝思暮想着拥有一只小狗，可真的遇到小狗，却总是远远地看着，不敢靠近。我对乖妞说："这是对你的一个考验。如果你能每天给它送水送饭，坚持照顾它一段时间，并且和它成为好朋友，爸爸妈妈才考虑让你养小狗的事。你知道吗？小狗真的到了咱们家，你就要对它负起一份责任。"

"责任？"乖妞若有所思。我说："是的，责任。小狗小猫也是一条活生生的生命。它们在给你带来快乐时，也把自己完全信赖地交给了你，就像小孩子在妈妈怀里一样毫无戒备。你接纳它的时候，就要做好准备，不仅仅是接纳它的可爱、它的乖巧，还要接纳它的脾气、它的残疾，乃至生老病死。就像那家邻居，只是因为狗狗的毛不是自己喜欢的彩色，就把它赶出门，说明他们还不具备养育一条生命的心智，那就不应该轻易地接它回家。为什么狗爱咬人，除了动物的本性，是否也是一种被人始爱终弃后的报复呢？”

这是一年中最冷的一天，大风在窗外呼啸，有种不真实的恐怖。坐在暖气屋里，乖妞为小白狗担忧：“爸爸，狗狗不会被冻死吧？”实在坐不住，我们便找出一个大纸箱，在里面垫上棉絮，外面又用硬纸加固了一层，也算是个可以避风的小屋吧。

小白狗还在那里，它在草坪上腾挪出一个不深的土坑，身体在坑里蜷缩成了一团。它的旁边多了一个棉垫，应该是哪个好心的邻居送来的。小狗，原谅我们这些只能给你送来有限爱心的人吧。我知道，冬至的夜晚，你最需要的是一个温暖的家，可我们却暂时不能给你。我们要考虑有没有时间和精力照顾你，我们要考虑你的卫生习惯甚至你有没有传染病，我们现实的顾虑很多，还不敢保证如果带你回家就一定不会辜负你的信任……

小白！小白！

我对乖妞说：“咱给它起个名吧？”乖妞想也不想：“就叫小白吧。”后来我发现，很多邻居都叫它“小白”。

大寒那天，下班到家，乖妞已经去上钢琴课了。晚饭后，我拿了根火腿肠，准备去喂小白。地铺依旧，却不见它的身影。“小白！小白！”依次在各个楼栋间喊它的名字，始终没见那个白色的身影像往日一样，贴着地面飞速地跑过来。

“小白！小白！”听到我的声音，汤姆跑了过来。汤姆不像别的宠物狗一样，要么长时间被关在家里，要么出门与主人形影不离。汤姆很潇洒，总在小区里自在地游荡，正好与无家可归的小白一拍即合，成了好朋友，经常在一起嬉戏。估计是怕汤姆心里不平衡吧，每次喂小白，乖妞都将火腿肠分给汤姆一半。

这次，我把整根火腿肠都给了汤姆，对它说：“把小白的一份也给你，你告诉我小白去哪儿了，好吗？”明知道不会有回答，可还是想这样问，好像问了心里就舒服点似的。

冬至以来，全家人几乎每天都要去喂小白。我的衣兜里永远装着一根火腿肠，以备出门见到小白随时喂它；妈妈则经常从单位食堂给它带肉骨头；乖妞呢，这个原本叶公好龙的小女孩，现在已经习惯在喂过小白后温柔地抚摸它，和它说话。

喂小白的不仅是我们，对门邻居以及小区里的不少人都常常给它喂食喂水，后来竟明显地能觉出它胖了一些。吃着百家饭，小白对小区里的人都很亲，对我和乖妞尤其如此，远远地见到，就会忙不迭地跑过来，用前爪扒我的腿，还不停地摇着尾巴。

不长的日子，小白从我们回来它去接，发展到我们出门它要送。以前都是送到小区门口，有一天，我急着赶公交车，上车后才发现，小白竟然跟着过了马路，正蹲在站牌前，仰脸看着车窗里的我。

还有一次，我送乖妞去坐校车，小白则跟着送我们俩。我们到了路对面，小白也试图跟过来。早晨七八点的大街上车水马龙，它几次都是跑到马路中间，又被车流逼了回去。可它不死心，继续着穿过马路与我们团聚的努力。在路这边心惊胆战地看着小白，乖妞实在受不了了："爸爸，别送我了，你快回去吧，别让小白过来，太危险了！"

乖妞曾经提出，想把小白带回家。可爸爸妈妈觉得，小白现在这样被小区众多的人关注着、呵护着，总比整天单独被关在家里要自在吧？况且小白的腿不好，我们家那时住在六楼，没有电梯，它上下也不方便。

"小白！小白！"大寒的夜晚，气温很低，晚饭后乖妞坚持要出来散步，我知道她是想找小白。然而，小区里再也不见小白飞奔过来的身影。

在新家，你可一定要乖哟

立春那天，沿着中州大道一直向南向南，在十八里河下了公交车后，改坐三轮车到了镇卫生院，再往西走大约 50 米，路边有一座不算小的院落。走进去，在一片喧闹的狗叫声中，乖妞一眼看到了它——已经十多天未见的小白！

此前，我曾写了小白的故事，在《大河报》发出后，魏编辑给我打电话，说有读者询问小白在什么地方，想去看望它。后来，魏编辑又告诉我，之所以不见小白，是因为有好心的读者把它送到了郑州宠物协会收养站。

得知了小白的确切下落，乖妞迫切地想去看它，并主动提出，要用当年刚收到的第一笔压岁钱给小白买火腿肠。我也平生头一回走进宠物商店，挑了最大包装的狗粮——10 公斤装。听说是给收养站的流浪狗送食品，营业员给了我们最优惠的价格。走之前，我和乖妞还特意绕到小区车棚，把以前给小白垫窝的棉垫带上。再见到这熟悉的物品，小白应该会感到很亲切吧。

收养站无条件地收容流浪狗，由附近村上的岳大姐照顾它们，每天喂食喂水、打扫卫生。周末则常有一些志愿者来，清理狗舍，嘘寒问暖。无家可归的狗狗陆陆续续被送来，又陆陆续续被爱心人士领养，目前仍有二三十只生活在这里。

乖妞见到小白，忙拿出火腿肠喂它，还不停地轻拍着它的头、抚摸着它的后背。见到老朋友，小白激动地前跳后蹿。然而，套在脖子上的铁链子束缚了它的行动，让人看着心疼。我有点疑虑：小白住在这里，真的比在我们小区里更自在更快活吗？志愿者告诉我，流浪狗在这里不仅食宿有保障，主要是比较安全。尽管行动上受一些限制，但总比在大街上被执法队抓去强吧？

岳大姐说，小白刚被送来的头两天，并没有给它用链子，结果它接连跑出去两回。担心它再次跑丢，就给它套上了链子，也避免被别的狗伤害。等到小白习惯了这里的环境，跟其他难兄难弟也熟悉了，就给它解开链子，那时它就可以撒欢了。乖妞悄悄问我："小白跑，是不是想回小区找咱们？"

在这个流浪狗的大家庭里，小白还拥有了属于自己的小家。新家是一个宽敞的铁笼子，铺着厚厚的棉褥，外面还严严实实地搭了一层雨布。我和乖妞把带来的棉垫在笼里又给小白围了一圈，这样即使再怎么降温，它也不会觉得有多冷了。

把所有的火腿肠都分给小白和它的新朋友后，我们拜托岳大姐对小白多照顾一些，过年的时候一定要给它改善伙食。临走，乖妞摸着小白的头说："在新家你可一定要乖哟，过了年，姐姐再来看你。"

谁为凄风苦雨中的小生命遮风挡雨

每当看到有小动物灰溜溜地贴着墙角疾行，或者左顾右盼地过马路，总给人一种凄惶的感觉，会想它有没有家、家在哪里。

最早给我这种感觉的，是小区里的一只小狗，保安不知从哪儿收养的。乖妞第一次见时，颇为兴奋，问保安小狗叫什么，保安说没名字。我对乖妞说："那你给狗狗起个名字吧。"乖妞很认真地想了想："我想叫它明明。"为什么要给它起名为"明明"？原来是取自小区名字中的一个字，因为它是我们小区的狗狗。好吧，这也是一种思路。

总得给它找个躲风避雨的地方

明明看不出来是什么品种，像是个"串串儿"，或者就是所谓的"中华田园犬"。也就是三四个月的样子，很活泼，喜欢撒欢儿。

开始几天，保安对明明还是很有兴致的。值班时，会把它带到大门边；关门了，再把它带回宿舍的旁边；偶尔，还会松开绳子让它撒撒欢儿。说实在话，我对他们的兴致能保持多久，持一种怀疑的态度，总担心这些小伙子领养小狗是三分钟热度。

果然被我不幸猜中。大概也就是十来天后，保安们对明明失去了兴趣。此后，它每天被一根不长的电线拴在保安宿舍旁边的木架子上，尽管保证有饭吃，可再也没有了四处游逛的自由和快活。

乖妞对明明的兴趣倒是没有降温，她几乎每天都要去看看明明，给它带火腿肠、包子、饼干。如果时间允许，乖妞还会把拴明明的电线解开，带它在小区里转转。明明在草坪上这嗅嗅、那趴趴，好不开心。

那一段郑州的雨水比较多，并且说来就来。那个星期六，刚吃过午饭，乖妞突然叫了一声："下雨了，明明怎么办？！"

风这么大，明明肯定可冷！雨这么大，明明要被淋湿了！我们担心着明明，立即打着伞去看它。在楼下的那个角落里，果然见明明趴在一块石板上发抖，那石板估计也是冰凉的吧。

怎么办？总要给明明找个能够躲风避雨的地方吧。我们去保安宿舍，不曾开口，看到他们无所谓的眼神，就打消了明明能够进屋躲雨的奢望。我带着乖妞在小区里搜寻，惊喜地发现隔壁楼栋有人搬家时，将一些家具丢弃在垃圾箱旁。一一打量这些家具后，认定那个柜子就是明明最理想的小窝。乖妞和我很是惊喜，马上动手搬运。

雨越下越大，“我给你打伞，爸爸！”乖妞吃力地想尽量把伞举得高一些。柜子挺沉，我几乎搬不动，只好在地上拖。又担心拖坏了，便不断地变换角度。

“我帮你搬吧？”楼门洞里站着的一个陌生的小伙子看到我的狼狈相，主动说，聊起来才知道是3楼新搬来的邻居。柜子被抬到了明明旁边，此时邻居已经知道了我们的用意，当我对他表示感谢时，他连声说：“应该的，应该的。”

柜子没有门，风还是会进去不少。我和乖妞又跑到那堆旧家具里，挑了一个单人床的床头。床头挡住了柜子的上部，下面的空隙正好可以供明明进出。明明乖乖地躲了进去，风吹不着了，雨淋不着了，它一副很受用的样子。

回到家，我跟乖妞又在壁柜里倒腾，找出一个暂时不用的枕头。第二天一早带给明明，还把枕席铺在了下面。明明喜欢得不得了，咬了两口后，便紧紧地贴着枕头躺下，那陶醉的神情像是在说：“好温暖、好舒服啊！”

狗就是这样一种最容易满足的动物，谁能让它吃饱饭，无论质量好歹；谁能给它一个家，只要能躲风避雨，它都会心满意足，必要的时候甚至会以生命来回报。

而人啊，在领养一只狗的时候，一定要想一想，这并不算高的要求，你是否能满足？

有限的爱心，总比无视的冷漠强

过了也就是一周的时间吧，有天下班回家，从乖妞口里得知，保安们已经不想养他们抱养不久的小狗了。我问她：“你怎么知道保安哥哥不想养了？”乖妞说：“今天我去找明明玩，哥哥对我说喜欢明明的话就把它带回家吧。”“哦，是这样。”类似的话，前两天我也听保安对小区里别的邻居说过。

我曾在心里问过自己：既然觉得明明可怜，你为什么不收养它？

我又自己回答自己：正如同情和喜爱是两码事，帮助和收养也是两码事。就像我们在路边遇到乞丐，同情他，给他一些钱，或者一些食物，是不是就一定要把他带回家供养呢？我们家那时还没有养狗的习惯，我从没有想过要接受它成为家庭中的一员，但这与我们同情它的遭遇、想让它生活得好一点并不矛盾，毕竟那也是一个小生命。我们敬佩那些大量收养流浪狗的爱心人士，如同我们敬佩那些为孤寡老人养老送终的人，那是一种我们“虽不能至、心向往之”的境界，不是每个凡夫俗子都能达到的。但是，即使奉献的爱心有限，也总比对一切生命的不幸都视若无睹强吧？

雨停了，我和乖妞一起去看明明。看到乖妞，它用力挣着拴在脖子上的电线又蹦又跳，那叫一个激动和亲热。而等到遛过后，当明明再次被拴在木架子上时，它不再蹦跳，也不试图挣脱，它已经意识到那是徒劳的。看到明明直盯盯地望着我们离开时的眼神，我们心里很不是滋味。

保安这里明显不是明明理想的归宿，我开始在网上的宠物论坛给明明找家。对于不是纯正品种的串串狗，大多人是不感兴趣的。终于遇到一个愿意收养明明的网友，当听说明明眼睛有点小毛病后，也打了退堂鼓，还问我传不传染。明明的左眼角有一点不大的增生物，不知是息肉，还是囊肿。曾经问保安是怎么回事，保安说可能是上火了，过些天就会好的。可是一直不见好转，我想，要抓紧给明明治一治眼病，这样应该有助于它被收养。

我去药店买了眼药，和乖妞一起去给明明涂抹。因为抹眼药需要翻开狗狗的眼睑，乖妞不敢，于是，她就负责稳住明明的身体不让它乱动，由我来给明明抹眼药。起初，明明一个劲儿地挣扎，眼药根本涂不到它眼里。就在我和乖妞折腾了半天几乎要放弃时，眼药阴错阳差地涂进了明明眼睛里一些，它突然变得温顺起来，应该是感到舒服了吧。

为明明涂了三天眼药，早晚各一次。要出差时，担心乖妞和妈妈弄不住明明，我特意把眼药留给了保安。可是，它却再也没有用上。当我出差回来，在明明的小窝前看到的只是一根被咬断的电线头。——明明跑了，一去不回，就在我出差的那天早上。

明明终于还是忍受不了似乎永无尽头地被拴在一个不大的地方，义无反顾地挣脱绳索跑了。所有的生命在本性中无不向往着自由，对于明明的选择，我深为理解。

这个世界上，不是只有童话

年轻的保安们对明明的不辞而别似乎无动于衷，它的小窝很快又被扔回到了那堆垃圾边，给它的枕头就在雨水里泡着，已经湿透了。

此后连着很多天，晚饭后散步，我们都要先去那个小窝看看明明回来没，然后不甘心地在小区的各个角落里转悠，试图找到明明藏身的地方，乖妞还不时地呼唤两声：“明明！明明！”

这事儿已经过去很久了，明明再没有回来，也没有任何消息。不久后，我们为它搭的小窝连同垃圾一起，被保安清理了。小区恢复了原来的样子，那个叫明明的一个小生命，似乎从没有来过。

对流浪动物关注得越多，我越是无法确认，什么样的命运对于一只狗来说才是理想的；况且在这个被人类主宰的世界里，一只狗又能有什么样的理想选择呢？只是，刮风的时候，下雨的时候，我偶尔还是会想起那只土黄色的小狗，想它会在哪里，过着怎样的日子，有没有人为它遮风挡雨。说实话，我并不希望再有明明的消息，在一个对狗来说是风雨无常的世道，与其是坏消息，不如没有消息。

实在找不到明明的踪影，乖妞会仰起小脸问：“爸爸，你说明明会去哪儿呢？”

面对乖妞纯澈的眼神，以及眼神里对另一个小生命由衷的关切和牵挂，我实在没有勇气编制一个美好的童话来搪塞她，毕竟这个现实的甚至不乏残酷的世界上不是只有童话。我说：“我也不知道明明去哪儿了，或许去了一个让它更开心的地方吧……”

乖妞紧追不舍：“那什么样的地方能让明明更开心呢？”

我说：“爸爸也不知道，真的。”

“那明明还会回来吗？它会想咱们吗？”乖妞还是不甘心。

“或许会吧，等它想咱们的时候，可能就回来了。”我只能这样回答。

小五是只狗，小五不仅仅是只狗

小五是只狗。

这个名字是我给它起的，意思是在“石榴树下”这个由爸爸妈妈和乖妞，还有照顾乖妞生活的姐姐组成的家庭里，它是第五个重要的成员。

不过，小五仅仅是只狗吗？

奖品，她想要一只活的狗狗

小孩子似乎都比较喜欢小动物，乖妞也不例外。她先后养过小蝌蚪、螃蟹和金鱼。

小蝌蚪在我们家的那段日子，乖妞每天起床后的第一件事，就是去看它们有什么变化。终于，小蝌蚪长出尾巴了，可也不再适合在家里养了，便依依不舍地放了生。

螃蟹来自大山，是乖妞“手拉手”的好朋友睿哲给她带来的，养了大半年。这次小五要来，担心它们会掐架，也放了生。

金鱼还在养着，乖妞经常操心着它们的喂食和换水。过年时，因为要回姥姥家，为了给金鱼找个寄养的地方，生性内向的乖妞从一楼到七楼跑上跑下地寻求邻居帮助。

然而，这些小家伙有一个共性，就是和人缺乏交流。它不知道你的心情，你不了解它的想法，当然更别指望拉它的手，或者把它抱在怀里了。那天，说到这个话题时，乖妞说：“妮妮也是这样。”哦，妮妮——北京奥运会的吉祥物，对这个当年的最爱，乖妞原来也有这样的遗憾。作为独生子女，乖妞在家里每天遇到的都是大人，确实需要一个可以交流的小伙伴。我们给她再多的爱，终是无法替代她对友情的渴望，哪怕我们有时会嘲弄这是小猫小狗的友情。

大概是从上学开始吧，乖妞想养一只小狗，一只活的小狗。注意，是活的小狗，不是毛绒或塑料玩具！印象中乖妞最初提出这个愿望，是因为我给她读了一篇校信通上的作文《我的小狗飞了》。小主人公想要小狗，妈妈说他要考 300 分就给他买。考试过后，他知道自己做错了一道题，懊恼地想：我的小狗眼睁睁地飞了。

给乖妞推荐这篇作文，是因为小作者的构思巧妙，语言也很生动。可乖妞对这些作文的技法似乎兴趣不大，她的第一反应是：“我也想要只小狗。”我便使出激将法：“除非你也考300分。”

乖妞为了300分、更为了拥有一只小狗努力着。成绩出来了，3门课考了299分。她沮丧地说：“我的小狗也眼睁睁地飞了。”不甘心的乖妞又开始动别的心思：“能不能把发表作文的稿费积攒起来，自己买一只小狗？”乖妞啊乖妞，对一只活的狗狗，你是有多渴望？！

我们的周末家庭读书会第一次年度总评，乖妞以积分第一的成绩勇夺卓越表现大奖，这可是她一期一期读书会认真参加、一分一分用心积累的成果啊！由于每个季度评奖的奖品都是图书，我们就商量，这个年度大奖就别再奖书了，最好能有点新意。商量的结果，大奖的奖励就是满足获奖者的一个心愿。

那天，征求乖妞关于奖品的意见：“你有什么心愿？”

乖妞回答：“我想要一只小狗。”

养狗狗，就要对它的一生负责

看来这狗是肯定要养了，那我们就为它的到来做好准备吧。

我给乖妞读陈染家的小狗三三是如何与作家忠诚相伴的，给她讲我的好友保印家的爱犬铁蛋是如何自觉承担家庭责任的，讲到我们都很喜爱的演员黄磊所养的土狗乖乖，为了掩护小主人而献出了生命时，一家人都流下了眼泪……

养狗是一件麻烦的事情，这谁都知道。于是，我给乖妞提了两个要求：一是你要亲自给狗狗喂食喂水、打扫粪便，带它散步，陪它游戏。不能有空了就跟它玩玩，忙起来就不管不问；心情好了就使劲儿逗它，不高兴了就拿它撒气。二是要坚持写“小五日记”，点点滴滴地记下与狗狗一同成长的轨迹，这将是一份难得的渗透着爱与责任的生命记录。

在百度上搜索“郑州宠物狗”，除了售狗的信息，最多的一条是“郑州大批宠物狗被宰食用”。事情发生在郑州实施养犬新政之初，一些狗主人不愿意给狗办证，便遗弃了它们。那可是曾经与你朝夕相处的家人啊！它把你当成它的一切，甚至愿意为你付出生命。这样一个人类最忠诚的朋友，难道就不值那办证的几百元钱？这个消息让身为人类的我寒心，也让身为郑州人的我汗颜。

那年冬至，我们在小区遇到了一只流浪狗，乖妞很喜欢，给她起名叫小白。妈妈说：“你给小白送水送食，如果能坚持一段时间，我们就可以考虑让你养一只小狗。”乖妞果真做到了。

后来，小白被好心人送到了救助站，我和乖妞多次去看望它和它的新伙伴，给它们送狗粮、喂鸡蛋，还给它们买了玩具。小白在救助站可以说是食宿无忧，安全也有保障，但却是以基本失去自由为代价的。对于流浪狗，这只能是退而求其次的选择了。一个不离不弃的主人，无论贫富；一个遮风挡雨的家庭，无论寒暖，永远是狗狗们最好的归宿。

我对乖妞说："如果你养狗狗，就要对狗狗的一生负责，生老病死，永不言弃。不能让咱们家的小狗落到和这些狗狗一样的境地——这也是对生命的尊重和爱护。"我能感觉到，乖妞都认真地听进去了。

多少有点出乎我预料的是，作为在城市里生长的小女生，一向爱干净的乖妞对那些蓬头垢面的狗狗以及救助站不尽如人意的环境，几乎没有什么排斥，而是以一种爱怜的眼光看着它们，喂食也保证不遗漏任何一只狗狗，不管它是长相乖巧，还是面目狰狞。

遵循众生平等的普世价值，珍藏悲天悯人的善良情怀——乖妞，这是老爸想送给你的一件礼物，带着它上路，至少能保证你成为一个好人。

若是自己的孩子，你会怎样对它？

小狗从哪里来呢？都说从宠物市场上买的狗狗安全无法保证，最好是从别人家领养。同事红梅曾经养过一只小狗，名叫黄豆，后来因故没法养了，送给新乡的一位朋友。红梅始终牵挂着黄豆，多次去看它，给它送食品，给它买衣服，还一直把黄豆的照片摆在办公桌上。

我把黄豆的照片借回家，乖妞一下子就喜欢上了它。也巧，黄豆这时怀孕了，于是乖妞就想要一个黄豆的宝宝。

不久，黄豆生了四只宝宝，两公两母。正月初六，春节假期的最后一天，红梅开车带我和乖妞去了新乡，看望黄豆和它刚出生8天的宝宝。四只小狗，三黑一黄，黄毛的这只最瘦小，也跟母亲最像，我们便认定它就是我们家的小五。

小五是个男孩，乖妞说："它是我的弟弟。"我笑了，想起姜昆在相声中说的："过去把儿子叫狗子，如今把狗子叫儿子。"有了小五，我这是不是也算儿女双全了？哈哈！

曾在宠物医院里，见到一只刚满月的小白狗，奄奄一息，叫人揪心。它的小主人过年时把它买回家，却不知道关窗户，把它冻感冒了；拉稀后，主人嫌它脏，急急地给它洗澡，洗后又不知道给它吹干，结果是病上加病。

宠物店的老板对我说："你就像养孩子一样养狗，绝对不会有问题。你想，如果这是个刚满月的孩子，你家里会开着窗？会这么早给它洗澡？洗了澡会不给它吹干吗……"

看来，养狗的确也是一门学问。

从新乡回来，为迎接小五的到来做准备成了我和乖妞的一件重要事情。研读《幼犬喂养手册》《狗的心理》，考察附近的宠物医院，咨询给幼犬驱虫、打防疫针的知识，了解哪些是小狗的健康食品、哪些食品一定不能让它吃。我们给小五预备了小窝、铺好了棉垫，还买了一些狗粮、婴幼奶粉、咬咬玩具、牵引带……

不过，我没忘记对乖妞强调："迎接小五的前期工作，老爸做了不少，小五来了以后，照顾'弟弟'的任务主要就交给你了啊！"乖妞丝毫没感到这是一份沉甸甸的责任，而是兴奋得眼睛直放光。

去看望黄豆和小五的前一天，我们特意带乖妞去影院看了《10个约定》。影片讲述了一个小女孩和小狗十年相依的感人故事，原著我此前已给乖妞读过。

与狗狗的10个约定中，有一条："你有你的同学、你的朋友、你的工作，而我，只有你。"——震动。还有一条："我的生命只有十年，希望你能多抽出一点时间和我在一起。"——无言。

如今，小五也把10个约定摆在了我们面前。乖妞，我们该如何信守呢？就让时间一天一天去验证吧！

也许会有人说："小五不过是一只狗嘛！"

可我的确觉得：小五不仅仅是一只狗！

接它回家，就把它当作另一个孩子

2009年2月21日，是个星期六，北方依然春寒料峭。

就在这一天，一只刚满月的小狗，由黄豆妈妈家的老二，变成了我们家的小五。

小五是走进我们家的第一只狗狗。

回家，从一个家到另一个家

小五是在新乡出生的。那天一大早，和同事红梅——也就是小五妈妈的前主人，一道去新乡接小五，同行的还有她的狗友阿丽。2009年1月23日出生的小五，已经29天，算满月了吧。

头一回见小五，是它出生8天的时候，眼睛还没睁开呢！那次是带乖妞一起去的，她对这个“弟弟”可是爱不释手。

这次，小五的眼睛睁开了，不小，也不是很大，是我中意的样子。

红梅把小五放在黄豆的身边，让它再吃一次妈妈的奶。小五依偎着妈妈，用头蹭着妈妈，不知冥冥中是不是意识到了此后便是海角天涯。

在回去的车上，我用带去的一条绿毛巾包着小五，抱在怀里。它似乎不太适应，一直不安地低声叫着。阿丽把小五抱过去，它居然不叫了。我不解，阿丽说她刚才抱过黄豆，身上有小五熟悉的妈妈的味道。

过了一段时间，我又把小五抱过来。它安心了一阵，又开始不安。其中应该有头一回坐车的因素。我把小五放在车的前沿上，它立马儿尿了一大泡——委屈红梅的车了！同时，我又有点疑惑：它是一直憋着不尿人身上吗？这个小子真的有这么乖？

车晃啊晃啊，小五一直在寻找可以安身的地方。最终，它把头抵在车窗的一角，屁股对着我们，恐怕有种掩耳盗铃般的安全吧。从新乡到郑州，一个多小时的车程，小五一刻也没有睡，可见这段路对于以睡觉为主的满月小狗来说，是怎样的颠簸和漫长。

乖妞打了一个电话，又打了一个电话，问我们走到哪儿了，话语里有着压抑不住的焦急和渴望。从小五出生8天时第一次见到它，乖妞就一直牵挂着这个“小弟弟”。这回，小五就要永远地落户“石榴树下”了，她怎能不兴奋呢？

小区到了，我抱起小五往家走去。通往家门的路是一条狭长的过道，犀利的北风迎面袭来。看看小五，居然在我怀里睡着了。

“小五！”随着乖妞一声清脆的呼唤，小五醒了，睁着迷茫的眼睛看着面前陌生的一切——小五，我们到家了。

成长，像每一个小孩一样

像养育小孩子一样，培养小狗有规律地生活，对小狗、对主人都至关重要。这一点，从准备养小狗时，我就明白，也着意影响着乖妞。

从小五成为小五，怎样合理安排它的进口和出口，就是我们首先要面对的问题。此前，未满月的小五自然以吃母乳为主，在我们去接小五的前几天，黄豆现在的主人老马、侯姐夫妇特意给小五加了些“鲜牛奶＋蛋黄”的饮食。而大小便，由于小五四兄弟和妈妈都睡在一个老马为它们特制的大铁盆里，再加上年龄尚小，没有特别地进行训练。

临别，侯姐给了一袋鲜牛奶和一个煮好的鸡蛋，好让小五在饮食上平稳过渡。奶是光明牌的，原想回郑后给小五多买一些，可带着乖妞在郑州转了多家商场、超市，包括路边的小店，居然都不见光明的影子。

怎么让小五顺利地度过这段重要的断奶期呢？到家的第一顿，小五吃的就是从新乡带回来的光明奶泡蛋黄。接下来，我开始给它逐渐改变配方——

先是“婴幼儿奶粉＋蛋黄”，再加一点光明奶，让小五能隐约闻到曾经熟悉的味道。一小袋光明奶像是药引子，竟然掺着让小五喝了两天。光明奶喝完了，小五也基本适应了“婴幼儿奶粉＋蛋黄”的配方。

接下来，在“婴幼儿奶粉＋蛋黄”之外，开始给它加狗粮。狗粮是硬硬的颗粒，刚开始长牙的小五咬不动。我便把狗粮磨成了碎末，每顿给它泡一点。到了第八九天，蛋黄已经不用加了，小五开始吃“奶粉＋狗粮碎末”，中午这顿就是开水泡狗粮。等到这袋婴幼儿奶粉喝完，它就可以连奶粉也断了。牙长好了，狗粮也不用磨了。

一岁以前，小五的标准饮食将变成渴了喝水、饿了吃狗粮，简单而规律。

我是用拍手来导引小五小便的。当它醒来，就拍手叫它到铺有报纸的纸盒上小便，三天之后，它已经习惯醒了就去找纸盒。再往后，它吃过饭居然也一扭屁股就去了纸盒处。尽管并不是次次都这样，目前约有三分之一的小便还是会尿到别处；大便呢，则还没有定点。但对于这个刚满月、来家不过10天的小家伙来说，已经很难得。小五，你几乎可以称得上是“天才狗童”了。

我做这些的时候，尽量让乖妞在一旁看着，或者让她搭把手。终有一天，我想乖妞会意识到，当年从医院把她接回家，养到现在这么大，是有多么的不容易。

外面的世界很大很精彩

小五的窝，安在书房里。

一个大大的水果筐，侧面开了一扇小门，这就是小五的窝。里面铺着原本为乖妞准备而她始终没用上的碎花绿色棉垫。乖妞房间地台上的一小块绿色地毯，铺在了小五的窝门口。乖妞还将某个圣诞节得到的一对白色毛绒玩具狗放在了小五的窝里，帮助它找寻往日和兄弟姐妹“挤挤窝”的温馨感觉。

一些玩具，散放在书房的地板上。其中，小五最喜欢的是乖妞送它的一只粉色的毛绒小鸭子。小鸭子的四肢、嘴巴、尾巴以及头顶的蝴蝶结，给它提供了诸多下嘴的地方，可以供它充分地磨牙。

小五对它的窝似乎很认同，在里面睡得很香。然而，一出小窝，它就发抖。起初我以为它是怕冷，因为到家的第二天气温骤降。看到它发抖，我就把它抱在怀里试图温暖它。一抱它，它果然很快就不抖了。

后来，小五对书房熟悉了，身体不再发抖。若是把它抱到客厅或者别的房间，又开始发抖。这时我才明白，发抖是因为它紧张，因环境陌生而紧张。被我抱在怀里不抖，是因为它已经熟悉我身上的气味。

小五把书房当成了家，把书房门当成了家门。书房以外，对它来说，就是外面的世界。它在书房里如鱼得水，快步地奔跑，奋力地跳跃，一副生龙活虎的主人翁架势；在书房以外，则噤若寒蝉，不敢轻举妄动。

乖妞偶尔会站在门口，呼唤小五出来逛逛。如果是吃饱了，它决然不理；如果还没喂食，它会试探着跟着你的脚，一小步一小步地往前挪。片刻，小五突然意识到，自己已经不在“家”里了，便开始发抖，低低地叫，小心翼翼地四处嗅，找寻熟悉的气味。

实在不忍心看小小的它如此紧张，乖妞便用掌声和脚步慢慢引导着它往书房去。到了书房门口，终于又闻到熟悉的气味，小五轻捷地跑回屋，急急地转着圈，或者狠狠地咬小鸭子几口，像是要好好释放刚才“误入歧途”的恐慌。

成为小五的第 10 天，它迈出了标志性的一步——在被我抱到客厅后，无须导引，也不再惊叫，而是自己摸索着回到了书房。再次抱到客厅，再次顺利回房。第三次，依然如此——小五，你又成长了一大步！

小五，你知道吗？你的小窝外有书房，书房外有客厅和卧室等组成的家，家外有楼道和邻居构成的楼房，楼房外有小区，小区外有街道、公园、草坪与河流以及形形色色的狗和人——这个世界很大很精彩，老爸和姐姐会带你去慢慢认识的。

10天，只是我们相伴的起步

小五不是个玩具，小五是一个真实的生命。它有需求，它有感情，它在成长，也在改变着我们的生活。有人说，狗与人的区别就是它不会说话；其实，即使不会说话，它也能通过不同的叫声表达着对人以及这个世界的看法。

从小五成为小五，我就想，要让它成为一只身心健康的狗。小五到家后，我便打开了书房的折叠床，每晚陪在它的身边。第一夜，睡着睡着，它会低低地发出近似呜咽的声音，是想妈妈和弟兄们了吧？我用手轻轻地抚摸着它的毛，抚慰它的不适和孤单。如果小五在这时醒来，用澄澈的眼睛望着我，我就把它抱起来，它把头埋在我的臂弯里，很快又沉沉地睡去。

前两天，小五一夜要醒好几次，往往是接近12点才睡，而凌晨2点、4点又要醒两三次。刚满月的小五，多像一个满月的孩子，完全不理会家长的辛苦，深更半夜没心没肺地用哭声折腾着深爱他的人——乖妞不也曾经是这样吗？

小五到家的第三天是个周一，我要值班到半夜，谁在书房陪小五呢？乖妞在晚上是指望不上的，姐姐也不过是个大孩子，妈妈睡眠本来就不好，倘若再在半夜里被小五折腾几回，恐怕要崩溃了。——那就这样吧，你们在睡觉前尽量最后一顿喂得晚一些，我值过班回家继续睡书房陪小五。走出单位，已经是后半夜，走在初春清冷的大街上，朝着家的方向，我清晰地意识到对一个新生命的责任。

经过10天的磨合，我们总算掌握了给小五喂食的时间和饭量，保证它一觉安安稳稳地睡到天亮。书房的折叠床也收了起来，它已经基本适应了新家的生活，胖了，活泼了。

我和乖妞一起，在红旗路上的宠物医院给小五办了卡，卡号的末位特意挑了“123”，是小五的生日。来家一周后，给小五吃了第一次驱虫药，又去给它打了第一次防疫针。然后，按照要求一针不少。

乖妞呢，除了在力所能及的时候给小五喂饭，还从2月21日起开始写“小五日记”，尽管大多只是一句话，可10天来从未间断。乖妞，加油！凡事贵在用心，贵在坚持。

10天，小五带给我们很多，不仅仅是好玩，不仅仅是开心。

而这一切，不过才刚刚起步。

你的陪伴，让我看到了天堂的一角

每到假期之初，关于假期生活的安排，老爸与乖妞之间都会有一次深谈，只有一年是个例外。那是乖妞小学二年级的暑假前，我们家以“这个暑假怎么过”为主题，举办了第109期周末家庭读书会。我把想谈的写成了文章，在读书会上读给乖妞听——

想一想你跟谁最亲

这一个暑假开始的日子，恰好是狗狗小五出生整整5个月，到我们家成为你的弟弟4个月。乖妞，你有没有想过，这4个月来，你到底陪了小五多少？

早晨，要保证你充足的睡眠，老爸绝不会提前叫醒你。五六点钟的时候，当老爸与小五分享大街上那与白日的喧嚣完全不同的安宁和清新时，你还在酣畅的梦中。

正午，当小五在家中无聊地打发漫长而单调的年幼时光时，你应该已经享用过丰盛的午餐，正在学校的午托宿舍里，与同龄女生一番唧唧喳喳之后进入梦乡。

夜晚，你要做作业，你要看电视，周二你要上钢琴课，周五还要与好朋友丫丫雷打不动地欢聚。每天晚上在夜风中遛一遛小五的日程，往往也难以化为现实……

老爸知道，你是爱小五的，很爱很爱。你的爱，从来不用怀疑。不过，乖妞，你知道吗？爱是需要表达的。这表达的方式之一就是——陪伴。

想一想，天下所有的孩子，大都和谁最亲？是妈妈，乖妞你也不例外吧。为什么呢？因为从十月怀胎，到坐月子、休产假，妈妈与宝宝朝夕相处、息息相通。在形影不离的陪伴中，为一生的亲情铺就了厚厚的爱的基石。

乖妞，你另一个最爱的人是谁？我自信地认为是你的老爸。这爱，不仅仅是因为我给了你生命，我们天然地血脉相连骨肉情深。还因为，老爸一直在用心地陪伴你成长。这陪伴，当家里只剩我们俩的时候，显得更加绵长而厚密，所以才有了妈妈那篇感人的文章：《父女之情，在妈妈出差时加深》。

由于工作的性质，老爸每周都有一两天要加班到深夜。乖妞，还记得你在妈妈出差时对老爸的要求吗？——“晚上回家后吻我一下。”你交代的这个任务，老爸每一天都保证完成，尽管这个吻往往是后半夜印在你沉睡的脸庞上，不知道梦乡中的你是否能感觉到。

爱，其实就是陪伴

爱因专心的陪伴而生，孩子跟父母之间是这样，主人和宠物之间也是如此。

还记得吗？乖妞，大概是小五刚到咱家一个月，有一回，你，我，还有姐姐，带小五在楼下玩。我们无意中站成了三角形，嘴里都在喊着“小五，小五”，希望它能朝自己的怀里扑过来。蹲在中间的小五，毫不犹豫地朝着姐姐的方向跑去。估计你是有些吃醋吧，迅速走过去，拦在小五和姐姐之间。可小五呢，居然绕过你的脚，又执着地朝姐姐跑去。

乖妞，在你的神情里，我看到了失落，也看到了不甘。你或许不明白，你那么心爱的小五弟弟，为什么会如此“无情”地有偏有向？可我明白，没有什么特别的原因，只因两个字——陪伴。在我们每个白天去上学、上班的时候，是姐姐在家陪伴着小五，看日出日落，听流年似水。天真的小五觉得那个陪它最多的人最亲，不是很正常吗？

那天，关于陪伴的话题，我们聊了很多。此后，乖妞，老爸明显地感到你在小五身上花费的心思和功夫多了很多。除了坚持写“小五日记”，只要你在家，给它喂食喂水、为它打扫粪便、陪它出去遛弯、带它去医院打防疫针，这些事情你都尽量自己动手来做。你还常常在写完作业后，带小五去对门邻居家玩，后来又带它去了一趟郑东新区，让它在大自然里彻底地撒个欢儿。

又是一个月后，那天我们带小五去奶奶家。你把小五放到爸爸的自行车筐里，匆匆地去坐妈妈的车。也许是由于你没有跟小五交代吧，它误以为你不要它了。这个当时连楼梯都还不敢下的小狗，竟然从对它来说相当之高的车筐里急急地跳下，追随你而去。那一刻，在为小五的表现感到既惊诧又感动的同时，我也体会到你近来的悉心陪伴，让自己在小五心目中的分量发生了重要的变化，这是多么让人欣慰的一幕！

奉献了爱，你就会收获爱

后来，期末考试临近了，你又开始忙了，对小五又有些忽略了，“小五日记”也往往停留在“小五很乖，我很开心”的浅层表述上。老爸理解你，也体谅你，因而并没有多说什么。

而今，放暑假了，你有了充足的时间，你可以做很多你一直想做却没有时间去做的事情，这里面是不是也包括多花一些时间陪陪你深爱的小五？

让老爸欣喜的是，你在期末考试结束后的第二天，居然起了个大早，和老爸一起在清爽的晨风中带小五散步。周末的晚上，和老爸一起给小五洗澡，你已经清楚地掌握了给狗狗洗澡的所有步骤。近来你还在楼里为小五发现了一个好朋友——比它小一个月的天天，看着两小无猜的小五和天天在一起尽情地嬉戏，你是那么的开心。在日日夜夜的陪伴中，你奉献了爱，也收获了爱。

至于你已经坚持了四个月的"小五日记"，建议你从"一句话新闻"的模式里突破一下。暑假里你和小五天天在一起，估计不会再写"今天我没有在家，不知道小五乖不乖"这样的日记了。不重复，不应付，仔细地观察生活，写出点新意来。你甚至可以尝试变"小五日记"为"小五周记"，将一周里最有趣的事情详细地记下来，有具体的场景，有生动的细节，篇幅也可长一些。不仅仅有量，更要有质。这样坚持一个暑假，既真实记录了小五成长的经历，又能够切实地锻炼自己的写作能力。

按照动物的生长规律，小狗在 7 个月的时候完全成熟。小五现在刚满 5 个月。这样算来，它走向成熟的最关键的两个月，恰逢你的这个暑假。如何帮助小五健康而顺利地进入成年，同时也在它成长的经历中发挥自己独特的作用，就看你在这两个月中爱的表现了。

乖妞，你准备好了吗?

这里不也是小五的家吗

爱，不仅仅是陪伴，更是用心的关怀和尽力的呵护。

小五成为我们的第五个家庭成员，是那年的大事。那年的另一件大事是，家里的新房子要开始装修了。彼时，一个不大不小的问题困扰了我们好久：在新家里，怎么给小五安置一个温馨的小窝?

起初我们想把小五的窝安在入户花园，这个思路很快被否定了。因为入户花园像个院子，进家还要经过一道防盗门，这道门的正常状态肯定是关着的，这样小五就有可能像是每天被关在门外的院子里，心情应该不会很爽吧。

后来又想把小五的窝安在阳台上，可这个方案也不可行。物业上不允许封闭阳台，这样小五的窝可能就要直接面临风吹雨淋太阳晒，滋味肯定不好受。再说了，狗是最怕热的，前不久还在网上看到宠物狗白天被关在露台上无处可躲活活被热死的新闻。乖妞坚定地表示："小五的窝一定要安在咱家的屋子里！"

起初，在乖妞的提议下，我们考虑忍痛放弃新家关于吧台的设计，计划在楼梯间给小五打造一片安宁而舒适的小天地。在施工过程中发现，楼梯间其实挺大的，小五的小窝占用不了那么多空间，还有足够的余地做吧台。这个发现，让我们有种失而复得的惊喜。

不久，新的矛盾又出现了。有家人觉得：这里只能是小五睡觉的地方，不能让它在这里吃饭喝水，免得把旁边的吧台弄脏。那么让小五去哪里吃饭？家里似乎没有比它的窝门前更合适的地方了。要不让小五去阳台吃饭？可那里计划是训练它大小便的地方。狗是最爱干净的动物，怎么能把小五的餐厅和厕所安排在一起呢？

并非在这个家里出生的小五，把这个家完全当成自己的家。从把小五抱回家来的那一刻起，我们也把小五当成重要的家庭成员。既然吧台是全家人的吧台，就不应排除有小五的一份。我们这些高个头的人占据了吧台高高的台面，把柜子的下部留给小五这个小个子的男生不是很好吗？这样的设计，是不是更有和谐家庭的影子呢？

你知道天堂是什么样子吗

小五从小不知道爸爸是谁，它刚满月就再也没见过妈妈，它把乖妞当成自己的姐姐，把姐姐的爸爸妈妈当成自己的爸爸妈妈。

暑假前夕，在以“我爱我的动物朋友”为主题的第106期周末家庭读书会上，我分享过一篇《动物的天堂》：“在英国，人们把狗当成了家庭的重要成员，从它们那梳理得整洁精致的皮毛、彬彬有礼的气质上，就可以看出主人对它们的爱护和教育。”文章是这样结尾的：“我们国家距离动物天堂的路途还很遥远，好在我们已经起程在路上了。”妈妈点评时的一句话，让人印象特别深刻：“别人家咱们管不了，但至少可以让咱们家成为小五的天堂。”听到这里，乖妞笑了，那是一种会心的笑。

其实，天堂到底什么样子，谁也不知道。不过，在搬进新家前，我给乖妞描绘过这样的画面：某个假日的清晨，或者某个周末的黄昏，《月光水岸》的背景音乐里，吧台旁的壁灯亮着柔和的光。我们坐在高高的吧椅上，一边喝着酸奶，一边各自读着喜爱的书；小五则在吧台的边柜旁，津津有味地吃着狗粮。偶尔，小五也会凑过来，把两只前爪搭在我们某个人的腿上，瞪着大大的眼睛，像是好奇：恁这是弄啥哩呀……

——那一刻，你是不是已经看到了天堂的一角？乖妞。

想好了，再让它走进你的生活和生命

小五走后留下一大片空白

那年暑假，我们家的第一只狗狗小五，在我眼皮底下出了车祸，让人无法接受又难以释怀。那段日子里，我完全不敢跟乖妞谈及小五，不知道该说什么，也不知道该怎么说。但是，又无法回避小五走后在我们生活中留下的一大片空白。

小五走了，无法再生。道理谁都明白，行动上却无法克制地找寻着小五的身影，希望有一天“小五”还能回到我们的身边，把那一片空白填上，就像那场变故从未发生一样。

小五走后第三天，我居然在路上看到了它的影子！那是一只黄毛的小狗，从体态到毛色都跟小五十分的相像。明知唐突，我还是不假思索地与它的主人搭讪。得知它叫欢欢，是只一岁多的母狗。

回到家，跟乖妞说起巧遇欢欢，乖妞也很兴奋，当即要我带她去找欢欢玩。欢欢每天晚上都要跟主人一起去光大广场，我便带乖妞到广场找欢欢。看到欢欢果然很像小五，乖妞便特别喜欢它。欢欢的主人当即答应乖妞，等欢欢生了，就送她一只小宝宝。

黄豆（小五的妈妈）的主人侯姐听说了小五的事情，也了解到我们对小五的不舍，便选了一只狗狗，让黄豆与它结合，好让我们能再次拥有心爱的“小五”。侯姐说：“黄豆生的小狗让乖妞随便挑，哪怕只生一只，也给你们！”

乖妞听说黄豆又要怀孕了，高兴地直嚷嚷：“我要黄豆的孩子！我要黄豆的孩子！”乖妞知道，黄豆妈妈再生的孩子，就是小五的亲弟弟妹妹。

8月的一个晚上，欢欢的主人告诉我，邻居看到欢欢和一只公狗配上了。这么说，欢欢也快生了？

难道是我们对小五的挚爱和怀念感动了上天？先是黄豆有喜，接着欢欢怀孕。那么，我们到底是该要黄豆的孩子，还是要欢欢的孩子呢？这还真是个愁人的问题呢！我和乖妞商量来商量去，终是拿不定主意。但有一点是可以肯定的，无论黄豆还是欢欢，生的孩子都会像小五，所以，不管最后抱养了谁的孩子，名字都是一样的——“小五”。

夏天去了，秋天到了。预产期过去了一周，黄豆仍没有动静。侯姐带她去医院检查，结果证明黄豆那次交配没有成功。同事还开玩笑：“谁让他们给黄豆包办婚姻呢？”

几乎在同时，欢欢也有了消息，她也根本没有怀孕。欢欢可是自由恋爱的呀，不曾想也是一场没有结果的风花雪月。

我们一直虔诚地期待着小五再生，我们一直做着迎接小五回家的准备。然而，无情的事实像冷风一样，一阵接一阵地袭来。这是不是意味着，我们和小五的缘分已经在那个夏日戛然而止，今生无法再续？

小五走后整整三个月，一只小白狗被乖妞抱回了家。

记录下一同成长的脚印

不是所有的人都如乖妞和我一般爱狗狗，妈妈就始终对养狗有点排斥。的确，养狗是件麻烦事，尤其是刚满月到一岁间的小狗。

那年国庆节，妈妈去上海学习，并且一去就是 20 多天。她出差的当天上午，我和乖妞就开始实施我们的计划，再养一只小狗，并且抓紧时间调教它，争取到妈妈回家时，它已经被我们训练成一只懂事的不惹人烦的乖狗狗。

就这样，一只刚满月的乳白色小公狗成了乖妞的新弟弟。由于是 60 年大庆的国庆节来到我们家的，乖妞给它起名叫“庆庆”。

答应乖妞把庆庆抱回家的条件，除了由她主要负责庆庆的喂食、洗澡、梳毛、打针，还有就是要写养狗周记，在与狗狗一同成长的过程中，观察生活，锻炼文笔，抒发情感。

乖妞的“庆庆周记”有一篇叫《庆庆的进口》——

自从庆庆来家以后，有一个问题很难解决，就是它的水和食。白天爸爸妈妈上班，我还要上学，总不能让这个小东西饿着吧。

这时，妈妈买了一个定时喂狗器，中午可以自动给庆庆喂饭。可是，让我内疚的是，我老是记不住前一天晚上给它加食，让妈妈很麻烦。

这段时间，妈妈一直在提醒我，所以没有忘记。过了几天，妈妈不再提醒了，我就又把这事忘得一干二净。我还忘了给庆庆加水。爸爸说：“狗不吃饭还能活几天，可是不喝水的话，一天就会渴死的。”

我以后要保证庆庆的进口供应，再也不会忘记给庆庆加水和添食了！

接下来一篇“庆庆周记”，写的是《庆庆的出口》——

以前庆庆都是在家里大小便，搞得屋里很难闻。

有一次，爸爸带庆庆出去玩。它在花坛里这转转、那转转，最后在里面拉了！爸爸很惊喜。过后，我们又饭后带庆庆去玩了好几次，也是同样的结果。天长日久，就养成了习惯。

这样，就节省了好多时间。早上，爸爸让庆庆吃完饭，然后出去玩。爸爸因为要送我上学，时间很紧张。只见庆庆下了楼，直冲小花坛，还不到一分钟就拉了！拉完之后，爸爸就带它上楼了！这样屋里就好闻了许多。

爸爸说，下去的时候要带着纸，把庆庆的大便包起来，扔到垃圾筒里，这样就不会破坏公共卫生。

那么长的白天连着那么长的黑夜

小五在我们家生活的半年多时间里，家里一直有照顾乖妞的姐姐，并且是位喜欢小动物的女孩。所以，小五的生活是开心的、丰富的、不曾寂寞的。

庆庆则不同，它来我们家时，乖妞已经比较大了，家里没有再继续请人帮忙。所以，当大人上班、孩子上学后，偌长的白天，都是它一个人独守空房。中午我们也都不回家，尽管有定时喂狗器来保证它能按时吃上午饭，可日复一日漫长的等待，对于一只小狗来说，无疑是难熬的。我至今眼前还会清晰地显现，庆庆在阳台上用小爪子不停地扒拉门的焦灼样子。

转眼来到第二年的春天，我们搬了新家。在阳台上，专门为庆庆用防腐木建了个漂亮的小木屋。看似条件改善了，可也许对于庆庆来说，新的环境还不如搬家以前。以前它白天在阳台上，晚上可以回到书房里睡。而今，新家铺的是木地板，担心庆庆尿后不好打理，晚上也让它睡在阳台上。白天等了一天，终于等到一天不见的主人回家，到家后也就喂食时能跟它玩一会儿，然后乖妞就开始写作业，直到夜深。我们以为它有了自己的小木屋会很踏实，回头来看，再漂亮的狗窝也没有主人的身边温暖吧！

庆庆的眼神越来越忧郁，可我们当时忙于新家的装修和布置，并没有在意它的变化。我是后来回头看当时的照片才意识到，那么长的白天连着那么长的黑夜，庆庆曾经日复一日承受着怎样的孤寂和失落，因为它后期的照片上再不曾露出过丝毫笑意。

五一节的夜晚，庆庆一下子爆发了。

那天小长假，爷爷奶奶还有伯伯都来了，庆贺我们的乔迁之喜。由于家里来了不少对庆庆来说陌生的人，便把它关在阳台上。客厅的地台上，乖妞在表演节目；旁边的阳台上，庆庆焦躁地用爪子拍打着落地玻璃门。看它实在可怜，我拉开门，把庆庆放了进来。

进屋后的庆庆先是咬伤了伯伯，继而咬伤了奶奶，叫声惊悚，鲜血横流。家里顿时乱作一团，一边迅疾把庆庆赶回阳台，一边连夜送伤者去卫生防疫站打狂犬疫苗。

家人开始认真地商量，要把庆庆送到农村亲戚家里。其中最为不舍的是乖妞和我，因为起初是我俩把它抱回家，也是我俩更多地在照顾它的生活。可这次它闯的祸实在太大了，我和乖妞都没有信心能保住它，只有一天一天地耽搁着送它走的日期。

周记在那个春天戛然而止

就在这个时候，庆庆的肚子越来越大，不像是一般的肥胖，抱着它的身体晃一晃，能听到肚子里有水声。我带着庆庆先后去了四家宠物医院，最终确诊它是患了肝腹水。医生也很奇怪："这么小的狗就得肝病，很少见啊。"

送庆庆去乡下的事情暂且搁置，当下紧要的问题是给它治病。治疗肝腹水的药一片就要 15 元，我没有犹豫，先买了 10 片，看看疗效如何。

药是贵了一些，但的确见效，几天后，庆庆肚子里的水就不见了。然而，原本鼓着的肚子变成一个深陷的大坑，瘦骨嶙峋的样子，是另外一种触目惊心的病态。莫非这就是人们常说的"气郁伤肝"？

那个仲春的傍晚，我去给庆庆送晚饭时，发现它躺在小木屋的门口，一动不动。

当时，乖妞和妈妈都不在家。我去买了把小铁锹，把庆庆埋在了小区里的一棵树下，紧临我们每天必经的小路。我用自己的围巾包着它瘦削的小身子，下面衬着它每天铺的绿色棉垫，陪伴庆庆的还有它的玩具和没吃完的狗饼干、火腿肠……

庆庆的小木屋，至今还在阳台上，一直空着。

很多年过去了，我们再也没有养过狗狗。乖妞的功课越来越紧张是一个原因，更主要的是一再经历生命的变故，让我们深深地体会到那份责任的沉重：爱，是要以足够的时间和精力为代价的。如果你不能保证时常地陪伴它，给它快乐和满足，就不要轻易地让它走进你的生活乃至生命。

乖妞一直坚持写的"庆庆周记"，没有提及庆庆的离去，就在那个 5 月戛然而止，最后一篇的题目是《留在春天里》——

周末的一天，我和爸爸带着我们家可爱的小狗庆庆到小区里玩。绿色的、粉色的小花开满了小树的枝头，白玉兰由小小的花骨朵变成了盛开的花朵，在阳光下竞相开放。庆庆左闻闻、右嗅嗅，甚至高兴地跳了起来，像是在说："春天来了！春天来了！"

……

该回家吃饭了，庆庆还不想走，使劲地挣着狗绳一步三回头。你有多喜欢这景色啊！庆庆，你是想留在这美丽的春天里吗？

视线之内、五米之外，是老爸的位置

得了第一名的寒假作业

寒假结束，新学期开学，乖妞报到时，交的寒假作业主要是一份《郑州流浪狗调查报告》。几天后，收到老师通过校信通发来的短信，表扬了10名社会实践作业做得好的同学，乖妞的名字排在第一位。

乖妞上小学时，学校实行弹性寒假作业，对上学期期末考试语文成绩95分以上的同学，在阅读、作文方面没有硬性的要求，唯一要求完成的是学校统一布置的社会实践作业。那是2012年的寒假，乖妞正上小学五年级，学校给五、六年级学生布置的社会实践作业，是要求对某种社会现象进行调查，比如环境保护、食品安全，写出一篇3000字左右的调查报告。

调查什么呢？乖妞一筹莫展。

说起我们生活的这个城市的社会问题，首当其冲的是空气和交通。然而，议论了一番后，乖妞觉得关于雾霾天气、堵车现象等等，媒体上报道得太多了，几乎每天都可以看到、听到，很难再调查出什么新意。“要不，调查一下流浪狗？”老爸的这一提议，一下子得到了乖妞的认同。

之所以如此容易引发乖妞的共鸣，原因有三：一是我们家曾经养过狗狗，乖妞始终对小动物很有感情；二是郑州目前大街上的流浪狗日趋增多，急需重视；三是我们对郑州的流浪狗救助站、宠物医院大致有一些了解，调查起来便于着手。

确定了调查方向，接下来就要做调查前的准备工作了。在老爸的参谋下，乖妞设计了一份调查问卷，主要有五个问题：

一、郑州流浪狗的基本情况是怎样的？

二、流浪狗产生的主要原因是什么？

三、流浪狗在郑州的生存状况如何？

四、流浪狗对城市生活的影响主要有哪些？

五、解决流浪狗问题的主要途径有哪些？

为了方便调查对象回答，乖妞还在每个问题下都设计了一些具体的选项，然后就在寒风里带着打印好的调查问卷，更近地走近流浪狗。

寒假作业是你的还是我的？

乖妞的调查是年前从红旗路上的艾迪宠物医院开始的。当年我们家养的第一只狗狗小五就是在艾迪打的疫苗，狗粮和玩具也大都是在这家买的。乖妞对这里感觉颇为亲切，计划中的第一个调查对象，就是那位她熟悉的收银阿姨，因为她面容亲切、语气柔和。

可这天收银阿姨一直在里面的狗舍里，给准备过年的狗狗们洗澡，忙得不亦乐乎，乖妞基本上没有机会开口。而收银台前现在的女孩，也在忙，因为忙而显得情绪有些焦躁，乖妞更不敢开口了。不得已把调查目标移向店里的狗狗主人，可面对陌生人，她还是非常的羞怯，在店里转了将近 20 分钟，也没确定要对哪一位进行调查。

乖妞不止一次用央求的眼光看着我，意思很明显，希望我能帮她打破僵局。可我知道，这个时候决不能越俎代庖。万事开头难，第一步只有让乖妞自己迈出来，接下来的调查之路才能顺利进行。我一再地摇头，还刻意地退后几步，完全不顾乖妞的哼唧以及这哼唧里的不满。她或许会疑惑：平时老爸不是什么都愿意帮我做吗？怎么这回这么不够意思？

这时，店里走进来一位长头发的漂亮女孩，嘴角始终挂着笑意。她手里牵着的一只比熊又肥又大，煞是可爱。我悄悄地在乖妞耳边说：“这个姐姐一看就知道脾气好，你去找她，她肯定愿意配合你的调查……”乖妞还是有点扭捏：“爸爸，你去嘛！”我依然坚决摇头：“别跟我在这儿磨叽，我肯定不会去的。寒假作业是你的还是我的？”

在乖妞对老爸彻底失望的时候，那位姐姐刚好在一把藤椅上坐了下来，狗狗趴在她的腿上撒娇。这无疑是交流的极佳时机，我在乖妞背后轻轻推了一把，乖妞似乎也已箭在弓上，只待一发，于是径直走过去，坐在长发女孩旁边的椅子上：“姐姐，我是省实验小学的学生，我在做寒假社会实践，想问您几个关于流浪狗的问题，可以吗？”

“可以呀，你问吧。”女孩非常配合，有问必答。乖妞边问边记，中间还兴奋地回头朝老爸笑眯眯地望了一眼，那是初战告捷的得意。

开了个好头，接下来就顺利多了。在艾迪又调查了另外几位狗狗主人后，乖妞转战农业路上的巴布宠物医院，调查这里的工作人员。年后，我陪乖妞又来到了位于大西郊的三好流浪动物救助中心。去之前，把旧衣物整了两大包带给狗狗们，大冷天的，它们肯定需要。

我们还到了郑州市犬只收容所。收容所的工作人员态度不太热情，说他不是这里的人，是替别人帮忙的，一副多一事不如少一事的神情。我把他的反应理解为前一段这里发生的一起虐狗事件所造成的本能性排斥。

此时，乖妞又不知道该怎么办了，眼巴巴地看着我。我知道，这样的情形是一个小学生不易应对的，如果不想无功而返，就要知难而上。为了消解对方的抵触情绪，我尽量随意地说："其实也没别的意思，就是老师布置的假期作业，你知道多少说多少吧，就算是大过年的给孩子一个支持……"那位工作人员这时才抬起头来，盯着我们父女看了半分钟，确定无风险后，无奈地说："好吧，好吧，你问吧……"乖妞脸上的尴尬和焦急顿时烟消云散。

正是在这次调查中，我们得知市政府正准备在黄河边上租200亩地，建一个流浪动物救助基地，收容那些无家可归的猫猫狗狗们，这是一个多么令人欣慰的消息！

老爸也成了乖妞的调查对象

寒假结束前，修改了几稿，乖妞的《郑州流浪狗调查报告》终于出炉。关于五个问题的调查有理有据，比如针对第二个问题"流浪狗产生的主要原因是什么"，调查报告里是这样分析的——

一、和主人走失。现在的城市人多车多，不少主人不给狗狗拴绳子，很多小狗又喜欢乱跑，尤其是在繁华路段，和主人走失的可能性较大。还有一些狗狗，被主人散养，因而也很容易走失。

二、被主人遗弃。有些小狗的主人很没有责任心，买小狗只图一时新鲜，过了几个星期就不想养了，便随手丢在路旁。还有一些狗狗生病了，主人不想花钱给它治病，就把它丢弃了！可怜的小狗便成了流浪狗。

三、狗主人无奈丢弃。有些人非常喜欢狗，就去市场上买狗，可是事后才发现，狗狗又要吃饭，又要打针，又要洗澡……又花钱，又费事。想送人，又没人收养，就忍痛割爱把它丢弃。还有离开这个城市没法带走的，房屋拆迁时不方便带到新家的，怀孕后家人不让再养狗狗的，等等，也是形成流浪狗的原因。

这调查做得是不是还挺像那么一回事儿的？至少我是比较满意的，毕竟这是乖妞第一次撰写社会实践报告。在报告的结尾，她还写了这么一段——

在我对郑州流浪狗进行调查的过程中，爸爸一直陪着我。自然，他也成了我很重要的调查对象。爸爸不止一次告诉我，解决流浪狗问题最重要的一条是：动物保护要立法。比如养狗采取实名制，狗狗和主人都要去规定部门进行血液采样登记，一一对应。如果发现流浪狗，根据血样就可以查找主人的资料，找到狗主人，如果确认是遗弃，就对他进行严厉惩罚。这样一来，有了法律的保护，应该没有那么多人再敢于随便丢弃狗狗，从而从根源上彻底解决流浪狗的社会问题。

正如乖妞所言，寒假期间，在她对流浪狗进行调查的整个过程中，我的视线始终没有离开过她的身影，然而我也只是在离她五米之外的地方看着，偶尔给她拍张照片，不曾靠近，没有干涉，不到万不得已也不插话。

我告诫自己：你要越来越习惯于做背景，或者做幕后，而不是像她小时候那样，恨不得事事冲在前面，甚至挡在前面。孩子一天天大了，无论是起跳、奔跑，还是腾跃、飞翔，都要靠她自己，你代替不了她，只需在她确实无法突破的时候，及时地上前帮她一把就够了。

视线之内，五米之外——这就是老爸目前最为恰当的位置。

生日

SHENGRI

生日的意义是什么？

生日对谁来说更有意义？

生日怎样过才有意义？

生日跟谁一起过最有意义？

……

在孩子每年都会过的生日那天，

除了吃生日蛋糕、送生日礼物、唱生日快乐歌，

还有别的生日过法吗？

去寻找当年为孩子接生的护士？

去看望曾经尽心尽力为孩子启蒙的老师？

还是……

想把生日过得更有意义，

仅有爱是不够的，还要有智慧。

此刻，爸爸多像策划师。

别忘了是谁把你接到这个世界上

清明节放假，一家人难得地聚齐，话题也多是怀旧。

晚饭桌上，母亲又说起我出生时的事情：由于脐绕颈，你生下来半天也不哭，李树革急了，跑去叫来一位男医生，倒提着你，一个劲儿打你的脚心。打了好多下，你总算哭了！

李树革抱着刚刚出生的我对母亲说："刘老师，恭喜你生了个虎头虎脑、大头大脑、傻头傻脑的胖儿子！"母亲说："抱走抱走！别给我看！"我上面已经有了个哥哥，父母盼望着再生个闺女，好儿女双全。得知又是儿子，母亲好不失望，看都不想看我一眼，都是李树革在照顾我。直到奶水下来，李树革又把我抱到母亲身边。这一喂，母子就再也分不开了。

这些事我从小到大不知听母亲说过多少遍：我知道我出生在北京空军医院，我知道为我接生的护士叫"李树革"，是个20多岁不太漂亮但很恬静的女孩，我甚至还知道她在"文革"前叫"李书阁"……

这时，我扭头问乖妞："你还记得为你接生的护士阿姨吗？"

乖妞说："有印象，但我想不起来她叫什么了。"

有她守在身边，让人特别地踏实

那个龙年的秋日，凌晨5时许。睡意蒙眬中，我觉得床单湿了，正疑惑是不是在做梦，突然醒悟到——是准妈妈的羊水破了！

飞身起床，穿衣服，拿东西，打车，那真叫一个手忙脚乱。准妈妈倒还算沉着："别慌，别慌，没那么紧急。"怎么能不急呢？天底下哪一个头一回要当爹的人，估计都比我强不到哪里去。

为乖妞接生的医院，是早就选好的。准妈妈被直接安排进了待产室。这天待产的孕妇不是很多，四处显得宽敞而惬意。后来才知道，这家医院当天居然只降临了一位新生儿，而前一天接生了8个，后一天也接生了6个。乖妞，我独一无二的乖妞啊，可是不用担心你被抱错了！

护士个头不高，圆圆的脸庞，眼睛笑眯眯的，有种天生的亲和力。她一直守在产房里，关心地问这问那，掌握着用药的时机，消解着我们的紧张情绪。亲切的笑容始终挂在她的脸上，仿佛这表情就是她的面容的自然组成部分。

后来聊得多了，惊喜地得知，她的父亲竟然是我敬重的一位老领导，顿时又觉得亲近了许多。有了她，我的一颗从凌晨就开始慌乱的心，逐渐踏实了下来。

由于当天待产人少，她还破例让我和母亲进入产房的外间，通过玻璃窗，可以清楚地看到产床上的情形。我们就一直趴在窗前，眼都不眨地注视着里面的一切动静。

午后 2 点 47 分，我们的小龙女终于来了，顺产。

熟悉的人常说，乖妞哪儿哪儿都遗传我。要说儿子随母亲、女儿随父亲也不奇怪，可不会连脐绕颈也遗传吧？初临人世的乖妞同样因为脐绕颈，迟迟没有发出我们期望中的哭声。护士看连续拍打乖妞的脚心没有反应，迅速地跑去请医生，连守在门边的我们母子都没顾上看一眼。

乖妞终于发出了第一声啼哭，护士的脸上也露出了我觉得似乎是久违了的笑容。她把乖妞熟练地包起来，抱给我："来，让爸爸看看我们！"我则端起事先准备好的相机，为她和乖妞照相。

乖妞来到人世间的第一张照片，就是与护士阿姨的合影。

一天，我们就迟到了一天

转眼到了春节，乖妞也过了百天。我们抱着乖妞去给护士阿姨拜年，感谢她用天使般的爱把乖妞接到这个世界上、送到我们身边。

她的家离我们家很近，仅仅一路之隔。

她还是那样温柔地笑着，是那种让人看了心里特别踏实的笑。

聊天中，得知她的爱人居然跟我是同行，并且他们也有一个可爱的女儿。尽管家里布置得比较素朴，但角角落落无不透露着这是个温馨而幸福的三口之家。

"以后一定要常走动！"当时，我们是这样说的，也的确是这样想的。

可孩子出生后，生活的变化用"翻天覆地"来形容绝不为过，事情远比想象得要多得多，日子远比想象得要紧张得多。乖妞半岁之后，妈妈休完产假上班，为了方便照顾，我们便在奶奶家和姥姥家轮流住，好多年都没待在自己家里。

我们没有再去看望她，甚至连想都很少想到，想必她作为过来人也能体谅初为父母的忙乱。总想着来日方长，又住得那么近，什么时候去看都不晚。

乖妞 8 岁的时候，我们第一次正儿八经地为她筹办生日会。似乎是很突然地，我想到了护士阿姨，想邀请她来跟我们一起过生日。乖妞大了，懂事了，作为家长，应该像母亲这么多年教给我的一样，让孩子知道并永远记住把她接到这个世界上的人。

她家那一片住房已经拆迁了。我四处打听她的消息。

11 月 11 日，乖妞生日的前三天，一位同事给我打电话："你是知道她出事了才打听她吗？"

"出事？出什么事！"

就在前一天，11 月 10 日晚，她……

她的女儿在全市最好的学校读高中。为了保证孩子的健康和学习，她在学校附近租了房子，经常过去照顾女儿的生活。

学校是个新校区，很偏，门前的路很宽，车速也都比较快。那天做晚饭时，少了一样东西，她想穿过大路去买。夜色已降，一辆快速驶来的车，把她撞飞，迎面而来的另一辆车来不及刹车，又从她身上碾了过去……

其实，来日真的并不方长

生命。

命运。

那些天我想到最多的就是这两个词。

生命是如此的脆弱。一个对年迈的父亲、忙碌的爱人和即将迎接高考的女儿多么重要、无法替代的善良女子，一个脸上总是挂着恬静笑容的白衣天使，说走就走了，一句话都没留下。不知离去的一刹那，她的心里该有多么不舍、多少牵挂！

命运是如此的残酷。七八年都没有联系，终于想到要再去看望她，她却突然走了，就在我们得到消息的前一天！那一周我都在打听她，如果早问到一天，我们是不是就能再见上一面？8 年前她亲手接到人世间的不会哭的那个小妞妞已经长大，我们要带孩子去亲口对她说声"谢谢"，她却来不及等我们，阴阳之间，仅仅隔了一个夜晚！

我给乖妞读过于丹的《来日并不方长》：生命来来往往，我们以为很牢靠的事情，在无常中可能一瞬间就永远消逝了；有些心愿一旦错过，可能就万劫不复，永不再来。什么才是真正的拥有？一念既起，拼尽心力当下完成，那一刻，才算是真正实在的拥有。

我们也曾多次探讨哈佛大学著名的校训：你所浪费的今天，是昨天死去的人奢望的明天；你所厌恶的现在，是未来的你回不去的曾经。

后来，当乖妞出生的河南省第五人民医院更名为郑州市人民医院时，在《郑州晚报》上搞了个征文，让大家来讲述自己和五院的故事。身在媒体因而很少主动投稿的我，这次却情不自禁地提起笔来。我总觉得不写点什么、不留下点什么，就对不起她。文章发出时在报纸上占了半个版，题目是《天使飞回天堂》。

让我们永远记住这个名字

曾经跟乖妞一起看过影片《少年派的奇幻漂流》，对结尾处的那句画外音记忆犹新：人生就是不断地放下，但最遗憾的是我们来不及好好地告别。

护士阿姨的葬礼在乖妞生日的前一天举行。我是想带乖妞去为她送行的。同事劝我，孩子还小，还是不要带她去殡仪馆吧。

乖妞的 8 周岁生日会，电脑屏幕上出现了她出生后拍的第一张照片，我给乖妞讲起龙年秋天发生在五院的故事，讲起护士阿姨与我们一家的情缘，也讲起她此刻原本应该是跟我们围坐在一起的。

是她，给我们送来这唯一的孩子和无尽的幸福；

也是她，让我们更加深切地感受命运、体验得失；

还是她，用生命告诉我们什么叫人生苦短，要抓紧时间去做想做的事、见想见的人、走想走的路……

讲到最后，《神秘园》悲凉的旋律响起，电脑屏幕上依然是护士阿姨抱着乖妞的照片。是那一张，又不是那一张。那一张是彩色的，此刻出现的是我事先调成黑白色调的照片。

我们全家人，每人手捧一束烛光，默哀三分钟。把乖妞接到人世间的人啊，你看到了吗？在这样一个值得纪念的夜晚，我们以自己的方式，满怀感恩地为你祈祷，为你送行。

你是降临人间的天使，你累了，又要回到天上。

温暖的烛光里，又看到你天使般的笑容。

…………

这个清明节的晚上，讲完为我接生的护士李树革的故事，我对乖妞说："给你接生的那位护士阿姨也姓李——"

乖妞的记忆仿佛瞬间被点燃："李彩霞！"

"对——李彩霞。"我搂住乖妞的肩头，又重重地握了一下。原来，我们都没有忘记，也不会忘记，那个把乖妞接到人世间的人。

生日之夜，只对你说了一个字

“在本期读书会的开始，我要把两个具有浓烈感情色彩的标点符号送给乖妞。乖妞，你先猜猜，第一个是什么？”

“感叹号！”乖妞想都没想就脱口而出。

“对！感叹号——乖妞，祝你生日快乐！”全家人一片掌声。

“那另一个标点符号是什么呢？”我问。

“恩——”乖妞想了一下，“问号。”

“真棒，就是问号！——猜猜我有多爱你？”又是一片掌声。

这是发生在第81期周末家庭读书会开头的一幕。不知内情的人，或许会以为这是我们事先设计好的问答环节，以达到完美的开场效果。可是，天地做证，老爸和乖妞确确实实没有为此沟通过。乖妞的反应，跟老爸的主持是如此无缝对接，包括两个标点符号的次序都是一样的，这恐怕就是父女之间的心有灵犀吧！

为你点燃不一样的烛光

自从乖妞降临，生日肯定是年年都要过的。小的时候，乖妞还不太懂事，一个生日蛋糕，一次公园游玩，就足以让她开心不已。后来，又像很多的家庭一样，在洋快餐店里过生日，热闹，并且省事。因而，那些年，关于孩子的生日该怎么过，我们几乎没有太多的想法，吃吃喝喝、玩玩乐乐就过去了。

待到乖妞上了小学，我们开启了周末家庭读书会的亲子共读之旅，在一些重要的节日都会策划主题读书会。这才意识到，每年都要过的生日，不也是生命中一个接一个的重要节点吗？为何不把它过得更有纪念意义、对成长更具营养价值呢？

一个秋天的周末，在骑车带乖妞去上钢琴课的路上，我把这个问号抛给了她。说的时候，我尽量委婉、尽量巧妙，担心“不去肯德基过生日”的提议会遭到她的断然抵制。——对不起，乖妞，老爸低估了你。因为你非常畅快地问：“那你说今年怎么过生日啊，爸爸？”

“老爸为你主持一期烛光生日读书会吧？”我把心里谋划已久的想法轻轻托出。

“好！”乖妞的声音有些雀跃，对烛光营造的氛围十分向往。

没想到，买蜡烛竟然是一件如此麻烦的事。在生日会上点燃的，自然不能是普通的蜡烛，总要有点艺术造型或者象征意味吧。单位周围以及上班路上的商店，几乎都让我转遍了，甚至不止一次顺着某个路口扩大寻找范围，都没有遇到理想的蜡烛。

生日就这样到了，烛光生日会的蜡烛还不知道在哪里。继续寻找吧，那个周末一直在下雨，我冒着雨又上了路。终于在一家名为“好玩的店”的商店里看到了心仪的蜡烛，青苹果造型，形象圆润，风格清新。可惜，店里只剩下了一盒4个，而我想要8个啊！可我对在雨中找到8个同样造型的蜡烛，已经不再抱有信心，就先把这4个买下来吧。

最终为乖妞8岁生日之夜点燃的，是我期望中的8个苹果蜡烛。那另外的4个蜡烛，是妈妈贡献的。她早就买了4个红苹果造型的蜡烛，准备在我40岁生日时制造一点惊喜。这时先拿了出来，救了乖妞生日的燃眉之急。

烛光有了，只是外在的形式；生日会的主题，才是有意义的灵魂。

那年春天，在濮阳的子路小学，看到一句话以超大的童体字，书写在迎着校门的办公楼墙壁上，煞是醒目——“猜猜我有多爱你”。武凤霞老师告诉我，这是一个绘本的书名。——惭愧，那还是我第一次听到“绘本”这个名词。

回到郑州，我着意地寻找《猜猜我有多爱你》，未果。不久，校信通颁发的奖品让我们终于拥有了它。小兔子和大兔子相互攀比的“爱”，让人忍俊不禁，又品味深长。

乖妞，猜猜我有多爱你——多么好的生日主题！

每一个人都在说着同一句话

在第80期周末家庭读书会的尾声，我预告下一期的主题，得到了全家人的热烈响应。接下来的一周时间里，大家各自准备同题作文，这将构成读书会最主体的内容。

乖妞的生日到了，那一天恰好是个星期五，第81期周末家庭读书会如期开场。

晚饭后，客厅、餐厅的灯依次熄了，红苹果、青苹果的蜡烛依次点燃，一个父亲般的歌声骤然响起：“亲亲的我的宝贝，我要越过高山，寻找那已失踪的太阳，寻找那已失踪的月亮……我要走到世界的尽头，寻找传说已久的雪人，还要用尽我一切办法，让他学会念你的名字……”

当周华健温暖的歌声结束，小寿星第一个出场。由于刚上小学，乖妞的作文水平还处于写话阶段，所以我们事先商定由她来朗读山姆·麦克布雷尼的经典绘本《猜猜我有多爱你》。

乖妞以稚嫩的嗓音，努力读出小兔子和大兔子语调的区别。尤其到后来，在深远的夜空下，小兔子睡意蒙眬，大兔子喃喃低语，乖妞把夜的静谧、情的深沉都传达了出来，让一桌人无不为之感染。

接下来是姐姐。这个陪伴乖妞长大的善良而细心的女孩，居然以日记的形式记录着乖妞的幼年生活：教她认物，诱她说话，还会为了一杯奶而和她斗法……这是连我们做父母的都不曾用心留下的成长细节，如今回头看，更有着无法复制的史料价值，让我们对即将走上教学岗位的姐姐又增添了几分不舍。

“孩子给母亲带来的是什么？欢笑、快乐，还有无尽的牵挂，有时觉得做了母亲之后，自己仿佛变得更脆弱、更容易流泪了。”妈妈的心语，“从为乖妞、为孩子而流的眼泪说起。”特别是乖妞清楚地记得被关进小黑屋的情形，让妈妈至今还在反思惩戒孩子的方法。

作为这期读书会的主持人，老爸最后一个出场。从“出生那天，你吓了我一大跳”，到“最爱与你一路走回家”，还有“我开始怕死，自从有了你”，一层又一层的记忆，汇集着陪伴乖妞一同成长的点点滴滴。她从一个刚出生没有哭声的婴儿，长成家教杂志的封面人物；我则因见证她一天天的成长，而拥有了作为一个父亲的价值和骄傲。

“猜猜我有多爱你？乖妞，在你能够回味到的、能够感受到的、能够想象到的、能够期望到的爱上面，再加上一点点吧——那是老爸的一颗心的重量。”读到这最后一句，我尽量克制着，声音还是有点哽咽。

蔡琴的歌声在这时响起——《你的眼神》——这是我每每望着乖妞，脑海里总会出现的歌。

生日的源头是生命

“五花八门”是周末家庭读书会上乖妞最喜欢的环节，这一期的问题全部围绕着“生日”而设计。

第一题：2000 年 11 月 14 日，省第五人民医院出生了几个婴儿？第二题：乖妞出生后见到的第一位亲人是谁？在前面我读的文章里可以分别找到答案：“一个”和“爸爸”。乖妞和妈妈、姐姐都答对了。

第三题：你认为过生日时最应该感谢的人是谁？这是我设计的多选题，答案在各个人的心底，无论回答是谁，都可以得分。如果让我来回答，答案是——母亲。

请分别写出你的爸爸和妈妈的生日。——这第四题是我比较得意的一个问题。我们常常看到父母殚精竭虑地为孩子过生日，那么，孩子有没有想过给父母过一次生日？退一步讲，孩子是否记得父母的生日呢？这不能算父母向儿女要求回报，因为只有爱的教育才能让爱延续。

令人欣慰的是，乖妞准确地写出了爸爸和妈妈的生日，或许是因为前不久我带她刚为妈妈的生日买过花，而妈妈则在为不久后老爸的生日在做准备，这些爱意在孩子幼小的心灵上不动声色地留下了痕迹。

“五花八门”的最后一题是抢答题，也是加分题——为乖妞接生的护士是谁？

妈妈抢到了答题权：“李彩霞。”

这个答案无疑是正确的，因为这个名字那些天不止一次被我们提起。此时，电脑屏幕上出现了乖妞出生第一天被李阿姨抱在怀里的彩色照片。

在为乖妞的生日读书会而构思同题作文时，写到 8 年前乖妞出生时的情景，我不由得想到了为她接生的护士。她曾经陪着我们度过了大半天分外难熬的时光，把乖妞接到了这个世界上。乖妞出生后的第一个春节，我们曾抱着乖妞去给她拜过年，此后多年没有联系。于是，此时便又打听她的消息，想找机会带乖妞再去看看她。那是我们家的恩人，永远都不该忘记的。

几经周折，终于有一天打听到了她的消息。可这消息无异于晴空霹雳——就在那天的前一天，她在自己女儿校门前的大路上出了车祸……

生命，就这么脆弱；生活，又如此残酷。多少年忙东忙西，忽略了跟她联系，突然想到了，仅仅隔了一个夜晚，命运却再也没给我们一个重逢的机会。

那年春天的汶川地震，让我们熟悉了《神秘园》。此刻，这悲凉的旋律响起，电脑屏幕上再次出现了李阿姨抱着乖妞的照片。还是那一张，又不是那一张。那张是彩色的，这张是黑白的。

“默哀三分钟，让我们永远记住这位把乖妞接到人世间的人……”

谢谢你没有让我们等太久

该评选本期读书会的“最佳表现”了，我在乖妞的眼神里看到一丝为难，我特别理解她的为难，因为我也为难。就像小兔子和大兔子发现的那样：爱，实在不是一件容易衡量的东西。特别是在乖妞的生日之夜，每位亲人都在以不同的文字，写着同一个字——爱，又怎能把每个人用心付出、倾情表达的爱轻易地分出一个高下呢？于是，作为主持人，我提议：给每一位家庭成员本期读书会的表现都打满分。

妈妈在“评头论足”环节中说：“这期读书会是送给乖妞的特别的生日礼物。过去好多年后，很多物质的礼物都可能忘记了，但这些文字却会留下来，照亮我们共同的成长记忆……”说得真好，这也正是老爸策划生日读书会的初衷之一。

当我把这期生日主题读书会的记录发到校信通的家庭博客后，有网友留言：孩子的生日，是妈妈的受难日，如果乖妞也能写一篇《猜猜我有多爱你》就好了。

这话说得多好啊，它也同样包含着我们的期待，期待《猜猜我有多爱你》在有了“绘本版”“姐姐版”“妈妈版”“爸爸版”直到这个“纪实版”之后，早日续写上“乖妞版”……

转眼到了春节，完全没有预料地，在乖妞的作业本里，我看到一篇新写的作文，篇幅不长，题目是——《猜猜我有多爱你》。

——谢谢你，乖妞，谢谢你没有让我们等太久。

生日，就在家里开个冷餐派对如何

冷餐派对端上来热面条

又要过生日了，乖妞的年龄不经意间进入了两位数，在我们还没有来得及感慨光阴似箭、时光如梭的时候。

对这些年来惯常在麦当劳、肯德基等洋快餐吃吃喝喝玩玩的方式，我们都有些抵触，总觉得生日可以有更具意义的过法。

乖妞愈发喜欢唱歌了，周末还专门跟着一位专业老师在学习。国庆节期间，全家去了一回 KTV，乖妞兴致很高。要不要请小朋友一起去唱歌？乖妞当然很有兴趣，可妈妈担心：家长们会不会对 KTV 的环境心怀顾虑？

商量来，商量去，最终统一到老爸的方案上：把小朋友们请到家里来，开一个自助冷餐派对。说到这个方案时，脑海里立马出现的是电视剧里常见的情景：华丽的大厅里，或是清新的草坪上，人们手拿高脚酒杯，随意地徜徉、交谈，四处放置着随手可及的饮品、点心……

邀请多少位小朋友呢？既然是过 10 岁生日，就不多不少正好请 10 位吧。

方案既定，接下来就是采购了。

具体都买了什么，就不一一细述了。在超市出口结账时，乖妞拿着那一长条机打的购物小票，端详后说："爸爸，这好像也不比在肯德基便宜啊。"——我晕！我的乖妞啊，难道你以为爸爸妈妈在家里给你过生日是图省钱吗？

采购直到生日当天的中午才算告一段落，乖妞兴致勃勃地拆着各种食品的包装。我们在客厅的不同角落布置了四个区域：饮品区、点心区、干果区，还有沙拉区。水果沙拉区是乖妞特别要求设置的，她对快餐店里可以自取的沙拉念念不忘，今天终于可以在自己家里实现了。

天气毕竟凉了，离送暖气又恰好还差一天，妈妈担心准备的都是凉东西吃坏了孩子们的肚子，特意下了很大的一大锅面条。本来我是有点反对的，冷餐派对上吃面条，总有些不伦不类的。后来转念一想，也行，在生日吃面条，不仅可以暖胃，还应了中国人吃长寿面的习俗。

我手忙脚乱地开始准备沙拉需要的各种水果，水果如果切开得早，就不新鲜了，赶在小朋友们到来前拾掇齐备，正好。于是，老爸老妈在厨房里，一个赶着下面条，一个忙着切水果，忙得那叫一个不亦乐乎，甚至为急着用案板而争起来。

乖妞呢，此时已经跟提前到来的沐沐开始商量晚会的主持词了。生日聚会的主要来宾是乖妞的同学，她自然要充当主持人。另外，最好还能有一个搭档。起初的人选是她的好朋友丫丫，可丫丫下午有奥数课，没法提前来家里准备，于是邀请了沐沐。两人配合得很默契，沐沐当晚的表现活泼大方又不失沉稳，谁能想到她这还是头一回做主持人呢!

所有爱的心声只为说给你听

“刘晓寒10周岁生日派对即将开始，首先请欣赏钢琴曲《童年的回忆》。”沐沐的话音刚落，琴声从楼上传来，这是乖妞最拿手的保留曲目。

一曲终了，掌声响起。小寿星在掌声和目光中，依台阶缓缓而下，仿佛小公主一般，只是她分明还有点不好意思。

“今天是我的10周岁生日，我请来了10个好朋友跟我一起过。特别让我感动的是，我的爷爷奶奶今天也来参加我的生日派对，他们还精心准备了节目……”

爷爷、奶奶朗诵的诗歌《朝阳与夕阳的对话》，是老爸上大学时写的——

我是朝阳，新鲜欲滴的朝阳 / 可我也会成为你的，也会暮色苍茫 / 今早的朝阳将变成今晚的夕阳

我是夕阳，满目沧桑的夕阳 / 可我没有什么好悲哀的，更不会为此感伤 / 今晚的夕阳又将变成明早的朝阳……

也真难为爷爷、奶奶了。要知道，军人出身的爷爷，一辈子没有登台表演过，从来连普通话都不说，这一段硬是在奶奶的培训下，才能够操着生硬的普通话来练习朗诵诗歌。而奶奶，视力已经极差，光线稍暗或者太强都不行，并且需要把诗稿打印成2号字才能看清。

为了给心爱的小孙女送上一份生日祝福，两位古稀老人就这样早早地开始准备节目，还不止一次趁我中午回家吃饭的工夫，在餐厅里站着朗诵，让我给提意见，纠正某些字的读音，磨合两个人需要合诵的地方。是什么力量让他们老夫妇聊发少年狂？只有一个字可以诠释——爱。

乖妞的生日，爸爸妈妈也该表演个节目吧，如果能由我们仨来合作，当然最好不过。

乖妞那一段迷上了《哈佛家训》，每天睡前都要读几篇，还常常把喜爱的故事讲给我们听。在《哈佛家训》中，有一篇《快乐的大树》。美国人谢尔·希尔弗斯坦的这篇经典作品，更为人熟知的表现形式是绘本《爱心树》。我比较欣赏《快乐的大树》这个标题，更含蓄，意味深长。

《快乐的大树》不愧为一家三口分角色朗读的理想篇目，无需做太大调整，就可以拿出一个小剧目的脚本。我们采取的是比较传统的角色分配：乖妞读“孩子”，老爸读“大树”，妈妈作为旁白，担任讲述人的角色。剧情是这样结束的——

大树：真是抱歉，我希望还能给你点儿什么东西，但是我什么都没有了。我现在只是个老树墩，真是抱歉……

孩子：我现在需要的实在不多，只想找个安静的地方坐坐，好好休息。我太累了。

大树：那好吧。

旁白：大树说着，它尽量把身子挺高——

大树：你看，我这个老树墩，正好叫你坐在上面休息。来吧，孩子，坐下吧，坐在我身上休息吧。

旁白：于是孩子坐下了，又一次坐在了大树的身上。

三人合：大树很快乐。非常非常快乐。

配乐呢，选择的是周末家庭读书会上多次用过的班得瑞的《月光水岸》。练习时没问题，这会儿却掉了链子，怎么也放不出来，于是临时借用爷爷奶奶朗诵《朝阳与夕阳的对话》配的萨克斯乐曲《春风》，倒也蛮配的。

后来，我们把《快乐的大树》剧本发到校信通的家庭博客里，有博友对角色分配提出建议：爸爸读旁白，妈妈扮演孩子，由乖妞来扮演大树。——这的确是个不错的思路，通过扮演大树，让孩子亲身感受大树的“快乐”，或许更有助于她真切地体味——感恩。

过生日要的不就是快乐吗

丫丫在《生日快乐》的乐曲声中，朗诵了一首送给乖妞的小诗；

津津坐在高脚凳上，潇洒而投入地弹奏了一曲吉他；

文佳拿出一副扑克牌，在众目睽睽之下，像模像样地表演起了魔术；

乖妞独唱了一曲她不久前演出过的《妈妈格桑拉》，还和寒假期间一起去日本演出的小朋友们重温了舞蹈《茉莉花开》……

孩子自有孩子的兴趣，孩子自有孩子的快乐。在吃着水果点心的同时，他们不仅表演节目，还玩着各种各样的游戏。

最开始玩的是“秘密传话”：孩子们分为两组，震耳欲聋的音乐声中，老爸在每组最前边的人的耳边悄悄说一句话，然后一个人一个人地传下去，由最后一个人大声地说出这句话，看看与老爸说的是否有出入。两组队员都传送得准确无误：一句是“猜猜我有多爱你”，一句是“十年真是不容易”。

获胜之后，孩子们大喊：“太简单了！不过瘾！换句长一点的——难的！”于是，老爸即兴编起了长句子，让意犹未尽的孩子们往下传：“一个月高风清的夜晚，没头脑的我碰到不高兴的你，你轻轻地摸了一下我的头……”

这回终于有人传得出错了，孩子们前仰后合笑作一团。

另外一个饱受欢迎的游戏是“对对猜”，就是电视综艺节目里常见的，两人一组，一个人表演，另一个人猜。由于请了 10 个小朋友，于是我们准备了 5 组题目，由他们任意挑选——

运动项目：足球、跳水、摔跤、赛艇、自行车……

学习生活用品：台灯、书包、被子、圆规、计算器……

明星：成龙、周杰伦、刘翔、王菲、林妙可……

食品：饺子、汉堡、元宵、月饼、粽子……

最抢手的一组当数“四（9）班同学”，都是自己班里熟悉的却又不在现场的同学：张典典、范辰熠、刘泓极、彭子钰……孩子们比画着、描述着，或对或错都激起围观者巨大的笑声、叫声，台下的甚至比台上的还着急，客厅里的气氛仿佛随时都要爆炸。

在这一片笑闹声中，乖妞哭了——那是我要在第 52 篇《当好小主人，有这样几个关键词》里记述的。

这次生日派对可以说是一次特别的周末家庭读书会，算起来应该是第 153 期。其中，《快乐的大树》《朝阳与夕阳的对话》算是“主题阅读”，“秘密传话”“对对猜”则属于“五花八门”，那么“同一首歌”就该在最高潮时响起了——《祝你生日快乐》。

灯一盏盏地熄灭了，生日蛋糕被端了出来，上面闪亮着十根生日蜡烛。乖妞在烛光前闭上了眼睛，双手合在胸前——许的会是一个怎样的心愿呢？没有人问，不需要问，等时光来揭开谜底吧！

我们要做的，就是和着音乐一起大声地唱、不停地唱——

祝你生日快乐！祝你生日快乐！

祝你生日快乐！祝你生日——快乐……

当好小主人，有这样几个关键词

游戏“对对猜”刚进行到第一轮时，乖妞哭了。

乖妞的生日冷餐派对散场后，妈妈哭了。

这哭，让老爸久久地难以释怀……

生日派对上，你为什么哭

乖妞 10 周岁的生日，是在家里过的。特意邀请来 10 位同学，和爷爷奶奶，还有爸爸妈妈一起，陪着乖妞走过她人生第一个 10 年的节点。

欢乐是生日派对的主旋律，游戏则是欢乐涌动的源泉。其中，“对对猜”无疑是孩子们最喜爱的游戏。只见他们两两一组，一个比画，一个猜。猜对了，大家一阵哄笑；猜不出来，大家哇哇直叫。

终于轮到乖妞上场了，她和我们同楼的王一童一组，那是一位壮壮的可爱男生。此时场内气氛已到沸点，孩子们围了上来，分不清小舞台与观众席的界线。

“一分钟计时开始！”主持人沐沐一声令下，第一个题板展开了。小朋友们按捺不住地迫不及待地喊起来，七嘴八舌地给乖妞各种各样的提示和建议，声音几近爆棚。

突然，乖妞回头，对身后的一个女生大叫一声——“别说了！”

乖妞的声音那么大，乖妞的神情那么沉，大家一下子都愣住了，不知发生了什么状况，我也不免惊诧：“你怎么了，乖妞？！”

“她总说、总说，我的嗓子都哑了，王一童还听不见！”乖妞的嘴瘪了瘪，竟然哭了起来，“已经开始计时了……”

乖妞哭着跑进了旁边的房间，爷爷奶奶急忙跟了过去。欢乐的生日不能因为某个人的失态不欢而散，这点是起码的。所以，我们的游戏还要继续进行，老爸继续担任计时和题板的展示，妈妈继续忙着拍照或摄像。我们没有时间交流，可彼此知道，心被房间里的小妞牵了过去。

在爷爷奶奶和几个小朋友的劝解下，大约 20 分钟后，乖妞又回到了聚会现场，直到在“祝你生日快乐”的歌声中，才点亮生日蛋糕上的 10 支蜡烛。

那哭的一幕仿佛一个插曲，生日派对在经过一段不长的变奏后，又回到了快乐的主旋律上。当客人们陆续散去的时候，估计有一些人已经淡忘了不久前那一小段不和谐的插曲，甚至有的客人到走也不知道乖妞为什么会突然大哭起来。

可是，爸爸妈妈终究无法释然。送走爷爷奶奶和小朋友们之后，站在曲终人散的满目狼藉中，我问乖妞："你到底受了多大的委屈，在那么多专门来为你过生日的客人面前大哭？"妈妈则大声地说："你刚才那一哭，让我们怀疑为你费这么多心思忙活了这么长时间，究竟值得不值得！"

说到这里，妈妈也哭了。

接下来，我们回放了游戏中的那段录像。客厅里的风雨持续到深夜，爸爸妈妈的话不啻为风吹雨打。不知道乖妞在生日之夜、在这样的心情下能听进去多少，又能听懂多少。我期望着能有这样的机会：当风波过去，当泪痕干透，当心情平复，我们再来心平气和地交流交流怎样才能做好东道主。

当好东道主是一门不小的学问

20天后，在一个星期天的晚上，我们举行了第155期周末家庭读书会，主题是——"这个生日值得回味"。

这也是我们家的最后一期周末家庭读书会。以激发孩子阅读兴趣为初衷的家庭读书会，自乖妞幼儿园大班开始，到她10岁，上小学高年级时该告一段落了。因为，阅读习惯已经逐渐地养成，该让孩子独立阅读了。其实，阅读，本来就是个人的事情。

那晚主持读书会时，我是这样开场的：10岁是一条线，标志着乖妞的生命年轮进入了两位数。乖妞的10岁生日在笑声夹杂着哭声中过去了，留下许多难忘的记忆，也留下一些或深或浅的思考。如果说生日当晚是一个热闹欢快的聚会，那么，今天晚上，就让我们安静地坐在一起，一起来回味乖妞的生日之夜带给我们的种种感受。

乖妞第一个出场，她的作文题目是《生日，我为什么哭》："大家都是在玩，是游戏，我却把它当成正式的比赛了。我不应该冲着小朋友大喊，也不应该哭。"

接着是妈妈，带来一篇《十岁生日反思十年教育》："从今天起，把家务排进孩子的日常生活。她学会了劳动，就一定能学会感恩。"

然后，就该老爸了——

那时，广州亚运会刚刚闭幕，让我想起20年前的北京亚运会，筹备期间有一句家喻户晓的话——当好东道主，热情迎嘉宾。对于这次生日派对，乖妞自然就是最主要的东道主，而我们邀请来的小朋友们无疑就是嘉宾了。我们该如何当好这个小主人呢？老爸送给乖妞几个关键词——

热情。排在第一位的词首选“热情”。来的都是客，都应该受到礼遇。我们要捧出我们全部的热情来迎接、来对待，让客人在我们家真正有“宾至如归”的感觉。冬天，窗外是大雪纷飞的严寒，客人在我们家感受到的是春天般的温暖；夏日，门外是骄阳似火的酷暑，来宾在我们家感受到的是秋天般的凉爽。应该说，在热情上，乖妞一直做得不错，这热情也使得乖妞从幼儿园到小学，身边一直不乏好朋友，我们家也始终没有断过小客人。

认真。无论做什么事情，只要认准了，我们就要认真对待，哪怕是一期普通的周末家庭读书会。就以乖妞的10岁生日派对为例，从妈妈设计的给小朋友们的请柬，到爸爸准备的“对对猜”的题板，再到食品、饮品、水果区的布局，以及房间卫生的打扫，无一不认真对待。乖妞呢，午睡起来就开始筹划聚会的流程、准备主持词，每一个环节都透着“认真”二字。毛主席说过：“世界上的事，怕就怕‘认真’二字。”希望乖妞把“认真”贯穿到生活中的大事小事方方面面。

宽容。俗话说：“人上一百，形形色色。”每个人有每个人的习惯，每个人有每个人的脾性。只要不是原则性的错误，就应以宽容的心态来面对。谁的声音吵了，谁的动作大了，都不是什么原则性的问题，不必斤斤计较。古人曾借音乐发问：“独乐乐，与人乐乐，孰乐？”试问：一个人单独欣赏音乐快乐，跟众人一起欣赏音乐也快乐，哪一种更快乐呢？答曰：“不若与人。”就是说：还是跟别人一起更快乐啊。所以，作为小主人，不能仅仅考虑自己的兴致，而要多多关注客人的情绪，那么，我们将从来宾的快乐中感到更大的满足和快乐！

感恩。生日最应该体会的是感恩，对生命、对生活、对亲人、对朋友，永远怀有一颗感恩之心。不要说年逾古稀的爷爷奶奶精心准备节目登台表演，更不用说爸爸妈妈为这个派对费了多少心思多少气力，就说你的同学，凡被邀请的均悉数到场，其中有的是从兴趣班上匆匆赶来，有的作为主持人下午就早早地来做准备。这都是为了什么？不都是为了陪你过生日、给你捧场、送你祝福吗？连游戏时在旁边喊得让你烦的同学，本意也不是为了帮你取得好成绩吗？如果能体会到这一份份真情中的深意，那么你即使掉泪，掉的也不会是委屈的泪，而是感激的泪、幸福的泪。

所以，感恩，是这几个关键词中的关键词。

这个生日过得值

乖妞，无论是笑是泪，你人生的第一个10年都已经成了背影，新的10年一刻不停地在你的眼前、脚下铺开。

生日呢，一年只有一次，生活却在一天天地继续，希望以“感恩”为核心的这几个关键词，从这个生日开始，在未来的日子里陪你踏上新的旅程，伴你健康快乐地成长——

因为感恩，所以对人热情相待；

因为感恩，所以凡事认真准备；

因为感恩，所以对这个不完美的世界宽容以对；

因为感恩，所以珍视他人给予的哪怕一点点好……

如果你从心里感悟到这一点，从言行表现出这一切，那么这个10岁的生日就真的过得值了！

关于一个鸡蛋，其实你有四种选择

那是个周六，乖妞 11 岁的生日，跟同学约好了，下午要去 KTV 唱歌。

小学上到高年级，乖妞的生日已经不仅仅满足于跟爸妈和家人一起过了，去肯德基聚餐、去 KTV 唱歌几乎成了生日的标配。去影院看大片是排在后面的备选，这也可以理解，电影院里的互动性毕竟要差很多。

同学们住的各有远近、方向，在去 KTV 之前，就陆陆续续地先来家里聚齐。我一边招呼着小客人们吃点干果喝点酸奶，一边抽空看还有哪些地方可以顺手收拾。

提着垃圾桶到门外走廊，准备往垃圾箱里倒时，发现里面有一个鸡蛋，被咬过两小口，露着娇嫩的蛋黄。

——这个鸡蛋，怎么这么眼熟？

再次与那个鸡蛋不期而遇

乖妞 11 周岁的生日活动，主要安排在周六的下午和晚上，因为她那天上午还有英语兴趣班要上。

想到当天又要唱歌、又要聚餐，肯定还要和小朋友们一起疯，为了积蓄体力，早晨我便有意晚叫了乖妞一会儿。谁想这一晚就晚得多了点，以至于早餐时间比较紧张，煮好的鸡蛋只咬了两小口，乖妞就说吃不下去了。

关于鸡蛋的吃法，乖妞的喜好依次是：煎鸡蛋、茶鸡蛋、炒鸡蛋、荷包蛋……煮鸡蛋排在最后。平时我一般不给乖妞煮鸡蛋，因为她总嫌没味儿。这一天不是过生日吗？煮上一些红皮鸡蛋，寓意日子红红火火，是老辈子传下来的传统。再说了，即使不太喜欢吃，生日一年才过一次，也不会那么夸张地抵触吧？

“吃不下去就先放着，回来再吃。”我们匆匆出了门。

把乖妞放在兴趣班门口，我破例没有送上楼，而是赶紧去订晚上聚餐的饭店，然后又去思达超市买了水果，准备招待小客人，还为晚餐备了些酸奶和果汁。把想到的都办妥，就该接乖妞下课回家了。

这天老爸中午有推不掉的应酬，妈妈恰巧单位又有事，午餐只有乖妞自己解决了。

这种情况在我们家是极为少见的，尤其是周末。其实乖妞正巴不得如此呢，因为自己在家，可以吃平常不让她吃的方便面。

在厨房，我又看到了那个乖妞早上咬过两小口的鸡蛋，露着娇嫩的蛋黄。我小心地把它放在方便面桶里，以备乖妞泡面时一起吃了。

对我来说，这是个再正常不过的动作，因而那个鸡蛋在我脑子里并没有什么特别的位置，不成想在垃圾箱里又与它不期而遇。

捡起那个鸡蛋，在回客厅放垃圾桶前先绕到厨房，我把它放在了一个小角落。

回到客厅，先问乖妞："吃苹果吗？"乖妞说："我吃香蕉。"

我尽量装作不经意地问："中午方便面能吃饱吗？"乖妞说："可以。"

我又问："早晨剩的鸡蛋也吃了？"乖妞说："吃了。"

我语气平静地追问："真的吃了吗？"乖妞不动声色地答："真的吃了呀！"

问答时，我始终看着乖妞；她只看了我一眼，就垂下了眼帘。

我说："吃了就好。"便不再提及此事。

那个鸡蛋你真的吃了吗

客人兴至而归，生日曲终人散，第二天，妈妈又去加班了，家里只剩下了乖妞和老爸。

我定定地看了一眼乖妞："老师和同学都走了，妈妈也不在家……乖妞，我问你个事儿，你想好再回答："昨天那个鸡蛋你真的吃了吗？"

乖妞迟疑了一下，低声说："没。"

"那鸡蛋呢？""扔了。"

"扔哪儿了？""外面的垃圾桶。"

"为什么扔了？""中午鸡蛋已经干了。"

"那昨晚你为什么说你吃了？""我怕你吵我……"

在问这话之前，我想，关于这个鸡蛋，要跟乖妞谈两个问题：一个是节俭，一个是诚实。

我是跟着姥姥在胶东半岛的渔村长大的。在北京工作的父母按月寄生活费，因而并没吃过什么苦，可老家的环境和老人的影响，都让我自小养成了节俭的习惯。吃点心，一手拿着，另外一只手肯定五指并拢在下面接着，掉下的一点渣渣最后也要送到嘴里。喝罢玉米面糊糊，一定要伸长舌头，把碗底彻彻底底地舔一遍，看上去干净得几乎不用水刷……

如此节俭的习惯一直保持至今，估计是要跟我一辈子了。工作了以后，我也常常试图以节俭的习惯影响身边的人。

这种习惯在吃自助餐时尤为凸显。我要求自己，按需取食，一旦盛到餐盘里，只要食物没变质，就一定要吃完。不时见到有的人，取食品时在餐盘里堆成个小山，吃时挑三拣四，剩下大半就白白地扔掉了，看着着实心疼。

有一次，单位组织去鸡公山，午餐后我看到一位同事留在桌上的餐盘里，有肉，有菜，还有米，仿佛刚要开吃的样子，岂不知人已吃罢离席。我对着餐盘拍了张照片，发在单位群里，引得同事纷纷议论“这谁”“这谁呀”。我自然不会当众点出是谁，可我清楚地看到那位年轻的同事羞红了脸。

勤俭节约，这应该是每位父母都会培育孩子养成的美德吧，我也一样。姥姥自小对我说的话，如今我又常常对乖妞说：“东西再贵，吃到嘴里咽到肚里，就不可惜；再便宜的东西，不用，扔了，就让人心疼。”

正当的必要的花销，只要在咱们的承受范围内，花多少老爸都不含糊，比如这个暑假去美国参加夏令营每人将近 5 万的开支；不必要的花销，哪怕是微不足道的一点点，比如买回家一次都不穿的打折衣服，都是让人无法容忍的浪费。

“谁知盘中餐，粒粒皆辛苦。”连一粒米都不忍心浪费，何况一个营养丰富的鸡蛋呢？

为了一个鸡蛋，值得吗

乖妞恐怕不会想到，特意把鸡蛋扔到外面去，老爸也会发现吧。“要想人不知，除非己莫为”，流传了多少代的老话，总在现实生活中一再被验证。

我们一层楼三户人家，如果乖妞不承认是她扔的，就只能是其他两家扔的。我甚至曾经想，可以叫上乖妞，带着这个鸡蛋分别去两家邻居问：“这是你家扔的鸡蛋吗？”当然，这种逼供的手段等于在邻居面前撕了孩子的面子，肯定会大大刺伤她的自尊心，是轻易不能用的下下策。

暗暗庆幸，乖妞乖乖地承认了扔鸡蛋的小动作，而不是强撑着把这个谎撒到底。要知道，一个小小的本可以原谅的谎，如不及时纠正，或许要用一百个越编越大的谎言来圆，最终还未必能圆住，落得不可收拾。

“扔鸡蛋尽管不好，这样的浪费也算不上是严重得不得了的原则性错误，最让老爸不能容忍的，是你不说实话。”我对乖妞说，“为了一个鸡蛋，丧失诚实的美德，值得吗？”

关于这个鸡蛋，其实你可以有几种选择——

第一种选择：中午把鸡蛋吃了，才过了半天，还不会变质。正因为担心鸡蛋会变硬，所以老爸特意放在方便面盒里，想着你把鸡蛋跟面一起在开水中一泡，就不会那么硬了。

第二种选择：如果实在不想吃鸡蛋，可以先放在冰箱里，回头爸爸热着吃。尽管我也不太爱吃煮鸡蛋，可也不能把好好的鸡蛋就这样浪费了。

第三种选择：你既不想吃也不想留，而是把鸡蛋扔了；但你要说实话，扔了就是扔了，做得不对咱们以后可以改。

以上三种选择，尽管一个不如一个，老爸都还可以接受，而你恰恰选择了我不能接受的第四种做法：扔了鸡蛋，却又不承认。

我尽量说得平心静气，可乖妞还是哭了。

我问：“是爸爸冤枉你了，你感到委屈吗？”她说：“不是。”

我没有再追问，停了半分钟，过去把乖妞揽在怀里，轻轻地抱着，任她的泪水湿了我的衬衣。我知道，这个鸡蛋会长久地留在乖妞的心里。

趁乖妞不注意，我给那个咬过两口的鸡蛋拍了张照片，再次把它扔进了垃圾箱。这回，我是真的不想再见到它了。

岁月里有一些专属我们的歌

乖妞 11 周岁的生日是个周一，上班的上班，上学的上学，没有充分的时间，所以我们提前到前一个周六过了。乖妞真的是长大了，大到和邀请来的小朋友一起去 KTV 唱歌，这在前两年几乎是不可想象的事情。

乖妞一直在唱，一直在唱，《我是明星》《荷塘月色》《宁夏》《放心去飞》，还有一些我不知道名字的歌。

我一直陪着，却没有主动去点歌，把时间更多地留给乖妞和小朋友们吧！在一旁看着她们开心地唱，比自己唱还开心。

就这样久久沉醉于《你的眼神》

我想，如果乖妞要为我点歌的话，我的第一反应会不会是唱《你的眼神》呢？也不一定吧，这首老歌毕竟太老了一点，与这洋溢着潮流和童真的气场不是很搭调。不过，每当和乖妞一起唱歌的时候，我真的都会想起《你的眼神》——

像一阵细雨撒落我心底，那感觉如此神秘

我不禁抬起头看着你，而你并不露痕迹

虽然不言不语，叫人难忘记

那是你的眼神，明亮又美丽

啊，有情天地，我满心欢喜

蔡琴的这首老歌，从乖妞出生以后，就长久地回旋在我脑海里。那时乖妞还很小，小到不会说话，甚至对老爸的哼唱也没有什么明显的反应。可我就是爱抱着她，对她轻轻地唱这首《你的眼神》，特别是那句“我不禁抬起头看着你，而你并不露痕迹”，多么多么地符合当时的情境。

把它下载到手机里，将它设置为手机的铃声，似乎都不足以表达对《你的眼神》的喜爱。还能怎样呢？就把它放在心底最柔软的地方吧，用它不可替代的旋律穿起一段成长的记忆。

后来，连同事也都知道我喜欢《你的眼神》，聚会的时候经常会主动为我点这首歌。我唱的时候，常常会想，可惜那个我最愿她听到我唱这首歌的人这会儿不在。

后来，在我的某一个生日之夜，蔡琴来郑州开演唱会，我去了。当蔡琴唱起《你的眼神》时，不出所料，又是一曲全场的大合唱。一下子，我的泪水漫出眼眶。我想，假如我最想唱给她听的那个人，此刻在我身边跟我一起唱，该有多好——因为在我心里，这是专属于我们两个人的歌。

《父亲》深处有着怎样的情感密码

乖妞爱唱的歌里，有那么几首是与父亲相关的，有必要记下来。倒不仅仅是因为我是她的父亲，还因为这些歌我也特别喜欢。比如她在声乐班里学的《爸爸的雪花》，唱出了对守卫边防的军人父亲的思念；比如她在微博里跟我分享的《单车》，用粤语描述着与父亲难得的亲昵相处……其中还有一首，歌名就叫《父亲》——

那是我小时候，常坐在父亲肩头

父亲是儿那登天的梯，父亲是那拉车的牛

忘不了粗茶淡饭将我养大，忘不了一声长叹半壶老酒

等我长大后，山里孩子往外走

想儿时一封家书千里写叮嘱，盼儿归一袋闷烟满天数星斗

都说养儿能防老，可儿山高水远他乡留

都说养儿为防老，可你再苦再累不张口

儿只有清歌一曲和泪唱，愿天下父母平安度春秋

后来由筷子兄弟演绎的同名歌曲，貌似更有名一些。可此《父亲》非彼《父亲》。乖妞爱唱的这首歌，是多年以前的一部电视连续剧《咱爸咱妈》的片尾曲，首唱者是朝鲜族歌手崔京浩。

崔京浩的歌声带有明显的朝鲜民族的特点，悠长的旋律中弥漫着一股幽怨，不时出现一些哽咽，让人心为之牵。特别喜欢听他唱《阿里郎》，那是一种无法言说的滋味。

由此可见，《父亲》的演唱难度比较大，对小孩子来说尤其如此。尽管常常会有走音，副歌部分也往往会顶不上去，说句老实话，我迄今还未见乖妞完美地演绎过这首歌一次。我也不敢妄想乖妞是因为爱老爸才喜欢这首歌，因为歌里营造的情境与我们父女的生活距离还是蛮大的。可她偏偏就是喜欢，在很多场合都唱过，包括在小明星夏令营的开营仪式上。

我始终没有搞清楚，乖妞是从哪里学来的这首歌，但我却常常会感慨，在她还不到

十岁的时候，爱唱的歌曲之一竟然是难度很大的《父亲》。这里有着怎样的情感密码，我至今还未解开，可她爱唱、我爱听——这真的是一首属于我们的歌。

《隐形的翅膀》里有着明显的默契

还记得2007年国庆，我带着刚上小学的乖妞，去看望我采访过的新闻人物马玥。

面对左腿高位截肢，初中女生马玥依然爱笑，依然坚强，还在病房里唱歌安慰其他成年病友。她最爱唱的歌是《隐形的翅膀》，那天，我们还跟马玥一起唱过这首歌——

每一次都在徘徊孤单中坚强，每一次就算很受伤也不闪泪光
我知道，我一直有双隐形的翅膀，带我飞，飞过绝望
不去想他们拥有美丽的太阳，我看见每天的夕阳也会有变化
我知道，我一直有双隐形的翅膀，带我飞，给我希望
我终于看到所有梦想都开花，追逐的年轻歌声多嘹亮
我终于翱翔用心凝望不害怕，哪里会有风就飞多远吧
隐形的翅膀让梦恒久比天长，留一个愿望让自己想象

如此的泪光，如此的坚强，如此的绝望和希望；如此的翅膀，如此的翱翔，如此的歌声与梦想……再没有哪首歌比《隐形的翅膀》更能形象地诠释逆风起飞的青春历程，也没有哪首歌比《隐形的翅膀》更适合作为成长的标志装进风雨兼程的行囊。

从那以后，这首歌成了乖妞和老爸的最爱，也成了我们的保留曲目。我们在北海跟爷爷奶奶一起过年时在联欢会上唱过，我们在爸爸单位同事的聚会上唱过，而这次乖妞过生日，我们又唱起了《隐形的翅膀》，这是我们爷儿俩当天唯一对唱的一首歌。

《隐形的翅膀》本是一首独唱歌曲，字幕上并不分男女。可从我们第一次唱，就没有商量谁唱哪一段，却既不会抢唱，也不会出现空档，这该是只有我们父女之间才有的默契吧！

如果说《你的眼神》是老爸对乖妞的絮语，《父亲》则是乖妞对老爸的吟咏，那么《隐形的翅膀》无疑就是老爸和乖妞心声的共鸣了。这是一首专属于我们的歌，因为在老爸的心中，乖妞就是天使，只不过翅膀是隐形的。

原来真的有人愿意“一切都给你”

自少年时代起，我便痴迷于诗歌，也包括歌词的创作。写过的歌词，在我的诗集

《青春绝唱》中单列了一辑——《唱》，但也仅此而已。真正走出诗集被谱成歌曲并被传唱的，唯有这首《一切都给你》——

把花给你，把叶给你
花的芬芳，叶的蓬勃，一切都给你
把青春给你，把未来给你
青春短暂，未来悠远，一切都给你
把心给你，把爱给你
心的祈祷，爱的奉献，一切都给你
把生命给你，把希望给你
生命有限，希望无边，一切都给你
一切一切，全部都给你
我把一切全部都给你，给你

10 年前，最初它是为河南年度教育新闻人物颁奖典礼创作的，后来又成为河南师德主题教育活动的主题歌，年年教师节期间在全省最绚丽的舞台上响起。

2012 年的教师节晚会在省人民会堂举行，由一位大学教师和一名小学生联袂主持。那位大学教师来自我的母校，那名小学生就是乖妞。一次次的排练，让她对本就熟悉的《一切都给你》更有感情，几乎每天都挂在嘴边，仿佛被洗脑一般。她颇有些骄傲，这首歌是她的老爸写的。

我和乖妞从未交流过对这首歌的感受，我也从未借题发挥对她抒发感情；然而，“把心给你，把爱给你，把生命给你，把希望给你……”这歌里唱的，用在父母对儿女的情感上，恐怕再贴切不过吧。说实话，这种感受是我当年创作这首歌词时不曾有过的。

或许有一天，轮到乖妞第一次给一个小小孩过生日时，再听到这首歌，她会突然地，突然地产生共鸣——原来这世上真的有人愿意“把一切都给你”。

这个生日，跟最亲爱的老师一起过

我马上就要12岁了，

这是小学毕业前的最后一个生日。

跟我一起去看看吧！

那些年我们一起待过的校园，

还有那为我们启蒙的老师……

这样一段不长的话，乖妞和老爸在上学的路上斟酌了不知多少遍，来来回回地推敲。终于满意了，想着乖妞回家后自己写下来吧，不想乖妞不放心，在我把她放在学校门口准备继续骑车去上班时，她说："爸爸，你用短信发我手机上吧。"

本不想答应的，就这么简单的几句话，对于一个小学六年级的学生来说，一字不差地记下来应该不算难事儿，但还是答应了，因为我知道，这个生日对于乖妞来说，是多么的重要。

这段话，后来印在了乖妞12岁生日聚会的邀请函上。

曾经为这个生日好一番发愁

乖妞是个小龙女，当又一个龙年来到时，小龙女要满12周岁了。

早在一个月前，乖妞就开始计划：12岁生日怎么过？每天放学接她回家，她都会在单车后座上问："爸爸，我的生日咋过呀？"我便陆陆续续给她一些建议——

"邀请你的好朋友一起去曼哈顿看场电影吧？"——"不好，没气氛，再说也不一定会有好电影。"

"和小朋友一起去唱歌吧？"——"不好，去年生日就是去唱歌的。我想过得更有意义一些……"

我终于想出了一个自以为极好的主意："你不是在博物院当志愿者吗？请同学们周末一起去，你带大家参观，并且给大家讲解，多好！"乖妞还是说："不好。"

我不解："这个活动不是很有特色也很有意义吗？怎么还是不好啊？"乖妞说："我也说不清，就是觉得不理想，不是我想要的那种气氛。"

“那你自己的想法呢？”老爸问。

“我没什么想法。”乖妞答。

于是，就陷入了这样的怪圈：老爸负责出主意，乖妞负责打钩或者打叉。悲剧的是，老爸绞尽脑汁想出的主意，接二连三被打了叉。

三天五天过去了，十天半月过去了，生日方案依然没有眉目。再次放学接到乖妞，她一开口：“爸爸！”我马上接话：“你的生日咋过呀？”

她便重复：“就是，我的生日咋过呀？”

心灰意懒的老爸说：“你想咋过都行。你想好了，需要准备什么，通知我一下，我保证全力配合。”

乖妞心烦气躁地说：“可我没想好呀！”

我说：“没想好，就好好想！到底是谁过生日呀？你都这么大了，自己的生日也该自己拿一次主意了……”

孩子的生日，真真是不能再按这种模式过下去了。我承认，那一刻，我心里确实有点小小的懊恼。

离生日还有最后一个星期，乖妞依然没有打定主意。那天，我发出最后通牒：“不管生日怎么过，这个周末都一定要决定，不能再迟迟不决了。就剩一个礼拜，要通知同学，要联系饭店，要订蛋糕，要做很多准备呢……”乖妞说：“好吧。”

晚饭桌上，乖妞愁眉苦脸地没有胃口，一开口还是：“我的生日咋过呀？”

一家人面面相觑，一筹莫展。

你不能不相信有灵感这么一说，当时似乎也没有什么触动了老爸，只能解释为脑子里灵光一闪，我脱口而出：“回郑东小学看看郭老师吧？”

终于把主意出到了她的心坎上

乖妞小学生活的前三年是在郑东小学度过的。

按计划，乖妞应该在省实验小学总校开始小学生活，可那年由于学校翻修，教室不够，把乖妞他们两个班安排在了位于新区的分校，也就是郑东小学。

刚听说这个消息，我们十二分地不情愿，担心教学质量，担心离家太远，担心……等到了学校一看，顿时释然：原来校园这么大、这么漂亮、这么现代化，并且每日还有校车接送，中午在学校食堂吃饭，每个同学都有单独的床午休……这些还不够，最令人欣慰的是乖妞所在班级的师资，特别是班主任。

郭海霞老师是乖妞小学时的第一位班主任，也是她最亲爱、最敬爱的老师，一说起郭老师，她的声音就会激动地变调。在求知生涯的开端，能遇到这样一位老师，对孩子、对家长来说，无疑是一种幸运。

三年转瞬即逝，总校的教室翻修完毕，乖妞他们两个班要回到总校上课，而郭老师依然留在了郑东。没有被郭老师送毕业，是乖妞一个很大的遗憾。

就要小学毕业了，跟一起长大的同学相约回到母校，去看看那熟悉的校园、亲切的教室，向启蒙老师汇报一下这些年的成长经历，并且跟老师和同学在母校一起过自己的12岁生日，这应该算是一件有意义的事吧？

乖妞没有像惯常一样喊“耶——”，而是低着头，腼腆地笑了。

这个表情透露的密码，我最熟悉不过：乖妞的心终于被老爸的这个主意打动了。

让我们再做一回您的学生吧

周六下午还是六七级的狂风，周日上午却是风和日丽。

10点整，乖妞和5位要好的同学在郑东小学校门口聚齐。关于那天的情景，乖妞在作文里有着这样的描述——

郭老师就住在郑东小学后面的家属院里，同学们迫不及待地跑上楼。虽然3年没见，我们长大了、变高了，但郭老师还能娴熟地叫出我们每个人的名字：李弘沐、刘鸿极、金金、刘晓寒……郭老师一边叫着，一边和我们紧紧地拥抱在一起。

家还是3年前的家，沙发还是3年前的沙发，郭老师热情地让我们坐下，大家又聊起了2008年的汶川大地震。虽然已经4年了，但是当时的情景，到现在大家都还历历在目。“当时感到教室有些晃动，我就举手想告诉您，可是您一直不看我。”李晨源回忆着。“当时您在给我们上课，教室晃动了，您带大家一窝蜂地往外跑。”周弋诗补充说。“幸亏您小时候有过地震的经历，迅速把我们都带到操场上，咱班也成了全校第一个全部安全撤离教室的班级。”我记忆犹新。

乖妞把一束鲜花献给了郭老师，那里有洁白的百合、粉红的康乃馨，还有紫色的勿忘我和白色的满天星。

师生间不断地交流着同学们的近况，有跳级升入初中的，有要到外省上学的，有考到北京学舞蹈的……郭老师特别提到，教师节期间，学校里的一位老师在省人民会堂参加教师节表彰大会，兴奋地给她打电话：“郭老师，你的学生在台上主持节目呢！”这个学生就是乖妞。

“给老师表演个节目吧！”按照事先的筹划，我适时地提议。

作为今天的主角，乖妞第一个出场。“老师啊老师，是我学习的榜样。你给我的一切，我永远不会忘……”乖妞唱的是《老师》，不过声音有点发紧，能感觉到她的紧张。

丫丫讲故事，阿极变魔术，上过《星光大道》的李晨源则又跳又唱……看着孩子们有模有样的表演，我不由得感慨：他们是真的长大了！

从家里出来，孩子们随郭老师来到校园里。学校新进的大鼻子校车让他们兴奋不已，因为他们在这里上学时，校车还不是大鼻子呢。不知是谁带的头，不分男生女生，纷纷往大鼻子上爬，然后摆出种种的Pose（姿式）拍照。

这一刻，又分明地觉得，他们还是那帮可爱的孩子。

接下来，又会发生什么呢？让我们继续看乖妞作文里的记录——

我们找到了当年所在的班级，现在已成为六年级的教室。——哦！正好，教室的门是开着的。大家戴上了红领巾，走进教室，各自找了个位置坐下，想再听郭老师讲一堂课。

这是一堂不一般的课，一堂只有6位学生的课，也可能是郭老师给我们讲的最后一课。郭老师在黑板上工工整整地写下：安塞腰鼓，然后好像欲言又止的样子，可能是不知该从什么地方讲起吧！我们各个坐得端端正正，眼睛里闪烁着莹莹的泪花……

你的生日该你自己操心了吧

午餐，我们提前定在了郭老师家附近的饭店。

蛋糕，烛光，许愿，唱生日快乐歌，如同12年来每一年的这个时候，一样都没有少。

菜足饭饱之际，老爸说：“乖妞，从出生到现在，你的生日都是爸爸妈妈在操办。明年再过生日时，你们都已经是中学生了，就不用大人操持了吧？你可以约上同学和好朋友一起过，只要不违法、不出市，你们做什么、玩什么，大人都不干涉。不过，活动地点和经费支出要如实向家长汇报。这次算是大人最后一次为你操办生日，明年我们当然还会送你生日礼物，但是不会再操心着给你订蛋糕、订鲜花、订饭店，也不再帮你联系同学和家长了……”

乖妞问：“花的钱从哪儿出啊？”老爸答：“从你攒的压岁钱里出。”

乖妞爽快地点点头。

在座的其他孩子纷纷说：“明年生日我也要这样过！”

那一刻，老爸在顿感轻松的同时，不知怎的，竟有些许的惆怅。

收藏时光，看看时间到底都去哪儿了

中考结束，乖妞才接到担任毕业典礼主持人的通知。只有两天的准备时间，想象一下吧，那几天孩子会是如何紧张的状态！那天中午，乖妞回来，一下子瘫倒在床上，做好的饭一口也不吃，西瓜只吃了一口，倒是冲好的板蓝根，她连着喝了两大杯……看着乖妞疲惫至极的样子，真的不知道怎样才能帮到她。

当天，从下午 5 点半走红毯开始，到晚上 9 点半在《放心去飞》的歌声中道别，持续了整整 4 个小时的毕业典礼，其隆重，其丰富，不亚于我经历过的任何一场盛典。

作为家长代表，我参与了组诗《这是一束微光》的演出。我们父女的第一次同台，是在 2008 年的全省教师节晚会上，老爸是主持人，乖妞参演音乐诗剧《千秋之爱》。时隔 8 年，再次同台，乖妞和老爸角色互换。

去排练时，我把两提袋台历给乖妞带到学校。台历比较多，又沉，她自己一次带不了几本。看着她在排练中间，陆续把台历分送给老师和同学，所到之处，激起一片片惊讶而灿烂的笑容……

提前大半年制作明年的台历

乖妞送给老师和同学的台历，是 2017 年的。6 月初联系设计师时，他问："今年怎么做得这么早？" 答："孩子想把它作为毕业礼物。" 之所以在夏天以往往出现于秋冬时节的台历作为分别礼物，是因为其主题与毕业季可谓十二分地契合——《那些年……》。

去年暑假，乖妞与 8 位同学拍过一组写真。他们联系了摄影工作室，在南龙湖的一所大学校园里折腾了一整天，拍下数百张照片：教室里读书、操场上跑步、画室里创作、树荫下私语……镜头里的少男少女，一动一静，一颦一笑，无不展现着青春的无敌、友爱的温馨。

商量第二年摄影台历的主题时，乖妞和我不约而同地想到即将告别的初中生活。起初我的思路，是从这组写真中选一部分，与这三年在学校拍的其他照片合在一起，完整地反映这一段难忘的校园记忆。

待到具体选片时，乖妞说她感觉这些照片分明是两种风格，一种是写真的唯美，一种是生活的地气，掺和在一起，不搭。这个——有道理。那我们就以写真做台历的正面大图，把校园生活处理成背面的小图。父女再次达成共识。

等设计师传来初稿，乖妞看来看去，说与写真相比，平时拍的照片太 low 了，还是不想放进去。这次我没有赞同乖妞的意见：生活毕竟不是仅有写真的唯美，而是有着极其丰富的色彩和风格。与几名同学在大学校园里拍的一组照片，纵然再美，也无法代表你初中三年的全部记忆。而这些与老师的合照、与同学的留影，还有新生军训、爱心义卖、集体生日、运动会、合唱节、汉字听写大会中的画面，串在一起，才更接近校园生活的真实记录。

看乖妞还是有些迟疑，我加重了语气："若干年后，当你再翻起这本台历，你会庆幸因选择目前的方案而保存下丰富的记忆，而不是仅仅留下了拍写真那唯美的一瞬。"乖妞问："你确定？"我说："确定。"乖妞说："那就这么定了！"

为了延展画面的内容，留白处可以配上一些歌词。当时，乖妞正处于备考的紧张阶段，便由我先来初选歌词，然后由她定夺用哪些。我在脑海里搜索着校园民谣和青春歌曲：《年少有你》《时间煮雨》《不说再见》《放心去飞》，当然一定要有《匆匆那年》和《那些年》……

我选的歌词居然 90%都被乖妞采用了，要知道这可是 90 后、00 后的心爱，不由得暗自欣慰于陪伴多年生成的默契。乖妞还问："爸爸，这些歌你最喜欢哪一首？""何老师的《另一个自己》。"我说，"若是有一天相遇 / 看我老去的眼睛 / 请不要伤心 / 它见过你的年轻……"

12 年记忆，浓缩进 12 页台历

为乖妞制作系列生日台历，始于 2012 年。此前也给她做过几本，但没有很好地坚持，如今想来有些可惜。

那年，乖妞 12 岁的生日即将到来，送她什么礼物呢？生日年年有，每年都要准备礼物，每年还都想有点新意，有时真挺让人犯愁的。乖妞生在秋天，离新年不远，就给她制作一本台历吧！

至于内容，乖妞马上 12 岁，一岁一页，正好与 12 个月的台历页码相符，绝了。在设计上，为了尽可能全面地记录乖妞的成长，每页都选了 4 张照片，一大三小。大的主图选取当年最有纪念意义的画面，比如：4 月选取乖妞 4 岁上幼儿园小班的照片，7 月用的是她 7 岁上小学的照片，8 月则是去北京看奥运会与水立方的合影……每页上都用文字标明：2001

年，我 1 岁；2002 年，我 2 岁……2008 年，我 8 岁……2012 年，我 12 岁。

台历主题：《石榴花开：一年又一年》。封面的大图上乖妞用双手在头上做出心形的背影，是我那年暑假在坝上草原给她拍的；小图则是乖妞尚在襁褓中的照片，眼神一片懵懂，却又那么纯净。

生日前一个月，我就开始浏览照片，把乖妞出生 12 年来数以万计的照片一一过目。好在我们家的电脑里，此前已经按年份分别对图片和视频归了档。我在每年的图片文档中，先选出十来幅有特点的照片，然后再一一比较，留下 4 幅，准备收入台历，最后定下其中一张最具代表性的作为主图。

这个过程，相当耗人。那一个月，我几乎把所有的业余时间都泡在照片的海洋里了，精挑细选，反复比较。这个过程，也很幸福，仿佛把 12 年陪伴乖妞成长的人生又重新过了一遍。花费时间长的另一个原因是，在查阅图片的过程中，会由某个画面勾起许多回忆，常常独自傻笑，偶尔潸然泪下，不知不觉已是深夜。

台历做好后，乖妞爱不释手。多做了几本，送给她的老师、闺蜜，还有爷爷奶奶、姥姥姥爷、伯伯、舅舅、干爹干妈，更是赢得赞不绝口。发到博客里，除了点赞，还有一位辽宁博友发来纸条，详细咨询台历的制作过程，因为他的儿子也是 12 岁，此前他正在为孩子的生日礼物发愁呢！

石榴花开，一年又一年

《石榴花开：一年又一年》台历的反响，让我坚定了以后每年都要为乖妞制作一本生日台历的决心，这一系列台历的主题就是“石榴花开”，为此我还请美编同事专门设计了一个 LOGO，用在每年台历醒目的位置。

乖妞酷爱摄影，我们就将 2014 年生日台历的主题定为《镜头里的世界》，收录了 12 幅乖妞的摄影作品。在选片过程中我发现，乖妞的好作品太多了，时时要忍痛割爱地选择。这时，我想，何不开发一下台历的背面？将背面的月历按比例压缩，腾出一点空间，不就可以多收 12 幅摄影了？

如果再配一些文字，画面应该更加耐人寻味吧。那一刻，脑海里立马想到的是冰心的《繁星》和《春水》，其中与乖妞摄影相配的文字比比皆是：“春何曾说话呢／但她那伟大潜隐的力量／已这般地／温柔了世界了”“残花缀在繁枝上／鸟儿飞去了／撒得落红满地／生命也是这般的一瞥么”于是，封面上出现了这样的组合：“摄影／石榴　文字／冰心”。

制作 2015 年台历时，正赶上《爸爸去哪儿》第二季在湖南卫视热播，我们也凑个热闹，制作我们家的《爸爸去哪儿》。

从小到大，带乖妞去过不少地方，北到北戴河，南到三亚，西到伊犁，东到威海。每到一处，自然都留下不少合影，想组成 12 页的台历，简直挑不胜挑。

文字呢，这回是老爸根据《爸爸去哪儿》的主题歌新填的。比如为在坝上草原合影配的文字："老爸老爸我们去哪里呀／美丽的草原是谁的家／乖妞乖妞咱们去驰骋吧／看飞吹草低现出来神马。"再比如年底为在海南过年的画面配的是："老爸老爸我们去哪里呀／有我在就天不怕地不怕／乖妞乖妞咱们南下过年吧／老爸愿陪你走遍海角和天涯……"

2016 年台历的主题《风到哪里去了》，源自乖妞上小学时读过的同名绘本。孩子问："风停了以后，又到哪里去了呢？"大人答："风停下来时，它其实是吹到别的地方，让那儿的树跳舞去了。"就这样用通俗的语言告诉孩子物质永恒的道理：这个世界真的就是这样循环着，没有什么会不见了。

绘本文字原作者是美国的夏洛特·左罗托夫，由儿童文学作家陈丹燕翻译成中文。当乖妞在第 67 期周末家庭读书会上诵读时，我把事先根据绘本内容选配的照片在电脑上同步播放，比如读到"山到了山顶后，又到哪里去了呢"，电脑上出现乖妞登上桂林山顶时的照片；"当海里的波浪扑碎在沙滩上以后，还能到哪里去呢"，与此相配的是乖妞在三亚海边戏水的场景……

那期读书会的内容上传至校信通博客后，引得点赞无数。有网友把这种形式称为绘本的真人秀，想想还真是形象。2015 年乖妞生日前，我把当年的这个创意又搬上了台历。正面是乖妞的真人秀，背面的小图则是绘本的原作，那么这本台历，其实也是一个绘本，只是内容和形式都更加丰富了。

《石榴花开 2016：风到哪里去了》，此刻就在我的办公桌上；《石榴花开 2017：那些年……》，则还要等上半年才能摆上台面；那么《石榴花开 2018》《石榴花开 2019》呢？我已经跟乖妞商量过，上高中后，要经常带着相机，在校园的一草一木一角一落发现美、定格美，为系列生日台历多多地积累素材……

2014 年央视春晚，一曲《时间都去哪儿了》，唱得多少观众热泪盈眶；大屏幕上依次闪现的大萌子与父亲 30 年的合影，更让人情难自已。时间都去哪儿了？时光和记忆如何收藏？如此宏大的命题，在大萌子家，无非是每年父女合一个影；在我们家，也无非是每年乖妞生日为她制作一本台历。

假如，一棵树一生只开一朵花

2016年11月11日是个周五。

傍晚，去学校接到乖妞，她递给我一枝花——玫瑰花。我心里一颤：光棍节已经有人给乖妞送花了？！

“谁送你的？”我尽量问得漫不经心。

“校门口卖水的，今天谁买一瓶水，老板就送一枝花。”乖妞答得不慌不忙。

咽了口吐沫，是不是我太敏感了？就是真有男生双11送她一朵玫瑰，也不至于大惊小怪吧？毕竟再过三天，我的乖妞就满16岁了。

2000年11月14日

这是一个平常的日子，地球照常不疾不缓地旋转，季节照旧由秋天向着冬天渐变，天空中依然更替着阴晴圆缺，地面上依然上演着悲欢离合。

然而，再平常的一天，这个世界也不愁没有新闻发生，2000年11月14日同样如此。

2000年11月14日，中国依然在稳步发展，奥运离中国越来越近。北京市长刘淇当天会见国际铁人三项联合会主席雷斯·麦克唐纳德时表示，北京申办奥运会不只是为了申办，而是把申办与发展有机地结合起来。

2000年11月14日，世界依然是和平与动荡并存。埃及出生的巴勒斯坦恐怖分子阿布·阿勒布在这一天终于承认，是他制造了1985年丹麦犹太教堂爆炸事件。

2000年11月14日，教育越来越受到重视。教育部下发《关于在中小学普及信息技术教育的通知》，决定从2001年开始用5～10年的时间，以信息化带动教育的现代化。

2000年11月14日，教育的脚步依旧蹒跚。西安市大荔县朝邑镇党委当天下发紧急文件：由于镇财政特别困难，不能按时兑付教师工资。经镇党委会议研究，决定在全镇中小学生中征收教师工资，每生50元，以解教师生活燃眉之急；不交款者一律停课处理。

2000年11月14日，有的人情窦初开。网友Coolcat那天在搜狐社区里回忆：“傍晚下课后，我真的很奇怪，我哪里来的勇气会一直盯着你看？你只是笑笑，然后说：‘不许再看我了。’我哪里忍得住，因为我妈教我，和人说话时要看着对方。理由很充分吧？”

2000年11月14日，有的人黯然神伤。一场失败的婚姻让江苏洪泽一家花店的女老板曹雅放弃了所有的家产。离开老家时，她身上只带了1元2角钱，冒着大雨乘长途车去上海。那时她就想赌一口气：看看命运是否要我留在上海！

2000年11月14日，有的人告别了这个世界。北京人艺著名演员李婉芬因“心源性猝死”辞世，享年70岁。她曾因电视连续剧《四世同堂》中“大赤包”一角获得金鹰奖。我有多反感她塑造的屏幕形象，就有多钦佩她出色的演技。

2000年11月14日，有的人向这个世界报到。在河南省第五人民医院，这一天只降临了一个天使，她的乳名叫石榴、学名刘晓寒。是她让我拥有了期待已久的父亲角色，是她让我踏上一段与以往完全不同的人生之旅，是她让这个平平常常的日子变得不同寻常。

乖妞的第一声啼哭，对我来说，是公元2000年11月14日最大的新闻。

你是我此生唯一的孩子

中国突然进入了二胎时代，可惜我们没有赶上。不过，即便赶上了，会给乖妞再来个弟弟或者妹妹吗？答案似乎也是否定的。

一直记得，钱钟书先生很是钟爱唯一的女儿钱瑗，他曾经很认真地跟夫人杨绛说：“假如我们再生一个孩子，说不定比阿圆（钱瑗的小名）好，我们就要喜欢那个孩子了，那我们怎么对得起阿圆呢？”诚哉斯言，于我心有戚戚焉。

我们不仅已经接受了“只生一个好”，并且切身体会到了“只生一个”的“好”。

有那么一个早晨，乖妞在收拾书包，我在厨房忙活。“乖妞，快来看老爸今天煎的第一个鸡蛋！”我有点炫耀地喊。“哇——你这是要逆天吗？”乖妞很配合地惊叹。

乖妞正是长身体的关键时期，每天早晨的鸡蛋和牛奶是必不可少的。以往煎鸡蛋，或许是火候把握得不到家，头一个总是煎得很不成形，一副无脸见人的模样。于是，我们总是自己吃那第一个煎蛋，而把后来煎得好看的留给家人。那天，乖妞吃的完美煎蛋居然是第一个，给老爸莫大的成就感，也给这个平常的早晨增加了一点小小的乐趣。

有那么一个夜晚，饭后，乖妞开始背诵老师布置的古诗文。其中，诸葛亮的《出师表》最长，也最难背，她要我陪着一起背，我爽快地应允。

《出师表》我在初中时背过，时隔30年，当年背会了的基本都已还给老师。不过，真的再读起来，记忆又被逐渐地唤醒，所以每一段我都会比乖妞背得稍微快一点点。在我先背完等乖妞时，发现她的脚趾甲又长长了，于是拿起指甲剪，一个脚趾一个脚趾给她剪起来。而乖妞，一边伸着脚让老爸剪，一边嘴里还在念叨着："今当远离，临表涕零，不知所言。"

日子，就在这样貌似单调的一晨一昏中重复交替，细密而又绵长，平淡暗含激情。就在这样的岁月流转中，乖妞从一个必须老爸同时边抱边走边唱民谣才能止住哭声的襁褓里的小婴儿，长成了一个在寄宿学校里独立生活，爱跟老爸探讨公有与私有经济的区别、美国总统大选的计票方式、鲁迅作品是否该被剔除课本等等话题，身高已经超过妈妈的穿 38 码鞋的高中生，石榴真的十六岁了……

经历如此难忘，回忆如此美好。可是，如果要把这些经历再重新来过一遍，我是断断不愿意的。人生很短暂，人生即体验。所以，我一向认为，要在这短暂的人生中，尽可能多地去体验那些你不曾体验过的，去过那些你没有过过的生活，给时间、精力、智慧与爱以最妥帖的释放与安放。

"世界还小我陪你去到天涯海角 / 在没有烦恼的角落里停止寻找 / 在无忧无虑的时光里慢慢变老 / 你可知道我全部的心跳……"所以，我希望跟乖妞共同面对和探索她在不断长大、我在逐渐衰老的所有未知的旅程，包括外出求学，包括择业谋职，包括嫁人生子，包括……但却一点都不想再重新播种、发芽、开花、结果，将做过的人生题目复习一遍，哪怕能有一些纠错的机会。

所以，我一直用着这样的 QQ 签名——

假如一棵树一生只开一朵花，

怎会不把所有的爱都给她？

亲爹不就是这个样子吗

乖妞 16 岁的生日台历，早在 6 月她初中毕业前就已经做好。由于时间隔得有些久，给她订制了新礼物，还在路上。360 云盘突然宣布即将崩盘，一个 2T 的移动硬盘正合乖妞的心意，她急需把云盘里的海量图片和视频下载保存。而此硬盘的双 11 爆款，是可以订制姓名的，这无疑更像生日礼物的样子。

此刻，我在写这篇文章时，乖妞就在桌旁不住手地抠着手机，跟同学商量明天的 16 岁生日聚会；而家里的生日宴会则被排到了周日中午。不时瞄瞄这个自己一步不离地看着长大的孩子，我突然不知道该再说些什么有意义、有价值的叮嘱、期望和生日寄语，只有深深地沉醉于她手机里播放着的歌曲——

"一次就好，我带你去看天荒地老 / 在阳光灿烂的日子里开怀大笑 / 在自由自在的空气里吵吵闹闹／你可知道我唯一的想要……”

唱得真好。其实，父母与孩子的关系也应该是这个样子的吧，不那么像母子，不那么像父女；更像朋友，更像伙伴，更像同学，更像彼此发现、一起成长的死党或者闺蜜……

那天，乖妞说："爸爸，我想吃冰激凌！"

"你不刚才还说肚子疼吗？"

"可我就是想吃啊。"

"那你肚子再疼了怎么办？"

"忍着。"

"我很为你对冰激凌的热爱和执着所感动，可我不会给你买的。"

"为什么？"

"因为我是你亲爹！"

"哼！"

再一天，乖妞一手拿着轻巧的水杯，一手提着重重的书包。

看老爸两手空空，乖妞便说："帮我拿一个呗！"

老爸想都不想地接过书包。

乖妞说："你的选择让我好惊讶呀！看来真的是我亲爹。"

另一天，上完钢琴课，我骑车带乖妞回家。

乖妞在后车座上问："爸爸，我长大后能不能跟你结婚？"

"你怎么会这么想？"

"因为我喜欢你。"

"你不能跟爸爸结婚，因为我们的感情是父女之情。"

"哦。"

"尽管谁都不能跟自己的爸爸结婚，但这种亲情更长久，永远都不会变……"

又一天，游完泳，骑车带乖妞回家，她把头紧贴在我背上。

"爸爸，我好累啊。"

"有这么夸张吗？爸爸这么老了，还不累呢。"

“不，你不老！”

“我不老，你怎么长大啊？”

“那我就不长大。”

“你不想长大，是怕爸爸老，还是就喜欢现在这么大？”

“怕爸爸老。你老了死了，我就没有爸爸了。”

“爸爸离死还远着呢，我还没抱外孙或者外孙女呢。”

“爸爸，我将来想生个女孩……”

“那等我退休了就带外孙女！”

“你对她，会像对我一样好吗？”

“肯定会的。”

“真是我的亲爹！”

那是个周末，乖妞照例要去上辅导班。上课的地方很远，预报的又有雨，骑车不方便，就想打车去。出于对女生的安全考虑，自小至今，我们从不让乖妞单独乘坐出租车，想想那些女孩子打车被司机径直开到郊外的案件就毛骨悚然。又要打车，又不能单独打车，那就只有老爸陪她打车去了。

路远，时间长，上车后乖妞提议我俩歌曲接龙，就这样唱了一路。下车付款时，司机师傅很随意地问：“你多大了？”我说：“你觉得我多大？”他说：“跟我差不多吧！”我问：“那你多大？”他答：“25。”我喷了：“你啥眼神呀？我女儿都这么大了，她亲爹会跟你差不多？”

司机这时才回过头来，看了我一眼，马上说：“不好意思！不好意思！我一直没看人，光听着说话唱歌，还以为恁俩是同学呢！”

乖妞说：“我晕！”

我也说：“我晕！”

AI 爱

04 02 2006 10 07

爱是我们对抗这个世界的唯一武器，

爱也是我们与这个世界和解的唯一法宝。

身边有爱，孩子的生活是温暖的；

胸中有爱，孩子的心灵是踏实的。

用爱，让她感受到爱；

用爱，教给她如何爱；

用爱，让她学会创造幸福。

父母所有爱的表达、爱的付出，

只要能得到一种回报就足够了，

那就是——让孩子永远相信，

这个世界上始终有人在无私地爱着自己。

此刻，爸爸就是爸爸。

猜猜，乖妞，猜猜我有多爱你

初次读到经典绘本《猜猜我有多爱你》时，就想着要在你生日的时候，写一篇同题的文章，连同满夜的烛光和心声，一同作为生日礼物，送给你——我的乖妞。

然而，你的生日愈来愈近，我却迟迟地没有动笔。也许是因为对你的爱已渗透到身体的每一个细胞，甚至这爱就是生活本身难以分割的一部分，才让我不知该从何处动笔，才能把这份如影随形、刻骨铭心的情感，整齐地排列成分行书写的文字。

那个绘本的封底上说得多好啊："当你很爱很爱一个人的时候，也许，你会想把这种感觉描述出来。可是，就像小兔子和大兔子发现的那样：爱，实在不是一件容易衡量的东西。"

出生那天，你吓了我一大跳

那个龙年秋日午后三点的一幕，至今还能清晰地出现在我的眼前。因为你是当天这家医院迎到世界上唯一的孩子，也因为给你接生的李阿姨是爸爸同事的女儿，所以我和奶奶破例被放进产房的外屋，可以透过玻璃窗，清楚地看到产床上发生的一切动静。

经过 10 个小时的努力，你来了，从怀你十月的妈妈身上破门而出！我期待着那一声嘹亮的啼哭——可是，没有——等了一等，还是没有。护士阿姨抓着你的双脚把你倒提起来，用力地拍打你的脚心，你还是没有声音。

只见护士飞快地跑出产房，又见大夫飞快地跑进产房。天啊，出了什么事情？出了什么事情啊！我只觉得全身瘫软，双腿支撑不住沉重的身体，身体先靠在墙上，继而顺着墙壁向下滑。我的妈妈、你的奶奶喃喃地对我说："没事儿，不会有事的。"可从她的声音中，我能够听出来，她和我一样的恐慌和无助。

"哇——"在大夫来后，你终于以一声嘹亮的啼哭，向人间宣告你的诞生。护士阿姨把你抱到我的眼前，我的眼神迷蒙，我看不清楚你是否在看我，我甚至叫不出那一声我温习过无数遍的"乖妞"。

但我知道，你是真的来了。

——是你，让我在而立之年又多了一个角色——父亲。

我开始怕死，自从有了你

像所有的孩子一样，你用哭声向这个陌生的世界表明你的态度。于是，抱着你，散着步，唱着歌，才能让你满意、让你安静。

你刚出生的那些日子，老爸几乎把所有能想到的曲调优美的民歌都给你唱了一遍，还发明了一种四首连唱的方法，就是把“万泉河水清又清”“夜半三更盼天明”“太阳出来照四方”“山歌好比春江水”连在一起，循环着唱给你听。这样也惯出了你的毛病，要求老爸必须边走边唱，一旦停下脚步或者停住哼唱，你马上以哭声抗议。老爸自以为是个脾气急躁的人，此时却被小小的你制得服服帖帖。

你是一个女孩子，我们深知，一头茂密黑亮的头发对于一个女孩子来说有多么重要。为了你日后头发的飘逸美丽，只好让你现在受点委屈了。压制着你的哭闹，我们给你剃了光头，并用老爸的电动剃须刀把你的毛茬也剃得一干二净，摸上去光光溜溜，十足地像个小和尚。接下来，用新鲜的姜片一遍遍地在你头皮上涂抹，姜汁没了，就再切一片，继续，继续……直到你如今满头浓密的秀发，总是让周围的人艳羡不已。

你的指甲缝从小就比较深，很容易藏灰，太影响美观。为了不让这种趋势发展下去，老爸把为你剪指甲揽为自己的专权。乃至到你上了幼儿园，也不放心让老师给剪，特意交代你告诉老师：爸爸说我的指甲要等到回家让他给剪。为你剪了这么多年指甲，有那么一次失手，让你嫩嫩的指尖渗出了血珠。你还没哭，老爸的眼泪先流了下来。

30多年人生游历，我从没有担心车祸、惧怕死亡。怀里抱了一个小小的你，却突然觉得周围处处都仿佛是危险的陷阱。出门时坐车，往往由我抱着你坐在副驾驶的位置上。脑子里反反复复地一直在想：如果这时与前面的车相撞，你面对前方还是面对我，哪一个伤害会更小一些？撞车的时候，我抱着你往左转身还是往右转身，能让我最大限度地把你护在身下？这样的想法撞击着我，还没有发生车祸，已让我不堪重负，几次都要脱口而出——停车！

——是你，让我对生命的分量头一次有了如此分明的感受。

最爱与你一路走回家

“像一阵细雨洒落我心底，那感觉如此神秘，我好想偷偷地看着你，而你却不露痕迹。虽然不言不语，叫人难忘记，那是你的眼神，明亮又美丽，啊，有情天地，我满心欢喜……”

知道吗？乖妞，蔡琴的这首老歌，总是在我看着你的时候响起，每一句歌词都印合着我对你的感受，仿佛就是为了迎接你的到来而早早地预备好的。

在花园路住的那段日子，正碰上妈妈要连续熬夜为竞争上岗做准备。姥姥白天照看你一天已经非常劳累，晚上陪你睡觉照顾你的重任自然落在老爸的身上。那一个月，我每天单独和一岁多的你睡在大床上，一个晚上要起来为你换五六次尿布。借着窗外依稀的月光，看着你圆鼓鼓的脸蛋，听着你均匀安稳的呼吸，老爸的心填得很满很满。我知道，这满满的感觉就是幸福。

有一个周末，我独自带你去逛书店，让你尽早感受书香的诱惑。从太康路上的图书大厦，到花园路上的家，是一段不算短的路程。我就推着童车里的你，一路走回家。走得累了，就把小车推到金水河边的柳荫下休息。你睡着了，太阳把柳叶细长的影子投在你红润的脸庞上，让老爸痴痴地看着，怎么也看不够。

后来你就慢慢地大了，不用再坐小车了，我们曾经从一个更远的地方，牵着手一路走回家。还记得那首诗吗？“终于走到了我们共同的目的地 /——家，在将近三个小时之后 / 我们都在对方的脸上看到了笑容……”

有一个晚上，电视里放着抒情的歌曲，你即兴跳起了自己编的舞蹈，你的眉眼笑着，你的头发挥洒着，你的每一个动作竟然都与那音乐旋律如此地协调。你是懂了这音乐的，你是能够感染这美的，你是善于表达内心的激情的……你长大了，而长大的你是我的乖妞——我欣慰，我是这个世界上唯一叫你“乖妞”的人。

脸上湿湿的，才发现，泪水不知何时流了下来。

——是你，让我如此清晰地见证了什么叫成长。

你把我历练成另一个我

你一天天地长大，老爸也一天天地感到教育之责的沉重。

也是你，激发起老爸的灵感，在你即将从幼儿园跨入小学校门的时候，为你而召开周末家庭读书会。

在每个周末，我们一家人围坐在一起，分享好书的滋味，交流读书的感受，以及如何走路、如何做人的道理，就在每一个周末的书香之夜潜移默化、润物无声。我们就这样坚持下来，虽不能说风雨无阻，但也可以称得上风雨兼程。还记得有一个周末，爸爸下午才出差回来，妈妈晚上又要出差，就在晚饭后的一个多小时里，我们家的读书会仍然如期召开。是你的健康成长，给了我们坚持的力量。

带你在六一节去红十字会为灾区捐款，为你报名参加省少代会特邀代表的海选，陪你去电台参加少儿节目的录制，帮你向报刊投寄作文，推荐你参加全省的诗歌表演，把你的泥塑放在爸爸新书中的醒目位置……

不放过每一个时机，培养你的善良；寻找着一个个挑战，锻炼你的能力。素质教育的内涵，我至今还搞得不是十分清楚，之所以这样做，恐怕更多的是出于一位父亲因孩子而生的本能。

也曾把你关进小黑屋，因为你的一次撒谎，并且不肯承认；也曾打你的手心，因为你用刀片划坏桌子，因为你把满手的油都抹到衣服上……你在小黑屋里嘶哑着喉咙哭，老爸的心似乎比你更疼。老爸后来已经忘了为何打你的手心，可你还清晰地记得，因而你也记得再不撒谎，再不伤害桌椅，再不故意地弄脏衣服……你在健康地成长，老爸心疼的次数也越来越少。

在做教育博客大赛的评委时，每一篇学生的博文都让我想到你，每一篇教师的博文都让我设想那文字背后站着的是你的老师，每一篇家长的博文都让我与我们家的生活对照，直至按捺不住冲动，在校信通的网站上开通了我们的家庭博客。

当了十多年记者，发过几百篇报道，也出过几本书；可是，如此密集而系统地为你写关于家庭教育的文章，却是从那个春天刚刚开始的——海选过后，我为你写《所谓海选，就是要在大海里捞针》；奥运期间，我给你讲《没有刘翔的鸟巢》；看过电影，咱们一起给《功夫熊猫》编续集；学过课文，我和你探讨《狐狸和乌鸦能不能成为好朋友》……对你的爱，挖掘出我自己都不曾想象的创作潜力。

后来，老爸被校信通网站推为父亲的榜样，也曾陆续在不同场合与家长们分享为父之道。

——是你，使我在记者、同学、儿子、爱人这众多的角色之外，又拥有了作为一个父亲的价值和骄傲。

在所有的爱上再加一点点

乖妞，当你8岁的时候，老爸已年届不惑。然而，即使你到了18岁，你仍然是老爸的乖妞；即使我80岁了，我还是你的老爸。你和我，因血脉而紧密相连；我和你，因为爱而不离不弃。

猜猜我有多爱你?

小兔子说："我爱你，一直到月亮那里。"

猜猜我有多爱你？

大兔子说：“我爱你，一直到月亮那里，再从月亮上回到这里来。”

猜猜我有多爱你？

乖妞，在你能够回味到的、能够感受到的、能够想象到的、能够期望到的爱上面，再加上一点点吧！

——那是老爸的一颗心的重量。

你是否也对身边的爱视而不见

给你讲一个小女孩的故事

一个女孩跟妈妈闹别扭，跑出了家。

她饿了，一位摆面摊的老婆婆给了她一碗馄饨。她的眼泪掉了下来："我们不认识，你却对我这么好；可是，我妈妈，我跟她吵架，她竟然把我赶出来，还叫我不要再回去！"

老婆婆说："我只不过煮了一碗馄饨给你吃，你就这么感激我；那你妈妈煮了十多年的饭给你吃，你怎么不知道感激呢？"

女孩愣住了。

回味着老婆婆的话，女孩不由自主地走上回家的路。正到处找她的妈妈见她回来，脸上露出了喜色："饭早就做好了，你再不回来，菜都要凉了！"

女孩的眼泪又一次掉了下来。

——这篇题为《视而不见的爱》的文章是这样收尾的："有时候，我们会对别人给予的小恩小惠感激不尽，却往往对身边的爱视而不见。"

又是忙碌的一周过去了。周末的晚上，靠着床头，在台灯下给乖妞读书。她喜欢紧凑在我身边，搭着同一条被子。

读罢，问她："知道爸爸今天为什么要给你读这篇文章吗？"

乖妞望着我，不说话，习惯性地等我自问自答。

上小学后的第一个暑假，我们每天白天要上班，乖妞就跟着照顾她生活的姐姐在家。

正上着班，经常会接到乖妞的电话，其中相当一部分是告状，"我想……可姐姐不让我……"是她常用的句式。比如今天："我想吃棒棒糖，可姐姐不让我吃。你说我能吃吗？"电话那边传来的是满心的渴望和期待。

这个时候，我的回答大多是："我不在家，不了解家里的情况，不能给你们当裁判。"而实际情况往往是，乖妞这天已经吃过一个棒棒糖了，为保护她的牙齿，姐姐没有答应她再吃糖的要求，因为我们约定过，一天最多只能吃一个棒棒糖。乖妞也往往因为这样的事情，而对姐姐不无怨意：姐姐总管我，不让我这样，不让我那样……

“乖妞，姐姐管你，是因为爱你。如果不爱你，才不管你牙坏不坏呢！反正过几年姐姐就走了，你再难看再没人喜欢，跟姐姐又有多大关系呢？”我接着说，“而你有没有对姐姐的爱视而不见呢？只是看姐姐不能满足你的要求就不高兴，不管这要求合不合理。”

你知道姐姐为什么要来我们家吗

“乖妞，我们来分析一下。你是不是觉得爸爸妈妈是自己亲生的爸爸妈妈，而姐姐不是咱们家的人？所以，你对爸爸妈妈的要求可以接受，而对姐姐的要求却不是很当回事儿，甚至不是很尊重？”

“可你知道姐姐为什么来咱们家吗？”我问乖妞，她摇摇头，“姐姐是专门为你来的啊！”

“因为爸爸妈妈都要工作，没有那么多时间来照顾你。而爷爷奶奶和姥姥姥爷年龄都大了，身体也不好，没法一直带你。为了更好地照顾你，姐姐从老家来到了郑州，从你一岁多就开始陪着你，给你做饭，给你洗衣服，陪你玩儿……”

说到玩儿，乖妞的脸上有了笑模样，估计是想起了跟姐姐一起玩耍的快乐时光。我接着说：“我们不否认，姐姐不是你的亲姐姐。可你想到没有，姐姐在老家可是有两个亲生的妹妹和一个亲生的弟弟，她没有时间去管家里的弟弟妹妹，而把全部的爱都给了你……”

乖妞放假了，姐姐的弦却绷紧了——

每天早晨我们都还没醒，她就起床做早饭；

我们上班还没出门，她就带着乖妞去省体工大队学游泳了；

白天，要指导乖妞做作业，陪她做游戏；

中午，我们都不回家，姐姐要抽空做姐妹俩的午饭；

做过晚饭后，就匆匆地送乖妞去上舞蹈课、钢琴课、英语课……

每天如此，至少在假期里是这样。如果没有姐姐在，真的很难想象这个暑假对我们来说，将是如何的漫长难挨！

对这些，乖妞已经习以为常，恐怕小小的心里还会觉得姐姐就该这么做，而没怎么体会到其中包含的辛苦付出和深切爱意，那不仅仅是干活挣工资的问题。姐姐曾经说过，也许是因为看着乖妞长大的，从一个咿呀学语的懵懂小妞，长成了一个伶牙俐齿的小学生，在她眼里，自己的亲妹妹都没乖妞看着亲。我相信她说的是内心真实的感受。

我们曾在五一节，带乖妞到姐姐位于黄河岸边的老家住过几天。那是自小在城市里出生、成长的乖妞头一回来到农村的广阔天地，这里的一切对她来说都是那么新鲜和神奇。姐姐带着她去拽槐花、抓蚂蚱、晒苞米，还带她去黄河边的船上唱歌、照相，玩得那叫一个开心。

也许是因为乖妞比姐姐的两个亲妹妹年龄都要小一些，也许是由于每日的朝夕相处有了感情，在寸步不离的脚步中，在从不移开的视线里，我能看出来姐姐对乖妞的确比对自己的亲妹妹还要上心一些。

朝夕相伴中包含着怎样的爱

在乖妞没上幼儿园前，毫无疑问，陪伴她最多的是姐姐。朝夕相伴中，连初中都没上完的姐姐，居然用日记来记录乖妞的成长，里面有太多我们这亲爹亲妈都不了解的珍贵细节。比如乖妞一岁四个月的时候，姐姐在一篇日记中这样写道——

昨天晚上我带着妹妹到大街上逛。走到一个卖饮料的商店，我们停下了。如果我抱着她就呆呆地站着，嘴一动不动，那对她的智力开发便不会起什么作用。于是，我就教她认各式各样的饮料。我指着一种饮料告诉妹妹，这是“百事可乐”，又指了一种饮料，告诉她这是“绿茶”，然后再给她巩固一下。停一会儿，我问她哪个是百事可乐、哪个是绿茶，她都会用小手正确地指出，这说明她记性特别好。

唯一有点遗憾的是妹妹现在不会说话。在学习方面，我现在最大的任务就是让她练习发音。我计划这样：第一，每天多跟她说话，这是必不可少的。第二，看见一样东西，如果值得让她认识的话，就说上十遍左右。以后每见一次跟她提一次，这样以便她记牢、记死。第三，关于识字，对妹妹而言还为时过早，让她先学会认物也未尝不可。

当父母不在身边时，姐姐就是这样陪伴乖妞一天天地成长。这些质朴的文字里，包含的是怎样深厚的爱啊！

“乖妞，你知道吗？姐姐已经拿到大专文凭了，马上要考教师资格证，也许很快就要离开咱们去当老师了。到那时，你就该想，有姐姐在身边是一件多么幸福的事情！”这时，我在乖妞的眼神里看到了一丝怅然，“所以，要感谢姐姐给你的无私的爱，珍惜和姐姐在一起的时光，跟姐姐配合好，让每一天都过得快快乐乐！你能做到吗？乖妞！”

“能。”乖妞认真地点点头。

我没有要求乖妞当即发表更多的感想。因为我知道，当她真的有所领悟时，她的言语并不很多，而心里一定是在默默地感受。硬逼着她当即认错、表决心，或许还会让她产生逆反心理，效果未必有让她自己去消化更好。

跟爷爷奶奶说一句“我可想你们”

这时，姐姐来招呼乖妞洗脸刷牙睡觉了。乖妞拉着姐姐的手，紧贴着姐姐的胳膊，走向她俩共同的房间，那股亲密劲儿好不温馨。

写到这里，想到父亲上周五发来的一条短信，说他们换住处了，还留下了新的电话。老两口儿身体不好，受不了郑州的酷暑，去海边避暑将近一个月了。

心里想着要给父母打个电话，可一拖再拖，已经拖了将近一周。总觉得眼前的每件事情都很重要、都很紧急，而父母也没什么急事，电话就推推再打，甚至连短信也没有回。老人会怎么想呢？是否也很想跟我汇报一下新住处的利弊，或是又在担心儿子是否忙得不可开交，否则怎么这么久都没个回音呢？

如果是我出差这么久，爸妈肯定早就开始担心了。假如我连着三天不打电话回家，他们一准儿就把电话打了过来，确认一切都顺利安好才放心，甚至会因为担心耽误我的“正事”，而匆忙地挂掉电话。是啊，我们每个人都该扪心自问：你是否也曾对身边的爱视而不见？

好吧，我先把这篇文章写完，接着就给父母打电话，告诉他们：我是比较忙，但我一直牵挂着他们。

如果乖妞还没睡，就让她也跟爷爷奶奶说几句话，讲讲假期里发生的有趣的事儿。乖妞最爱说的一句“我可想你们”，对于好久不见的爷爷奶奶来说，无疑是这个世界上最动听的语言。

我的心愿，就是帮你实现你的心愿

关于压岁钱的日记里藏着一个心愿

过年了，今年我得了1200元压岁钱。爸爸答应我，给我留下100元，剩下的存起来。

大年初一，我和爸爸妈妈去碧沙岗公园玩。我坐了高空轨道车，花了15元。100−15=85元。我还买了一个小弹球，3元。85−3=82元。

前一天没玩够，第二天，我和姐姐笑笑、月月又去碧沙岗公园玩。爸爸说："你们今天可以每人玩一项游戏、吃一样东西。"

我们先去玩青蛙跳，一个人10元，四个人一共花了40元。82−40=42元。

接着，我们又吃了鸡柳和红薯角，花了12.5元。42−12.5=29.5元。

星期天，我去做姓名贴。我给自己做了一张，还给好朋友王玥衡做了一张。一张姓名贴5元，两张一共10元。29.5−10=19.5元。

今年我可以花的压岁钱还剩19.5元。我准备元宵节买个孔明灯，让它飞到夜空中，跟圆圆的月亮做伴儿。

——这是乖妞过年时写的一篇日记，题目为《我的压岁钱是这样花的》。当时她上小学二年级，老师经常会布置写数学日记，通过记录身边的生活来学习加减乘除，的确比较生动，也有助于孩子理解。

乖妞出生后，每到过年都会收到压岁钱，有爷爷奶奶、姥姥姥爷给的，也有伯伯和舅舅给的。上小学前，她完全没有钱的概念，收到压岁钱后，连从自己的口袋过渡一下都没有，直接交到爸爸妈妈手里。当然，我们也不会动用乖妞的压岁钱，而是专门在银行给她立了个账户存起来。

那年是我头一回提出，从压岁钱中抽出100元，由乖妞自由支配，前提是花钱之前要经过大人同意，用到合情合理的地方。从日记里可以看出，这个年乖妞过得很开心，可以完全按自己的心意，玩自己想玩的游戏，吃自己想吃的零食……最后，乖妞写到了自己的心愿，想买一个孔明灯。

孔明灯，又称许愿灯。我们头一回看到孔明灯，是国庆节在如意湖畔的广场上，几个大学生模样的年轻人，有人托着，有人点燃。那会儿，孔明灯在郑州刚刚开始出现，对人们来说很新鲜，也还不曾意识到它的安全隐患。引发火灾事故，导致市区禁放，是后来的事情。

乖妞在一旁看哥哥姐姐们放孔明灯，觉得神奇极了。眼巴巴地望着红色的灯影在夜空中越飘越高、越飘越远，她说："爸爸，我也想要！"我说："等过年吧。"没想到这个小妞就此记住了，还作为新年的心愿写到了日记里。

带着许愿灯，穿越元宵夜的"枪林弹雨"

那年的正月十五是个周一，按照惯例我要值夜班。

上班的路上，就想着要给乖妞买一盏许愿灯，可是一路上都没见到。上网去查，有网友说在郑东新区或者火车站小商品城有售，这些地方距离我单位都不近，明显不现实。即便不甘心，也只能作罢。给乖妞打电话，说在周围买不到孔明灯。乖妞懂事地表示理解，但她语气里的失落，我还是能够明显地察觉得到的。

夜幕降临，照例在顺河路上踅摸晚饭。突然，就看到路边一处烟花爆竹销售摊上，醒目地挂着"许愿灯"。显然，这个摊点是天黑后才摆出来的。

不假思索，没有还价，我买了一个。也顾不上晚饭了，立马骑上车子往家赶——给我的乖妞送灯去！

那时候，市区还没有禁放烟花爆竹。正月十五的大街上，上演着过年最后的疯狂，各种鞭炮的不断轰炸，有着除夕都无法企及的壮观阵势。有的人甚至把手腕粗的大炮正放在马路中间点响，让人几乎避之不及。车子在马路上不时地左拐一下、右闪一下，我简直是穿越"枪林弹雨"赶回家的，那会儿感觉自己就是战争片中出生入死给党组织送情报的英雄。

尽管常言道"十五的月亮十六圆"，可不也有句老话叫"不出十五都是年"吗？在正月十五的晚上，让乖妞亲手点燃许愿灯，也算是赶在年过完前，帮她实现了新年许的愿吧。

乖妞开门，先是对老爸的意外回家表示十分惊喜，继而对我手中的许愿灯表示十二分惊喜。"谢谢爸爸！"花儿灿烂地开在圆圆的脸上。

由于我还要赶回单位值班，匆匆地吃过临时下的速冻饺子，我们上到楼顶的平台。乖妞托着灯，我来点燃料。燃料是一种蜡制的方块，远没有一般的灯捻好点。她有点迫不及待，担心地问是不是坏了。

终于点燃了，灯笼的光映红了乖妞的笑脸。

火苗越来越旺，乖妞竟然有点害怕了，声音慌张地叫妈妈把灯接过去。就在妈妈伸手要接的片刻，许愿灯飘了起来，向着东方的夜空迅速地飘远。映衬它的是千朵万朵绽放的璀璨礼花。

在我的相机镜头里，许愿灯和礼花的前景，是乖妞小小的背影。

问乖妞："你许愿了吗？"

"许了啊。"她肯定地回答。

我没有问乖妞许的什么愿，孩子大了，就让她自己珍藏一点美好的秘密吧。不过，冒着"枪林弹雨"返回单位的路上，还是禁不住猜想乖妞会许个什么愿：关于新学期？关于小狗狗？关于向往的地方？……思前想后，猜不到准确的谜底。不猜也罢，终归是与光明、圆满和幸福有关吧！

爱她，就为帮她实现心愿而尽心尽力

后来，这个城市开始禁放烟花爆竹；去年，连孔明灯也禁放了。对此，我完全赞同，也身体力行，毕竟凡事安全第一。

乖妞也过了对孔明灯感兴趣的年龄，不过，多年前那个许愿灯的光影，却久久地印在我们的记忆里。爱她，就靠近她，感受她，去明了她的小心思、大主意，从正月十五想要的一盏灯，到辞旧迎新想去的一个地方，再到她由朦胧逐渐清晰的人生方向；同时，尽自己所能，尽心尽力地帮助她实现……

乖妞小学六年级时写过一篇作文，记录了春日周末的一件小事，后来发表在《小学生学习报》上，标题为《这就是爱》——

自从上周得到了一个吉他式 CD 播放机后，我在里面放过很多歌手的专辑，张艾嘉、羽泉等等。可是我一直期盼着有一天，能在里面放上张杰的专辑，那是我最喜爱的歌手。

昨天，我和老爸窝在沙发上看《快乐大本营》。看到主持人谢娜，很自然地就想到了张杰，我随口说了一句："爸爸，我想要张杰的专辑。"

老爸接话："如果有，你会怎么感谢我呢？"

"嗯……给你一个大大的吻！"我答道。

"那你先亲一个，让我看看够不够得到专辑。"

"如果没有，我不亲！"

"你还是先亲吧……"

没办法，我在老爸脸上狠狠地亲了一口。

“专辑呢？”我迫切地问。老爸把双手敞开：“没有呀！你这刚提出的要求，怎么会有现成的呢？”说的也是啊，可直觉告诉我，老爸一定有。再看看他的表情：平静中不失淡淡的微笑，似乎在极力掩饰自己心中的骄傲与兴奋。我有些着急了：“到底有还是没有呀？”

“没有啊。”不！老爸还在掩饰，但一言一行中都透露出他肯定有我想要的东西。

“你一定有！”我把声音提高了。

“为什么？”

“直觉。”

“那你去找一找吧！”

唉——我从沙发上爬起来，径直走进我的屋子。“认真找啊！”老爸加了一句。于是，我像以往找圣诞礼物一样，非常仔细地把每一个柜子、每一个抽屉翻了个底朝天，也没有张杰专辑的影子。刚才坚定的信念又有些动摇了：有还是没有呀？如果不在小屋，会在哪里呢？难道老爸是在耍我吗？

正在我一筹莫展的时候，门开了，是老爸，手里还拿着个大大的本子。我激动地迎了过去，没来得及说话，首先看到了一个精美的画册。——这不是张杰的专辑吗？——正是！我激动得大声叫了出来，双手接过专辑，给了老爸一个大大的拥抱。

我有点奇怪，既然老爸已经给我买了张杰的专辑，为什么不主动给我呢？老爸说，好东西要慢慢地享用、消化，他前一天才给我了一张羽泉的专辑——看《我是歌手》，我又爱上了羽泉——张杰的专辑原来准备过一段儿给我呢，没想到我突然就说想要了。

看到我爱不释手的样子，老爸说：“那天晚上，你有了CD机后，我就开始在网上找张杰的专辑。”短短的三天之内，我心爱的专辑已经到手了。我看了看老爸，点了点头，心里满是感动。

应该只有老爸才会这样做吧！他知道我心里在想什么，我喜欢什么，我需要什么，我有什么样的心愿……别看只是一张小小的CD，里面却藏着很多只有我们俩知道的小故事和浓浓的父女情，正如我们都喜爱的张杰的那首歌——《这就是爱》。

莫非你也是“爱你在心口难开”

国庆小长假，乖妞由于要准备节后的月考，老老实实地在家复习；我则回了老家，因为那里有年逾古稀的父母。

在老家，从国庆那天开始，每天上午我都会通过微信与乖妞分享一张随手拍的图片，有楼下熟透了的石榴，有院里绿树掩映的亭子，有海边在风中摇曳近乎透明的蒲公英……

每张照片，都会得到乖妞的回应：“好美！每个地方都好美！好想快点过年好回老家！！”还说：“爸爸，我可想你！”又问：“爷爷奶奶都好吧？”同时发一些表情：可爱的脸，红红的心，捂着嘴笑，调皮地吐着舌头……

以前，乖妞可不是这个样子——

她说她不知道该怎么说

眼睛发红且明显地疼，是从那个周六的晚上开始的。

当时我没太在意，在楼下的药店买了瓶氯霉素眼药水，想着自己滴一滴就会没事的，可滴了一天一夜也不见效。周一去医院检查，急性结膜炎，也就是人们常说的“红眼病”。

有位同事得过这种病，说其传染性特别厉害，当初他们一家三代五口无一幸免。这话说得我心惊肉跳，连夜把自己隔离在了父母家。幸好父母不在家，那是夏天，他们又去威海避暑了。

偌大的房子，只有我一个人，晃来晃去，连个影子都没有，仿佛被困在了监狱里。不成想非典时期没有被隔离，五年之后无意中让我尝到这种画地为牢的滋味。

无聊。还是无聊。周二中午，给家里打电话。正在过小学第一个暑假的乖妞，听到我的声音很是欣喜，没等我问，便一五一十地汇报自己在家的活动和想法，可是——唯独没问问爸爸的病情如何。

周三的电话，是乖妞主动打过来的：“爸爸，你什么时候回来啊？我可想你！”

“明天吧，等爸爸接了睿哲一家后，一起回家。”睿哲，一个和乖妞同龄的女孩子，是我采访过的一位山区教师的女儿。因为采访，两家人如同成了亲戚。前一年的五一节，我们到山里的睿哲家住了几天；这个暑假，我们邀请睿哲一家到郑州玩几天。

“哦！睿哲要来了！我都等不及了！”乖妞在电话那边兴奋不已。

此时，我的心里却有一丝隐隐的期待，以及期待迟迟未能如愿的失落。这种失落要不要表现出来呢？思量片刻，我还是说了出来：“乖妞，你知道爸爸为什么不在家里住吗？”

“知道。”乖妞的声音突然小了下来。

“为什么呢？”

“因为你眼睛病了。”

“那你怎么不问一问爸爸的眼睛现在怎么样了？你就一点也不关心爸爸的病情吗？”

“不是。”乖妞的声音近乎嗫嚅，“我不知道该怎么说……”

你不提醒，她便不知道

乖妞，这个被班主任称为班里情商最高的孩子，平时常常把“妈妈，我好爱你！”“爸爸，我可想你！”挂在嘴边。然而，当大人身体不舒服或是患病时，她却很少有什么表示，既不会主动地端茶倒水，也很少关切地嘘寒问暖。真搞不清她小小的心里是怎么想的。

我始终对妈妈在某一期周末家庭读书会上描述的一幕耿耿在心：

那是一个春日，几位相熟的家长带孩子们去鸵鸟园游玩。最吸引孩子们的是一个水上的新项目——真空气球，就是人可以钻进透明的气球在水上游走。游戏很好玩，但对大人的体力和平衡力来说却是个不小的挑战。

为了让孩子们玩得开心，同时又为了保证她们的安全，在其他家长由于各种原因没法陪孩子进气球的情况下，妈妈连着陪不同的孩子坐气球，一连坐了多次。结果从大气球出来刚坐上车，她就抑制不住地呕吐起来。

这时，开车的家长马上停下了车，另一位家长赶忙送过来水。而孩子们在一旁自顾玩耍，没有人来关心妈妈的情况，包括乖妞，连一句“妈妈，你怎么了”的话都没有。

讲到这里，妈妈的泪水大滴大滴地掉落下来。

我们的孩子这是怎么了？

当他们病了的时候，父母抱着他们去医院排队、挂号、问诊、检查、划价、取药，甚至输液、住院，脚不沾地地忙着，没日没夜地陪着。我想，即便是治好孩子的病要用人心做药引子，都会有父母毫不犹豫地献出来。

然而，当父母病了的时候，躺在病榻上，甚至连续多日被隔离在家外面，为何连一句来自孩子的问候都成了奢望呢？是心里根本没有，还是不知该如何表达？

不过，我可以肯定的是，乖妞并不是对父母没有爱。平时，你如果叫乖妞为大人做些什么，她会很爽快地答应、很乐意地去做，从来没有怨言。可是，如果大人不提醒，她就几乎不知道该怎么做了。

这里面应该有教育的缺失吧？使得我们的孩子不知道怎样去关心他人，包括亲人，至少是不知道该如何表达自己的关心。或许正像张蔷那首老歌里唱的："我话到嘴边说不出来啊，爱你在心口难开……"

于是，我决定，把心里的感受对乖妞说出来，让她明白老爸的失望和希望。我很清楚，我对乖妞要求的爱的表达，绝不仅仅是为了满足一个老爸被关心的愿望，它会影响到孩子在此后的人生中如何同这个世界和世界上的人们交往与对话。

耐心等你把失望变成希望

2016 年国庆长假的第四天晚 9 点，佛山大学社会科学研究中心龙建刚教授接到广州一位教授的电话，听老友泣不成声断断续续讲了很久，才弄清事情的原委——

10 月 1 日清早，教授夫妇乘高铁前往南京，看望读大学的女儿。行前他们为女儿准备了很多她爱吃的零食，比如蛋挞、酸奶什么的，打算给孩子一个意外的惊喜。没想到见面之后却碰了一鼻子灰：女儿不仅没有一点惊喜，反而满肚子怨气，责怪父母为什么不经她同意就去南京，对她极不尊重。

妈妈说：我们想念宝贝女儿了；可女儿说：天天微信，还有什么好想的？你们的感情也太泛滥了！爸爸说妈妈第一次到南京，叫女儿陪去转转；女儿回答说和同学约好了，要去苏州玩，让爸爸妈妈自己玩，然后就匆忙而去。

夫妇俩在南京转了一天，越想越不是滋味，索性坐高铁返回广州。他在电话中问龙教授：你说我错在了哪里……

龙建刚在哈佛大学做学术交流时，发现费正清研究中心正在研究一个课题：如何与未来中国打交道？他问为何要研究这个问题，美国学者回答：30 年后，人类历史将迎来一个由独生子女组成的国家，这个国家不是小国而是大国，他们将如何与世界相处？这是福音还是灾难？我们必须为世界研究预案。

而我们家的乖妞，无疑是 30 年后这个大多由独生子女组成的国家的一员，她又将在未来社会中扮演什么样的角色呢……

那天，关于乖妞电话里的表现，我通过短信与妈妈交流。

“她经常是这样的，打电话时不知该怎么说。但她从内心还是很关心你的，早上一醒就说‘爸爸不在家’。”从妈妈的短信里，看出她对乖妞的表现并不十分意外，“耐心地等待她长大吧。”

好吧，就让我们在潜移默化的影响中一同耐心等待。

周四，也是“隔离”的第四天。早晨醒来的第一个电话，是乖妞打来的：“爸爸，你的眼睛好一点没有？你什么时候能回家啊……”

难道我期盼中的电话和电话里的关心，这么快就来了吗？不相信乖妞成长的速度，我又特意发短信向妈妈求证：是不是她回家后提醒乖妞，要主动给爸爸打电话表示关心。“没有啊。分开的天数多了，乖妞是真的想你了。我觉得自己真实的话语更好，所以没有去刻意地教她该怎么说。”

不能不说我还是有些意外——乖妞，你成长得好快啊！

我以为你会那样说

乖妞在成长，老爸也在成长。

打电话的事情，让我常常反思：是不是自己对孩子的要求太高，而忽视了她的年龄局限和性格特点？是否可以不去执念于她的表达，而用心去观察她的表现、感受她的爱意？

三年之后，父亲节的早晨，我把这些细微的感受分行记录了下来——

嘎吱，嘎吱，嘎吱，嘎——吱
木地板上传来脚步声，是你的，由远及近
周日早晨的六点，本该睡懒觉的你
早早地起来，来唤醒本该起床做早餐的我
“爸爸，给你。”——你说
我以为你会说——“老爸，节日快乐！”
在你的年龄升为两位数后的第一年
我第一次收到了父亲节的礼物

左手是一个相框，右手是一个笔筒
脸上是一抹略带羞涩的笑

这需要手工拼接的相框和笔筒似曾相识
是一位叔叔六一节送你的礼物
它们都带着小蝎子的卡通图案
天蝎——是你的星座
早就见你在写作业的空当用心地对付它
拆分，对位，拼接，合成
总也无法准确到位的那一处，你动用了胶水来粘连
终于在父亲节的前一天夜晚，完美收工

相框里的照片你已悄悄地选好，是我们的合影
摄于四年之前你上小学前的那个暑假
你穿着粉色的裙子，我穿着粉色的T恤
那个夏日阳光也是这么炫目
你和我四手相合，在如意湖畔
你做的笔筒，从此立在我的书架上
你送的相框，从此竖在我的书桌上
你不在的时候，它们陪我读书撰文
我不在的时候，你常来看看它们吧
这上面刻着最完美的亲子时光

我的节日，我也送你一个礼物
几米的《我不是完美小孩》
这个世界上没有完美的人，你也一样
想告诉你的是
尽管你或许永远都无法达到完美的境地
但在我眼里，你永远最可爱

善良的心灵里，必定藏着无价的爱

全校的少先队员们：

四川发生了大地震。我在电视上看到：有的学校楼塌了，小朋友们都被埋在里面了。我心里很难受，我想帮帮他们。我今年的压岁钱还剩 216 元，我要捐给灾区的小朋友，买一些他们需要的东西。

希望大家都能献出自己的爱心，帮助灾区的同学渡过难关，早点儿重新上学！

2008 年 5 月 14 日，汶川大地震后第三天一大早，河南省实验学校郑东小学大队部收到这样一封写于13日晚的倡议书。此时，学校大规模的募捐尚未开始。倡议书的落款，用稚嫩而工整的笔迹写着：一年级 (14) 班刘晓寒。名字旁边，还醒目地用红笔画了一颗心，心里面写着一个“爱”字。

当天上午，我把乖妞的倡议书发到了家庭博客“石榴树下”，很快便被校信通网站置于首页“专题”的突出位置上。这篇博文的标题是老爸拟的——《一颗红色的心，心中有爱》。

乖妞笔下的大地震

5 月 12 日下午两点钟，郭老师正在给 13 班布置作业，她突然感觉到头很晕，就想：我一中午没睡觉，反应就这么大吗？这时，她看到别的东西也在晃。

郭老师经历过唐山大地震，当时她才 8 岁，跟我们现在一样大。那次地震后，唐山做过很多次的地震演习。她知道是地震了，就叫着 13 班、14 班的同学跑到了操场上。我们两个班离操场很近，很好跑，一扭屁股就到了操场上，所以我们是全校最早到操场上的班级。

过了一会儿，老师才知道是四川省汶川县发生了 7.8 级的大地震。这次大地震，有很多和我一样年龄的小朋友被埋在废墟里面。我很伤心，就和爸爸商量，要为他们捐款。我的压岁钱还有 216 元，我准备全捐给灾区的小朋友，买点他们需要的东西。

我还想让全校的小朋友都捐一点——如果一人捐 10 块钱，全校就能捐好几万块钱——我就写了一封倡议书。爸爸说，不管捐多捐少，有这个心意就行。

我 14 日早晨把倡议书交到大队部，老师表扬了我。那天的课间操上，老师号召我们全校的小朋友都为灾区捐一点钱。课间加餐的时候，就有四个同学把钱交给了班主任。有个小朋友叫何一楠，她妈妈把她的 500 块压岁钱捐了，她又把自己兜里的零花钱——有 11 块钱——也要捐出来。老师说不要了，可她执意要捐出来。她是我们全班捐款最多的同学。

这几天，我们一直在看电视。有一个男孩被压在废墟里 104 个小时，解放军叔叔把挡在他前面的东西搬开后，他腾腾腾地自己就爬了出来。解放军叔叔还是给他蒙上了眼睛。爸爸说，因为他在废墟里是黑黑的，一到外面亮亮的世界，他的眼睛会受伤的。还有一个小朋友，被解放军叔叔救出来了，他就在担架上给解放军叔叔行了个队礼。看到这些，我每天都很感动。

这几天，我们每天晚上都会点着蜡烛，让烛光伴着我们睡觉。我们要为灾区的小朋友们祈福，祝他们早日平安。我还想对废墟里的小朋友说："再坚持一下，解放军叔叔一定会去把你们救出来的！"

这个世界上的所有人都与我有关

爱爸爸妈妈和自己家里人，对孩子来说或许是与生俱来的。然而，爱不是亲人的人，特别是爱远方的陌生人，就需要家长适时地加以引导。正如鲁迅所说："无尽的远方，无数的人们，都与我有关。"

汶川大地震发生后，我们不再像以前那样严格限制乖妞看电视的时间。作业完成了，就一起收看央视直播节目，密切关注着灾区的救援情况。看得多了，自然感同身受，为失去孩子的母亲而落泪，为生命创造的奇迹而欢呼。

在发出倡议书并捐出剩余的全部压岁钱后，5 月 17 日，地震后的第一个星期六，我又带着乖妞从紫荆山公园到二七广场，感受着爱心涌动的氛围，也希望能再为灾区人民做点什么。

最后，我们来到省红十字会，通过乖妞的手又捐出 300 元。一般来说，捐款 1000 元以上，红十字会的工作人员才发一张证书。看到这么小的孩子来捐款，尽管数额不够，人家还是给乖妞发了一张证书，这让乖妞觉得"很光荣"。

因为在报纸上发表作文《我家有个妮妮秀》，"六一"前夕，乖妞得到了平生的第一笔稿费——10 元。怎么让这笔有纪念意义的稿费用在有意义的地方呢？我给乖妞讲了 20 多年前的一件往事——

老爸还在上中学时，因在《少年集邮》杂志上发表为生肖邮票配的一组诗而得到一笔稿费，恰巧也是10元。在20世纪80年代，10元可不是个小数目，我一直没舍得花。后来，市里筹建青少年宫，号召大家捐款。我当时想，这是给青少年办的大好事啊，一定要贡献自己的力量。我又不愿让老师和同学知道，就自己去邮局把这珍藏了许久的10元稿费寄给了团市委。

听到这里，乖妞说："我也要把我的稿费捐给灾区的小朋友，给他们买节日礼物！"

6月1日，乖妞在上完舞蹈课后，跟妈妈一起去了邮局，在递上取款单的同时，又要了一张汇款单。就这样，第一笔稿费没有经过乖妞的手，就到了中国红十字总会的账号上。乖妞在"汇款附言"栏里工工整整地写着："祝灾区的小朋友节日快乐！"

乖妞，若干年后再看到这篇文章，你会更加深切地感到：在上学后的第一个儿童节，你用自己平生的第一份收入，做了一件多么有意义的事情！

一张报纸能卖多少钱

汶川的阵痛还在不时地隐隐发作，次年春天，玉树又被7.1级地震击中。我多灾多难的祖国啊，总让儿女把"才下眉头、又上心头"的滋味反复品尝。

4月一个周末的上午，乖妞在做视力保健，我边陪她，边看报纸关注着玉树灾区救援的最新进展。周五的《大河报》说要联手省红十字会举行赈灾报纸义卖活动。这倒是一个不错的渠道，让地处中原、远离灾区、技无所长、身单力薄的我们，也能及时为玉树的受灾同胞献上一份爱心。

报纸上公布的义卖点中，紫荆山百货大楼离我们最近，乖妞按摩眼睛结束，我们就往那里赶。路上，乖妞问："一张《大河报》多少钱啊？""好像是5毛钱。"

"哇，这么便宜，那要帮助灾区得卖多少报纸啊！""仅按定价卖肯定不够，我们可以多花一些钱来买报纸啊。"

"那你想花多少钱买一份报纸，爸爸？""100块钱吧。"我没怎么思忖就脱口而出，"你呢，乖妞？你的零花钱还有多少？"

"还有100多一点，我想——用50块钱买一张。"乖妞突然有些焦急，"可我今天没带钱包啊！"

"没关系，老爸可以先借给你。""谢谢爸爸！"尽管乖妞在我身后的车座上，我看不到她的表情，可我知道她肯定是笑了，眼睛又成了月牙儿。

紫荆山到了，身穿红色工装的志愿者每人怀抱一厚叠报纸，呼吁行人为灾区献上爱心，不断有人把善款投进募捐箱。

乖妞拿着借老爸的50元，径直走到捐款箱前投了进去。几位工作人员纷纷夸奖她：“小朋友，你真有爱心！”“我们代表玉树灾区的同胞感谢你！”乖妞有点不好意思，匆匆取了一份当天的《大河报》回头看我：“爸爸，该你了！”

把一张大红的人民币投进捐款箱后，我推辞了递过来的报纸：“我们俩有一份就够了，省下来说不定还能多换一份捐款呢！”

善良的心与无价的爱

接下来该解决午餐问题了，乖妞的眼睛紧盯着紫荆山百货大楼底层的麦当劳，我知道她的心思。“乖妞，咱们俩吃一顿麦当劳至少要50元。我把这50元给你，作为今天中午的餐费。不管花多少，省下的都归你保管。这样，如果学校过一段儿也要为灾区募捐，你就可以多捐一些了。”

“那好，不吃麦当劳了。”尽管有些恋恋不舍，但乖妞还是离开了紫荆山百货大楼，来到斜对面位于省人民会堂院内的“米多面多”。这里价位尽管要低不少，两个人二三十元足矣，可人满为患，根本没有位置。乖妞坚决地说：“不等了，再换一家。”

又换的这一家面馆价位无疑更低，里面不大的空间坐满了人，我和乖妞就露天坐在路边，各点了一碗牛肉烩面。大碗5元，小碗4元，总共花了9元。乖妞把找回的41元小心地放进了书包的夹层。可以看出，她对这样的安排比较满意，还一个劲儿地表扬这里的面真好吃。

等面上桌的时候，我拿出刚买的《大河报》给乖妞读。头版上13岁藏族小姑娘在被埋了54个小时后成功获救的画面撼人心魄，我顺着导读找到详细报道《阿姐，阿姐，我还没有死》。

接着，我们又读了关于前一天报纸义卖的报道。其中印象最深的，是漯河一位刚产下双胞胎的母亲，用1万元买了一份《大河报》，准备将来送给孩子做终身的教育礼物。我对乖妞说：“咱们今天花150元买的这份报纸也要好好保存，让它时时提醒我们尽量去帮助那些需要帮助的人。”

一份报纸到底最多能卖多少钱呢？肯定不止100元，应该也不止10000元。当这份报纸唤起的、换来的是一颗颗尽己所能、扶危济困的善良的心时，它是无价的。

倘若世界末日真的来到眼前

中秋节前夜值班签收，遇见同事家的小帅哥在陪爸爸加班并跟爸爸抢电脑，我突然意识到，乖妞已经好久好久没来陪我加班了。

曾几何时，陪老爸加班是乖妞十分乐意的事情，她尤其喜爱坐在我办公桌的对面写作业，时不时地抬头，看看老爸，笑笑，不说话。印象最深的，莫过于 2011 年 12 月 31 日的夜晚。

很久很久以前，地球人就传说，根据玛雅预言，“世界末日”将在 2012 年到来，后来好莱坞还拍了一部关于全球毁灭的影片——《2012》。

方便面跟办公桌是不是很配

从 2011 年的最后一天，到 2012 年的第一天，乖妞和老爸几乎一直都在一起，其间跨越了两个年份。

按常理，老爸是没有机会陪乖妞一起跨年的。每年到这个时候，我和同事们总要熬夜签印报纸的新年特刊，而乖妞自然是留在家里看电视上的跨年演唱会。

这个新年不同以往，姥爷突然病了，妈妈要去照顾，乖妞只有跟着老爸了。

前一天的下午，班里要开新年联欢会，自然少不了乖妞这个文艺女生的节目。头天晚上，我就开始帮着乖妞做节目背景的 PPT。

乖妞跟老爸一样，也是个完美主义者，文字一遍遍修改，图片一次次调整顺序，每次审看都要配音乐，一旦发现有哪点不合适，马上停下来修改，然后再重新开始。

每次观看 PPT，乖妞都要求我站起来，跟电脑屏幕保持一段距离，以观察整体的效果。尽管我嘴上嗔怪着乖妞的挑剔，心里却还是很享受这个过程的。

那天下午，乖妞在班里开联欢会时，我正在办公室的白纸黑字间忙得焦头烂额。等到乖妞打电话叫去学校接她，我简直是一点儿都走不开呢！如果我此刻离开，就会有不止一位同事的工作因此而止步。不得已，我请同事中乖妞熟悉的一位去把她接到办公室。

乖妞一进办公室，就急于展示联欢会的照片和视频，可惜我眼前千头万绪，耐着性子看了一段同学表演的说唱片段，便板起脸来：“马上就该期末考试了，还不抓紧时间复习？”

就这样，一张大大的办公桌，乖妞在那边写作业，老爸在这头审稿子，完全没有一点新年的气氛。

写了一会儿，乖妞抬头：“你不是说办公室有方便面吗？让我看看呗！”乖妞记挂着这个事，我一点儿都不意外。对小小的她来说，人生的一大幸事就是，爸爸妈妈都有事出去了，留她一个人在家，吃饭时就吃方便面，且最好只吃方便面。

忙与不忙之间的魔术与糖

开水冲泡两分钟后，办公室里便弥漫着方便面独特的气味。我想报社的同事们这时应该都还没顾上吃晚餐吧，于是请一位年轻的同事统计一下，给每位加班的同事叫了一份外卖。也给乖妞和老爸各要了一个肉夹馍，还有一份丸子汤。

同事们的孩子几乎都比乖妞还小，在这一年的最后时光里，他们是在盼望着爸爸或者妈妈早点回家？还是已经习惯了爸爸妈妈这个时候不在自己的身边？一如那些交警的孩子、的士司机的孩子。

又做了一阵子作业，乖妞有点坐不住了，便到我身边蹭磨，想叫我陪她玩儿。我说：“这会儿我陪你得越多，时间耽误得就越多，咱们回家得就越晚。”乖妞说：“那好吧，我去大办公室了。”老爸对着她的背影叮了一句：“看看可以，别添乱啊，叔叔阿姨都正忙着呢！”

乖妞去了一阵子，没有回来，也没有动静。我不放心，去了大办公室，看到乖妞正在跟一个叔叔聊天。还没等我开口，乖妞急急地解释：“这个叔叔不太忙！”继而，她又从每一位同事的格子间前一一走过，观察着，并不说话。

我笑了，对同事说：“知道她在看什么吗？她在看谁现在不忙，准备给他表演魔术呢！”乖妞近来魔术学得颇有收获，一有机会便向人展示。于是，手头正在编校着版的同事纷纷说：“我现在不忙！”“我也不忙！”

表演过魔术，乖妞回到我办公室：“我去给每个叔叔阿姨送块糖！”糖是前一天晚上为联欢会准备的，没有用完，那是乖妞的珍爱，只给了我几块。此刻这么大方，应该是被叔叔阿姨们的热情感染了。

一会儿，乖妞回来了，糖盒空空的。“都送人了？”“嗯，每个人给了三四块呢！”乖妞的脸上挂着一丝丝的沮丧：“我自己都没有了。”我暗暗地惊讶，乖妞居然能把心爱的糖果全都散发了，不简单！于是说：“我这几块糖送给你吧。”乖妞一下子又高兴了：“谢谢爸爸！”当即剥了一块塞进嘴里。

你肯定能跟我一起跨年吗

乖妞记挂着各大卫视的跨年演唱会，一再问“你什么时候送我回家”。乖妞所说的家，是指奶奶家，就在我单位后面，而爷爷奶奶前一段儿已经去海南避寒了。趁着两个版面送审的时间差，我带乖妞回家。

看了一会儿电视，短信来了，同事告知又有要审的版。乖妞一再念叨着“跨年”，于是我建议她先睡，到零点之前我回来叫她起床，一起听新年钟声。“你肯定会回来吗？”“我争取回来！”乖妞悻悻地说：“那我还是自己定个闹铃吧。”

也许外人很难想象，其实签版的时光并不是特别难熬，因为时间往往比平时工作过得要快。转眼距离零点只差10分钟了，我心里没有闲暇去思考即将过去的一年的得失恩怨，只想着乖妞还在等着我一起跨年呢。跨过年，就是所谓的“世界末日”。

手里拿着正审的版面，我快步跑回家。家里一片漆黑寂静，看来乖妞定的闹铃没起作用。把乖妞叫醒，打开电视，新年的钟声已经开始倒计时了。乖妞一边眯着眼睛适应着刚刚亮起的光线，一边跟着电视里的声音说：“9！8！7！6……”

“过年了！”电视里一片喧嚣。“给老爸磕个头，有压岁钱！”乖妞跪在沙发上，朝我重重地磕了个不响的头。压岁钱的红包上写着：“祝小龙女在龙年平安幸福！”

“此生上路，哪怕天绝地穿；只愿途中，能再与你相见……”听完王菲在湖南卫视的跨年演唱会上唱的《愿》，想着办公室还没签完的版，我猛地站起身：“我得走了！你还看吗？”乖妞说：“你快走吧！我再看会儿。”

“有事给爸爸打电话啊，乖妞，谁敲门都不要开啊！”这最后一句话是我在关门时说的。

转眼又过去了三个半小时，新年特刊终于签完了，比预计得要早一些，因为天还没亮。为出版特刊，我们早已习惯了通宵达旦。

和同事互道珍重后，我回到家里。乖妞不知什么时候睡的，也许是因为暖气太热吧，她居然没盖一点被子。我把窗户开了一条几乎可以忽略不计的小缝，把被子给乖妞盖好，然后在她热乎乎的小脸上轻轻地亲了一下，心里默念一句：“乖妞，祝你快乐，不仅仅是在新年。”

——“世界末日”，就这么来了。

乖妞对世界末日有自己的看法

2012年新年之前，乖妞曾写过一篇《畅谈世界末日》，作文中记录她和好朋友关于“世界末日”的讨论——

问题一：如果明天真的是世界末日，你会怎样度过？

如果明天真是世界末日，我会早上照常去上学，把作业交了。如果学校没有人，我就一个人待在教室里，再在校园里四处转转，留下美好的回忆。中午和爸爸妈妈在“金钱豹”小撮一顿。下午搞一个隆重的同学聚会。然后早一点睡觉。这样世界末日真的来了，我也不知道。

问题二：如果世界末日真的来了，你是会想方设法逃生，还是会认真快乐地度过剩下的时光？

如果真的有挪亚方舟，那全世界也只有千万分之一的人能上去。你想方设法逃生，把自己搞得很紧张，也很不开心，最后可能还是难免一死。死得痛苦，不如死得没有遗憾。地球都毁灭了，我自己留在世界上也不会开心的。

问题三：如果地球马上毁灭了，你要说的最后一句话是什么？

我想对家人和好朋友说：只要我们在一起，世界末日就不会来，永远不会！

最后，乖妞写道——

这次对话，让我对世界末日有了新的看法。世界末日是真也好，假也罢，在我看来已经不重要了。重要的是我们都有一颗乐观向上的心，珍惜身边我们爱和爱我们的人，珍惜生命中的每分每秒。

不知乖妞是否还记得多年以前关于世界末日的这番对话，但珍视亲情、活在当下的理念已深深地渗入她的血液中。就说这个中秋节吧，那天上午她要上培训班，中午接到她后，我们三个人一起去了360广场，准备享受一顿美味的中秋家宴。

路上，乖妞接了个电话，原来她的几个闺蜜正准备在路边的一家店里聚餐。有点意外，但我还是佯装大度地说：“要不你去找同学玩吧？”乖妞果断地说：“吃过饭我再去找她们玩！”

乖妞的态度让我更加意外，要知道她可正处于把友情排在亲情前头的青春期啊。看我有些狐疑的神情，乖妞倒是十分笃定：“我觉得，中秋节的饭就应该跟自己家人一起吃，不是吗？”

想做个跟我的爸爸不一样的爸爸

父亲节，计划请父母去外面吃顿饭。要去一家好一点儿的饭店，让老两口各自点他们喜欢的菜。

我自己也有些奇怪，为什么母亲节给妈妈送花已成习惯，可到了父亲节给爸爸送花，却总有些不好意思。是因为不爱父亲吗？肯定不是。是因为跟父亲不亲吗？这样表述不准确，但似乎是有那么一点点。

这种似是而非的距离感，自打我有记忆就存在。我当然知道这种感觉不太好，却无力突破或者改善。及至有了乖妞做了爸爸，我就想，我能否做个跟我的爸爸不一样的爸爸？

小心成了自己家里的“外人”

身边的人都知道，我是跟着姥姥长大的。从医院里接刚出生的我回家，到在我的臂弯离开人世，将近40年，姥姥从没离开过这个家、离开过我和哥哥。姥姥悉心地抚养我们长大成人，也因此成了我生命中最重要的人。连母亲都自觉地排在姥姥的后面，更别说父亲了。

那时候，我家像大多数的中国家庭一样，日子过得异常拮据。有了一点什么好吃的东西，姥姥是一定要留给我们哥俩的。父亲偶有发现，便会有小小的不快：我每天辛辛苦苦地挣钱养家，却连东西都没得吃！姥姥的反击理直气壮：孩子正是长身体的时候，哪有大人跟孩子争吃的？

其实，我能感到父亲在这个家里生活得是有些憋屈的。姥姥向着外孙，孩子自然站在姥姥一边。对于母亲来说，面对自己可爱的孩子、操劳的老母亲，即便心里同情父亲，也不好公开施以援手。于是，在姥姥舐犊情深的大义凛然中，父亲的那些憋屈被我有意忽略了。说有意，是因为，即便心里感到了，年幼或者年少的我也还不知道该怎样抚慰一个大男人的失落。

当我长大成家后，特别是当有了乖妞后，我们便达成最基本的共识：自己的孩子自己带，可以请父母帮忙，但绝不把孩子的哺育和培养全部依赖于老人，即便乖妞的爷爷奶奶姥姥姥爷都在郑州，即便四位老人都曾经是教育工作者，即便他们都视乖妞为掌上明珠。

要说父母当年不能亲自带孩子也属无奈。在空军做教官的父亲和在小学做老师的母亲，一起来到中原，支援新煤城的开发。初来乍到，什么都没有，且母亲在城区、父亲在矿区，哪有条件安顿并照顾我们？于是，只好托姥姥带着我和哥哥先回老家，直到上学时才又把我们带回到父母的身边。

我长大了，也成了父亲，生存的环境跟父辈不可同日而语，也更理解了父亲当年的无奈。如今，稳定的工作，独立的住房，都让我们完全有条件自己来养育孩子。给她做饭，陪她读书，送她上学，带她旅行，看她喜怒哀乐，与她一同成长……当然会累一些，当然要操许多心，可由此换来的是亲子之间天长地久的情感依赖和生活默契，这岂不是太划算的事情？

陪孩子读书是最聪明的选择

父亲到煤城后，先是在矿区铁路上工作，后到了广播电视大学做负责人。所有和他同过事的人，无不说父亲是个勤勉的实在人。举个例子，父亲在电大工作期间，每年春节，为了照顾同事与家人团聚，他都安排自己值班，连续十几个除夕都没在家待过。那些年，关于一家人围观春晚的记忆里，很少有父亲的身影，以至于后来即便父亲除夕不在家，我也不觉得少了什么。

那个年代的孩子，没有多少课外书可以读，家里没有多余的钱给我买书。偶尔得到一本《儿童文学》或者《少年文艺》，简直如获至宝、爱不释手。父亲对我酷爱读课外书尽管不反对，可也说不上支持，更没有时间陪我读书。

读得多了，手便痒了，我从诗歌开始贴近文学，以至到了痴迷的程度。父母无法容忍我是如此的“不务正业”，不允许我再写诗，要我专心致志地应对考试。家长的施压我无力抵挡，对文学的热望却也无法熄灭，于是创作转入地下，甚至躲在楼道的公厕里偷偷写诗……

道路曲折，方向坚定，最终我还是成了靠文字为生的人。书籍给我孤单得有些悲壮的少年时代带来的抚慰，给我幼小的渴望润泽的心灵带来的滋养，让我在做了父亲后，一心想把这抚慰、这滋养尽早与乖妞分享。

我经常会在不同的场合读这样几句诗：“是啊是啊，你家有宝石箱子和金柜子／是啊是啊，你家有大理石台阶和漂亮的庭院／但是但是，我家有给我念书的妈妈……”但是但是，为什么给孩子念书的都是妈妈？孩子的爸爸都去哪儿了？

中国青少年研究中心曾经发布的中日韩美四国高中生权益状况比较研究报告显示，两成中国高中生在遇到烦恼时觉得无处倾诉，学生们的倾诉对象首选同性朋友，而父亲的位置不仅次于母亲、兄弟姐妹，甚至排在“网友”之后。一个大众化的理由就是：爸爸在忙事业，顾不上孩子那么多。然而，你是否意识到，这个世界上什么都可以等，唯独孩子的成长不能等。不是有个小学生在日记里这样向父亲喊话吗——爸爸，你再不陪我，我就长大了！

也是出于这样的考虑，从乖妞上幼儿园大班时开始，我提议每个周末举办一期家庭读书会。到乖妞上小学高年级、阅读习惯基本养成时，我们共举办了155期周末家庭读书会，在亲子共读的道路上留下一长串坚实的脚印。

在一次校信通的活动中，有位母亲提问：我老公很爱孩子，可他就是不善言辞，孩子也感受不到，我们该怎样改变这种现状呢？我说：不必刻意地要求你老公对孩子说“我爱你”，这样会让他觉得为难，孩子也难免会觉得尴尬。全家人一起来开周末家庭读书会吧，让父亲通过这个固定的形式，每周都有一个固定的时间给孩子读书、听孩子读书、陪孩子读书，日积月累，潜移默化，不用他在书籍以外的生活中再多表白什么，孩子就能感受到父亲厚重的爱。等孩子长大了，父亲陪他读书的情景，将是成长历程中最温馨最亲切最珍贵的记忆，正如王钢老师说的，这里“藏着最聪明最温暖最动人的爱”。

再深沉的爱也是需要表达的

或许是因为军人出身吧，又或许生的都是儿子，记忆中的父亲是不苟言笑的，对我们兄弟从没有过亲昵的举动，不要说拥抱，连拍拍肩摸摸头之类的都不曾有过。而我离家上学的时候，对父亲也不曾有过依依不舍和魂牵梦萦。这也是我听陈奕迅的《单车》时深受触动的原因。

青少年问题研究专家孙云晓说：“一个孩子12岁以前能不能和父母建立起一种亲密的亲子依恋的情感，会影响他一生的幸福成长。就是说孩子12岁以前，特别是6岁以前，你投入一分的爱和教育，胜过12岁以后的一百分。”

人们常说，母爱是水爱得温柔，父爱如山爱得深沉。无论怎样的爱，都要让儿女感受并回应。所以，再深沉的爱也是需要表达的，特别是对于幼小的孩子，没有细水长流地持续爱的表达，怎会水到渠成地拥有爱的默契？

由于生活条件所限，小时候父亲没有带我出去旅行过，就连到附近转转也很少，没有留下什么照片可供我成年后唤醒回忆。直到我大学毕业前的最后一个暑假，父亲才带我去了北京、承德，他是担心我上班后，可能就没有机会出来游览祖国的大好河山了。

那是迄今为止我们父子唯一的一次单独出行，留下一大堆父亲在各个景点给我拍的照片，却几乎没有与父亲的合影。而今当我看到电脑里与乖妞成堆的合影时，常常思忖，是那时年轻气盛的我还不懂得珍惜亲情？还是已经习惯了对父亲敬重而不亲昵地相处？

早在21世纪初，我就把退了休的父母接到身边，准备为二老养老送终。当年的严父如今已渐变为慈父，每日不厌其烦地记挂着我的饮食起居、身心健康。但我从来没有对父亲说过爱，估计今后也不会说，就像父亲从未对我说过爱一样。父亲呢，恐怕也不会期待从年过不惑的儿子口中听到爱的表达。

尽管不说爱不等于没有爱，可这样的情感状态难免有一些缺憾吧。当我做了父亲，我想我不能再让这样的缺憾在我和我的孩子之间产生——

所以，从乖妞很小就开始，我们每年至少安排一次省外乃至国外的旅行；

所以，尽管学习再紧张，每月我至少要陪乖妞看一场电影；

所以，我们曾经用心尽力，每周举办一次周末家庭读书会；

所以，无论工作多忙，每天都会给乖妞做一顿简单而可口的午饭，送她上学时再来一个习惯性的拥抱……

爱的表达终能得到爱的回应，我记得很清楚，从乖妞10岁那年起，每年的父亲节我就开始有礼物收了。第一份父亲节礼物，是乖妞自己手工拼接的相框，里面嵌着我们在如意湖边的合影。去年的父亲节，乖妞制作了一段视频，父女相伴成长的一幅幅画面，看得我心热眼潮。

那么今年的父亲节，会收到什么样的礼物呢？说实话，我没有任何期待。再过短短一周，乖妞就要走上中招的考场，如此关键的时期，我不忍心，甚至不愿意她像往年一样，为给我准备礼物而费心费神费力费时……

只要乖妞说一句“老爸，节日快乐”，我便心满意足、心花怒放。

对收到这个礼物，我有绝对的信心。

每一天都想对你说：我总在你身旁

你还在我身旁

那是一个秋天的周末，乖妞在自己房间里写作业，我则在看了一会儿《陆犯焉识》后，心神恍惚地从书中抬起头来，懒懒地拨着手机里的朋友圈。不经意间看到一首小诗，一下子就被击中。

诗虽不长，意象却是如此的新颖，每一个意象后面，都有着一些场景，先是诗意，继而沧桑，最后归结于家常。眼睛潮湿的同时，我迅即在自己的朋友圈里分享——

瀑布的水逆流而上
蒲公英种子从远处飘回，聚成伞的模样
太阳从西边升起，落向东方

子弹退回枪膛
运动员回到起跑线上
我交回录取通知书，忘了十年寒窗

厨房里飘来饭菜的香
你把我的卷子签好名字
关掉电视，帮我把书包背上

你还在我身旁

我就在你身旁

这首短诗曾在香港中文大学《独立时代》杂志举办的微情书征文大赛获得一等奖，题目就是《你还在我身旁》，创作时间不详，作者也不详。微友在转发的时候这样注解——

“这首诗是一位不知名的作者写给已逝母亲的，以表达对她的思念。作者希望时间能够倒流，一切的一切都能回到母亲在世的模样。

“我们每个人都不可避免地经历生老病死，这是人世的轮回，谁也躲不过。望着慢慢变老的父母，你有没有想过，将来真的会有一天，他们只能活在你的记忆里……

“瀑布不能倒流，时光亦然。假如，也只是假如。人生最伤，莫如子欲养而亲不待。那么，当父母还在我们身旁的时候，我们又能做些什么呢？”

分享这首诗时，我只写了一句话：“好在，你还在我身旁。”这个“你”，指的自然是我的老妈和老爸。而姥姥，这个世界上最疼我的人，已经离开我整整十年了。姥姥是文盲，不会在我的卷子里签名；那时家里穷，没有电视可关；印象中她总是在厨房里忙活，忙完了上顿忙下顿，厨房里总是飘出饭菜的香……

姥姥走了，毕竟老爸老妈还在，还可以让我在想他们的时候回家看看，并且把所有能想到的事情立马去办：一件时尚的新衣便能给他们带来几许欣喜，一束节日的鲜花也会给他们单调的晚年生活增添几许色彩，一套老家的房屋更能带给他们叶落归根的安稳。就像多少人说过的，只要父母在，我们就可以一直做孩子；只要父母在，我们就总有老家可以回……

父母一天天老了，我们一天天大了，从2000年的那个秋日开始，我也成了一个小女孩的老爸。怎样把父辈带给我的安宁和幸福传给我的孩子呢？我亦步亦趋地写下了这样分行排列的文字——

带你去看瀑布的水飞流直下
蒲公英摇动小伞，让种子向远处飘扬
太阳照常从东边升起，落向西方

与你一同阻止子弹射出枪膛
为起跑线上的运动员加油鼓掌
等你带回录取通知书，共忆十年寒窗

厨房里送出饭菜的香
我把你的卷子签好名字
关掉电视，帮你把书包背上

我就在你身旁

我们总在彼此的身旁

短诗一挥而就，在叫乖妞到客厅吃苹果时读给她听。读的时候，我在最后一句加了一句话："乖妞，我就在你身旁。"已经是豆蔻年华的她，依然保留着小时候的传统，对一件什么事情特别有感触时，反倒不知道该如何表达。先是低着头，继而抬眼看了我一下，说："可好。"

转发到朋友圈的那首获奖作品，没想到在另一个孩子身上激起了巨大的反响。听妈妈读后，他突然大哭，小小的双手在胸前合十："我要我的妈妈永远在我身旁！"

很快，妈妈在朋友圈又看到了我续写的诗，接着读给小男孩听。男孩边听诗，边吃着妈妈精心为他准备的早餐，不哭了。他盯着妈妈的眼睛，画了一幅画，上面是一张笑脸，下面是很多的波纹。孩子说："笑脸是妈妈的，因为妈妈爱笑；下面的波纹，是我写给妈妈的诗。"

这一对真性情的母子，就是著名少儿节目主持人陶真姐姐和她的宝贝儿子牛仔。认识陶真已经 20 多年，她是我大学毕业进入传媒界采访的第一个人物，此后合作不断，岁月愈久，友情愈醇。《爸爸哪儿也不去》系列文章，最初就是在陶真以及"真麻麻"公众号编辑黄佩的启发下动笔的，我用文字里的行动去响应"真麻麻"倡导的"真正陪伴"。

陶真姐姐在朋友圈转发我的续诗时写道："孩子听懂了，诗里的情感隔着屏幕温暖了儿子幼小而脆弱的心，文字的力量就这样渗入孩子的血脉。"

陶真姐姐的分享，再一次触动了我，让我原本就意犹未尽的诗情重又泛滥起来。我们曾希望时光倒流：你还在我身旁；我们也承诺不离不弃：我就在你身旁；我们更要做的是珍惜相伴的岁月，无论沧海桑田，不管地老天荒，只要能陪在彼此的身旁，那么每一个平凡的日子都是最美的时光。于是，我又为这组诗写下了第三章——

无论瀑布的水是飞流直下还是逆流而上
无论蒲公英的种子飘去飘回飘成什么模样
无论太阳从何处升起又落向何方

不管子弹能否永远被锁在枪膛
不管运动员能否从起跑线冲上金牌榜
不管你能否以一张录取通知书，回应十年寒窗

厨房里永远有饭菜的香

卷子上的签名，看旧了的电视，背破了的书包
永远印证着与你相伴的最美的时光

无论
不管
我们总在彼此的身旁

我总在你身旁

完成这组续诗后不久，河南电台 1066 频道打造了一个读诗平台“郑在读诗”，作为教育广播的老友，我在第三期去读了自己的作品《姥姥，我把你的勺子丢了》，正赶在感恩节的前夜推出，引起了很好的反响。乖妞听后，问我：“什么时候我也能跟你一起去读诗？”

那一刻，在尚未反应出何时能去电台读诗前，我先是想到了可以读什么诗，这组《我总在你身旁》的诗，不就是最好的选择吗？而倡导“真正陪伴”的“真麻麻”公众号，不正是最合适的平台吗？我的《爸爸哪儿也不去》系列固定在每个周五推出，责任编辑黄佩的思路，是想让我从一个普通父亲真实的陪伴故事切入，提醒那些忙于事业的爸爸们能在周末抽出一点儿时间，给孩子一些高质量的陪伴——你再不陪伴孩子，孩子就不需要你的陪伴了。

2016 年的元旦恰逢周五，正是《爸爸哪儿也不去》系列陪伴故事的推送时间，如果我们父女录制一段音频，放在公众号里，不是一份很别致的新年礼物吗？

这个策划得到陶真姐姐和黄佩的热烈响应，于是我和乖妞就开始见缝插针地打磨这个礼物。说是见缝插针，并不夸张，因为临近期末，又是初三毕业班，乖妞的学习任务繁重；而那段时间，正赶上学校举办合唱节，乖妞在班级组的节目里担任朗诵，同时还是整台演出的主持人，紧张可想而知。有的时候，我们只能在睡觉前练习一下，特别是最后那段需要两人配合的朗诵。

我们在家里练习时，陶真姐姐则在提前安排录音间。家离电台比较远，学校离电台比较近，乖妞想中午去录音，这样就可以不占用晚上或者周末完整的时段。那天，陶真姐姐刚刚从关岛回来，一下飞机就给我打电话：“录音间安排好了，明天中午等你们！”

第二天中午，我下班后去学校门口等乖妞放学，然后一起骑车去广播大厦。简单的午餐后，来到 23 楼，陶真姐姐已经在等着我们。正午的阳光很强烈，给乖妞的额头抹上

一层光泽。我们就在这冬日的阳光里，在我们情有独钟的《月光水岸》的音乐里，共同读着一组温暖的诗，关于岁月，关于亲情，关于陪伴，关于爱……

小孩总会长大，大人总要老去，但诗歌不会老，留在电波里的声音不会老，由诗歌和音乐交织在一起的记忆，应该也不会老吧。多年以后的某个冬日，乖妞怀抱着小乖妞，站在明亮的落地窗前，因为阳光太过强烈而微微地眯着眼睛，会不会蓦地想起多年以前这同样热烈的阳光，想起有人曾在某个新年的阳光里对她说——

我总在你身旁。

是的，我就希望你成为这样的人

乖妞去河南省实验中学报到的当晚便住在了学校，高中生活就此正式开始。

前一天的晚上，我们父女俩进行了一次长谈。尽管谈得很长很长，可当她不在身边时，又觉得还有很多很多话没有说。那么，就给她写封信吧，或许书信比口语条理性和逻辑性更强一些。

这是我写给乖妞的第三封信。

第一封信，是在她 8 岁生日时写的，在以“猜猜我有多爱你”为主题的第 81 期周末家庭读书会上读给她听，后来成了《爸爸哪儿也不去》系列文章的开篇。

第二封信，是在她过 14 岁集体生日时，应老师的统一要求写的，乖妞作为代表曾在嵩山顶上公开读过。

那么，乖妞，这第三封信老爸仍沿着前一封信的思路，在你走进高中之初，说说我希望你成为什么样的人吧——

乖妞，老爸希望你成为一个善良的人

不得不承认，我们生活在一个不完美的世界。

眼前的大气污染、交通堵塞，远处的饥寒贫苦、枪声炮火，都让我们很难坦然面对或无动于衷。对此，怨天尤人无用，自怨自艾更是徒增烦恼。就像这个暑假去美国参加夏令营，我们几乎每天都会因看到同胞的不守规则、不讲文明而感到脸红。你有勇气、有精力一个一个去指责、去纠正吗？我们能做的，就是做好自己。假如每一个人都能做好自己，那么这一个个小小的努力形成合力，终将推动这个大大的世界朝着完美的方向演变。

在这个演变的进程中，善良应是我们随身携带的护身符。对权贵保持不卑不亢的自尊，对弱小怀有悲天悯人的情怀，对大自然的恩赐抱有感激和敬畏，对自己则有着慎独慎思慎行的清醒。

因为善良，看到素不相识的老人摔倒，该不该扶？经过无人执勤的路口红灯，要不要停？面对他人的轻慢，要不要以德报怨？对你来说都不再是疑问。你懂得，帮助别人就是帮助自己，有秩序才能有自由，有尊重方能得到尊重。

因为善良，如何凭借自身的才华赢得认同和好评，如何凭借踏实的劳动过上一种有尊严的生活，都是水到渠成的事情。我常跟你讲起那些最美教师的故事，他们之所以成就最美，首先是拥有一颗善良的心。

还有，永远怀着一颗感恩的心，感恩生命，感恩环境，感恩真情，感恩经历……在成长的路上，你必定会时时有新的收获，可也难免会不时遗落些什么。多多享受自己正在拥有的，少少纠结自己已经失去的，即使面对这世界种种的不完美，也心存善良地感谢这不完美给了自己别样的生命体验，从而成长得更加迅速、更加稳健。

看看你喜欢的演员刘涛怎样对待生活、对待事业、对待身边的人，想想你如何因连比你大的同学都叫你姐姐而成为“美德少年”，你会领悟，善良或许会让你偶尔吃眼前的一点点亏，却可以长久地拥有走向幸福人生的通行证。

乖妞，老爸希望你成为一个健康的人

前几天，你很让我心疼，因为你病了。

计划一周的军训，第三天你就不得不请假回家，连最终的汇报表演也没能参加。起因是宿舍空调温度太低，你感冒了，并且是重感冒。生病的孩子当然令人怜爱；不过，一间宿舍住了八位同学，为何单单咱们感冒了呢？

好怀念当年那个“全勤宝宝”！清晰记得幼儿园里的你，苹果般的脸，瓷实的身体，从不生病，从不请假，我常叫你“铁姑娘”。除了去打防疫针，童年时几乎没有带你去医院的记忆。

后来上了学，你越来越瘦，病也越来越多，请假成了家常便饭，甚至到后来我都不好意思给老师打电话为你请假。曾经全勤的铁姑娘如今这是怎么了？病因并不复杂，无非就是缺乏锻炼，日积月累，身体素质越来越不乐观。

没有健康的身体，一个人纵有如何远大的抱负，终将成为他人和社会的包袱。还记得我常对你讲的吧：如果美好的生活是100、1000或者10000，甚至更多，学业、友情、工作、快乐是后来的一个个0，那么健康就是前面的1。假如没有了健康的1，后来纵有再多的0，又有什么用呢？

所以，你最清楚，爸爸平日里很少问你今天做了几张卷子多少道题，也很少问你这次考得怎么样、在班里能排到第几名，而常常问的是你今天在学校锻炼了没有、精神好不好。

晚饭后，在你转身就要回屋写作业时，爸爸往往冒着自讨没趣的风险邀你去河边散步，甚至不得不以买冰淇淋买瓜子来诱惑你动一动；每逢假期周末，爸爸则极力鼓动你一起去骑行去郊游，只是为了能让你从繁重的学习中抽身出来多运动运动；那天，你说想看一部近来热映的大片，爸爸答应了，可旋即又很煞风景地提出条件：看电影可以，但往返影院要步行。

尽管也给你报过游泳班、羽毛球班，可我知道，其实你也知道，坚持运动的良好习惯你还远远没有养成，锻炼还远远没有成为你自发的需要。高中生活开始了，我们昨天还商量，要选择一个运动项目并坚持锻炼，不然真不好说这艰苦而漫长的三年你是否能撑下来。

要知道，出色的成绩可以显示你现在飞得有多高，强健的体魄却可以保证将来你能够飞多远。

乖妞，老爸希望你成为一个有方向的人

上了高中，下一步面临的就是高考。读什么样的大学，选什么样的专业，直接影响到职业的选择、人生的走向。这可不是等到高考过后填报志愿时才考虑的事情，而是要你在求学和成长的过程中慢慢发现、逐渐明晰的。

你有过不少爱好，练过钢琴，学过魔术，声乐考过级，舞蹈登过台，后来迷了一段吉他，近来痴醉的是摄影。前面那些爱好，你大多没有坚持下来；摄影镜头能陪你多久呢，值得期待。

对于这些，半途而废也好，始恋终弃也罢，我都没有说过什么。因为我并不意外，儿时的我也有过同样的经历：曾经能给女声独唱做手风琴伴奏，而今却不知道手和键如何接触；曾经参加过全市的画展并获奖，如今却是提笔四顾心茫然……

人生本就是这样，边走边丢，有意无意地舍弃了许多，最终留下的便是真爱。岁月已经证明我的真爱是文字。因为真爱，才会在父母并不支持的情况下，半夜跑到公用卫生间去写作；因为真爱，才会在比目前的你还小两岁的时候，放学后独自跑到报社去推荐自己的诗稿。

那么你的真爱是什么呢？我不替你选择，一定要由你自己选择，因为你的人生之路只能由你自己去走。也只有自己选定了方向，才会心甘情愿地为之悬梁刺股、凿壁偷光。为之受的所有的苦都不觉得苦，因之尝到的些微的甜都感到格外的甜。

而我能做的，就是尽可能地陪你读千卷书行万里路。我们一起访过豫西山区贫苦的

乡村，也一道游过美国纽约奢华的都市；我们待过陈设简陋的农家，也住过装修豪华的别墅；我们坐过简直要把人颠散架的拖拉机，也乘过服务无可挑剔的国际航班……你应该明白老爸的用心，就是想让你在这丰富的经历和复杂的体验中，看到世界的边界，发现行走的方向，为自己的灵魂找一个适合存放的地方。

有了方向，接下来就看你如何努力了。你上高中了，你住校了，我再也不用每天跟头流水地为你准备午饭了，连见你一面也越来越难了。我承认我有些失落，因为曾经在你眼里无所不能的老爸，而今能帮到你的已经越来越少。我只有望着你选定的方向，默默地在心底为你一遍又一遍地喊着加油。

乖妞，老爸希望你成为一个有魅力的人

我并不情愿承认，你已经长大，你似乎也有同样的纠结。但事实的确是，你已经到了豆蔻年华的青春期，长成了个头超过妈妈的美丽少女。能在军训的第一天就在班里交到好朋友，是不是也可以证明你的一点点魅力？

按照遗传规律，大都是儿子像母亲、女儿像父亲，我们家也不例外。从小到大，谁见了你都会脱口而出“长得像她爸”，为此妈妈经常表露出委屈的神情：“我那么费劲生了你，你却一点都不像我！”可让娇嫩灵秀的小女孩，像人高马大的老爷们，这是多么不合情理的规律。因为太像我，你便没法长成范冰冰那样的“第一眼美女”，对此，老爸深表歉意，并极力弥补。

我从小鼓励你多读书读好书，读一些文学，读一些历史，读一些传记，再读一点哲学。古人云“腹有诗书气自华”，读书的确是可以增加魅力的，书籍给你带来的丰满、温润、自信和豁达，会使得你的气质超越五官而令人惊艳。就像，如果你只是看到龙应台或者三毛的照片，很难说她们是传统意义上的美女，然而走进她们的作品，却必定会为之叹服、为之迷恋。

我们从你上幼儿园大班到小学四年级，每周一期，共举办了155期周末家庭读书会，就是想培养你的阅读兴趣，早日形成独立阅读的习惯。不能不承认，你是读了一些书，但量还远远不够，质也有待挖潜。你总说时间紧、功课重，越来越没有时间读书；我想说再挤一挤吧，如果你痴迷于书香，时间就像海绵里的水，用力挤一挤总会有的。

美丽，或许只是容貌的惹人注目，而魅力则是由内而外生发出来的迷人气质。当你说以后想学传媒时，老爸首先想到的不是那些形象标致的综艺节目主持人，而是张泉灵、柴静这样的知性女子，她们不能说有多么美丽，然而，当你听到她们睿智的表达、看到

她们纯澈的眼神，就会不由得折服于她们源自思想、源自灵魂、源自真性情的无比魅力……

然而，我们都知道，这魅力绝不是天生的，而是由知识和修养历练而来。想成为一个有魅力的人，乖妞，你还有太长太长的路要走。

善良。健康。有方向。有魅力。

——是的，乖妞，老爸就希望你成为这样的人。

而你希望这三年中的自己和三年后的自己是什么样子呢？那天晚上你答应我，会在给我的回信中告诉我。

后记 HOUJI

开了花，才知道自己是棵什么树

《爸爸哪儿也不去》系列完全是被逼出来的。

尽管我在新浪博客的“乖妞老爸”单元里，10 多年来也陆续记录着陪伴乖妞成长的经历和体会，但那些文章多是随感而发，有长有短，时断时续，不成什么体系。

2015 年夏天，趁着暑期单位调休，我正在老家给父母装修养老的房子，接到前同事黄佩的电话，邀请我为“真麻麻”公众号撰写系列文章，说我的文章十分契合其倡导的“真正陪伴”的理念。当时，我一口回绝了。

“真麻麻”的发起人陶真姐姐，是我 20 多年前踏入媒体时的第一位采访对象，自然也是多年好友。其微信公众号当时由黄佩负责打理，这是位脑子活、思路新的小兄弟，10 年前我的博客就是在他多次督促下开通的。

要说这样的交情，我没有拒绝的理由，可我还是拒绝了。直接的原因是，一个人在老家折腾装修，千头万绪，心浮气躁，完全没有心情想别的。深层的原因是，我认为真正的陪伴不在朋友圈里，而在彼此的身边、心间，不需要围观，也无需点赞，所以对在公众平台上分享自己家里的事有着本能的抵触，更不希望正值青春期的孩子因此受到关注和影响。

遭遇我的不配合，黄佩并不死心。开学后不久，我与陶真恰好同时应邀为一个全省的经典诵读比赛做评委。黄佩也赶了去，把我堵在宾馆里，以“真正陪伴”的理念感化我，又以“要有社会责任感”的说法绑架我。在此犀利攻势下，我不得不从了，答应写。

那么，系列文章从什么时候开始呢？当时，距离乖妞15岁的生日很近，我正在为她制作生日台历。那就从乖妞的这个生日开始写吧，于是有了第一篇——《爸爸去哪儿？爸爸哪儿也不去！》，时间是2015年11月14日。

整整一年之后的这一天，一大早开始，我的QQ里就陆续收到许多生日祝福。我有点奇怪，明明是乖妞的生日，怎么这么多人祝福她老爸呢？旋即大悟，原来我的QQ设置的出生日期是乖妞的，因而到了这一天，腾讯会自动提醒QQ好友。这个出生日期的确是我设置的，因为作为“石榴树”而存在的我，就是在成为父亲的那天发现了另一个自己。

在我像乖妞现在这么大的时候，也曾是个爱诗的文学少年，超爱舒婷的诗歌《致橡树》，欣赏席慕蓉的“如果有来生，要做一棵树，站成永恒”，自己也写过一首《我本该是一棵树》。朦胧中把自己想象成一棵树，却始终搞不清楚自己是一棵什么树。直到2000年的那个秋日，女儿小石榴走进我的生命，我一下子明白了——原来我是石榴树啊，一棵开石榴花、结石榴果的树。

于是，我的博客便取名为“石榴树2000”；乖妞后来也有了博客，名为“石榴花开2000”。真人秀节目《爸爸去哪儿》中的一句歌词“宝贝，宝贝，我是你的大树”，让我心生共鸣，便把这句歌词当作了微博的签名。反正是与树的意象脱不开干系了，这个系列的署名，我自然沿用了“石榴树”。

系列文章得有个主题吧，我想到热播的《爸爸去哪儿》。在海南过年时，陪乖妞看过同名电影后，我写过的一篇文章是这样结尾的：“爸爸去哪儿？爸爸哪儿也不去。爸爸就在你的身边，爸爸就在你的身后，爸爸就在你抬眼能看到、伸手能拽到、用心就能感受到的地方，一直都在。”

我承认，在这里我偷换了“去”与“不去”的概念。不过，当人们普遍认为“中国式家庭＝缺失的父亲＋焦虑的母亲＋失控的孩子”，《爸爸哪儿也不去》不是更符合“真正陪伴”的理念吗？

《爸爸哪儿也不去》被特意安排在每个周五推出，意在提醒忙东忙西忙事业忙得一周都不见孩子一面的爸爸们，能在周末哪儿也不去，腾出时间给孩子一些高质量的陪伴。

乖妞乳名“石榴”，取自我们家的幸运数字“十六”的谐音，《爸爸哪儿也不去》一开始计划写16篇，也算是有点象征意味。

在“真麻麻”如期走完16站的旅程后，一口气还未喘匀，在育儿圈内颇有口碑的微信公众号“就爱亲子帮”便抛来了橄榄枝，力邀我在每个周六将《爸爸哪儿也不去》的旅程继续下去。

花开有形，花形有因。石榴花的每一片花瓣、每一丝花蕊，都清晰地带有石榴树的基因。

从乖妞身上，我看到了一些遗传于我的长处，也发现了不少我性格的局限、才识的不足。所以，写作《爸爸哪儿也不去》的过程，既是一个记录的过程，也是反思的过程，更是学习的过程。

见过乖妞的人，无不说她太像她爹了，除了五官、形象，还有对艺术的敏感、对表达的热衷。与此同时，她性格中因苛求细节的完美而表现出对他人不够包容，学业上因喜欢个性释放的生活而对自己的进步要求不高，无不投射着我的影子。在孩子的身上，经常可以看到我不太认识或不愿相认的另一个自己。

我是在有了乖妞后才初次读到绘本的，也伴随着她的成长陆续接触到吉他、魔术等等，当然，还跟着她读了许多我没读过的书，包括一些不该忽略的经典，也惭愧地看到自己在历史、科学知识方面的不足。因而，养育孩子的过程，也是两代人彼此发现、共同成长的过程。比如，在问她《你是不是也对身边的爱视而不见》时，我也在重新审视自己的处事方式；对她说《关于一个鸡蛋，其实你有四种选择》时，我也在继续思考：能不能给孩子更多的选择、更大的空间？

我是一个不擅长说理的人，只会讲故事，讲老爸与乖妞之间发生的有血有肉有细节的故事，这样的故事就发生在你身边。至于要传达什么家教理念，都深深地隐藏在故事里面，不同的人会有不同的发现和体会。

有老师私信我："你怎么记得那么多的细节？"——我怎么可能记住那么多的细节！这就要感谢博客了，在过去的岁月里，博客用文字帮我们保存了许多记忆。如今重温这些文字，为配图一次又一次翻阅以往的图片，温馨，纠结，释然，甜蜜，就像是把那些日子又重新过了一遍，时而忍俊不禁，时而潸然泪下，甚至哭出声来……

其实，转战亲子帮之初，我便有了新的想法：既然要接着写，干脆就写他一年吧，一直写到乖妞16岁的生日。一周1篇，一年就是52篇，每篇3000多字，合在一起，不正是一本书的容量？还有什么能比一本专为石榴写的书更适合作为送给她16岁的生日礼物呢？

一年很长，每篇3000字不短，没有动力，很难支撑下来。每周都要写文章，还要挑选多幅配图和背景歌曲，不管你有多忙多累、多么地没有心情、多么地不在状态。遇上出差，就要早早地备稿，暑假去美国前我一次交了两篇稿子，待预览校对过后方才安心地启程。最晚的一次，一直写到周六凌晨3点才发稿，总算没耽误当天清晨的惯例推送……可以说，为此生唯一的孩子出本书，就是我将《爸爸哪儿也不去》坚持下来的动力，当然你也可以把这种动力解释为——爱。

写一篇文章也许没什么，但结集成一本书就有了分量。

做任何一件事也许都没什么大不了的，但能坚持做一年就有了意义。

比如，我们的周末家庭读书会，从乖妞幼儿园大班开始，到她上到小学高年级，每周一期，几乎是风雨无阻地开了155期，在开阔视野、增长知识的潜移默化中，亲子共读的时光也成了彼此最美好的记忆。

比如，我为乖妞制作的生日主题系列台历《石榴花开》，每年一本，图文并茂，在生日前夕出品，放在家人的案头床边日夜相伴。十多年的台历放在一起，一看就知道时间都去哪儿了。

比如，乖妞有一年春节为完成寒假作业而给每一位家人录制视频，并根据口述整理出《我的家史》。受此启发，我年年过年都要为乖妞录制《我的成长自述》视频，海南大学的校园里、成都公园的草坪上都留下她讲述成长的身影，下一个新年的自述地点是威海的海边。

哪怕是经常去改善生活的郑州曼哈顿广场，在看过《舌尖上的中国》后，我们也在微博里推出了《舌尖上的曼哈顿》系列。每次我们会选择去不同的饭店，然后用九宫格图和140个汉字，记录下那些享受过的美味和当时的心情。2016年暑假，我跟乖妞去美国参加亲子夏令营，《舌尖上的曼哈顿》也便有机会在第23站走进了正宗的曼哈顿……

老爸的这些坚持，自然会影响到乖妞。你想，年逾不惑的老爸，正是承上启下工作忙碌的阶段，还能如此坚持不懈地写点东西，何况豆蔻年华精力旺盛的乖妞呢？据说，乖妞上高中后已经启动了她的主题系列创作，至于选题，暂时替她保密吧。

一个春天沉醉的晚上，在松社书店听讲座，正巧与海燕出版社的宋国云老师坐在一起。聊起《爸爸哪儿也不去》，她对这个选题很感兴趣，也比较欣赏这种少说道理、多讲故事的文风，于是一拍即合，确定了出版的意向。尽管后来又有两家出版社跟我联系，有意出版《爸爸哪儿也不去》，由于跟宋老师始终保持着良好的沟通，所以我还是认定最初的缘分。

最适合为这本书作序的人，不是大家，不是名师，而是——我的乖妞，这也是我早就认定的。《爸爸哪儿也不去》的书稿，在石榴16岁的生日当天发到了海燕出版社；而石榴也在生日时开始着手为老爸专门为她写的这本书作序。头有乖妞作序，尾有老爸后记——便是我心目中这本书最完美的模样。

尽管做父母是一辈子的事业，只要还有一口气，就一天都躲不掉。但终有那么一天，乖妞会松开老爸的手独自远行。到那时，我就把这本书放在她随身的背包里，让它代替老爸陪乖妞去跨很多道的沟坎、去躲无数场的风雨、去体验从来不曾远离的幸福，让她从不怀疑，这个世界上始终有人如此坚定地爱着自己。

石榴树

2016 年 11 月